개정4판

IFRS 실무회계

개정4판

IFRS 실무회계

나만 몰래 알고 싶은 교과서 밖 실무지식

개정2판 1쇄 발행 2023년 7월 3일
개정2판 2쇄 발행 2023년 7월 31일
개정2판 3쇄 발행 2024년 6월 5일
개정3판 1쇄 발행 2024년 12월 20일
개정3판 2쇄 발행 2025년 8월 11일
개정4판 1쇄 발행 2025년 12월 24일

지은이 나규세
펴낸이 장길수
펴낸곳 지식과감성#
출판등록 제2012-000081호

디자인 및 편집 지식과감성#
마케팅 김윤길

주소 서울시 금천구 벚꽃로298 대륭포스트타워6차 1212호
전화 070-4651-3730~4
팩스 070-4325-7006
이메일 ksbookup@naver.com
홈페이지 www.knsbookup.com

ISBN 979-11-392-2983-7(03320)
값 25,000원

지식과감성#
홈페이지 바로가기

본서의 내용에 대해 궁금하신 사항은 globalaccounting01@naver.com으로
메일을 주시거나 "나팀장의 실무회계" 유튜브 영상에 댓글로 질문 주시면 성실히 답변해 드립니다.

나 만 몰 래 알 고 싶 은 교 과 서 밖 실 무 지 식

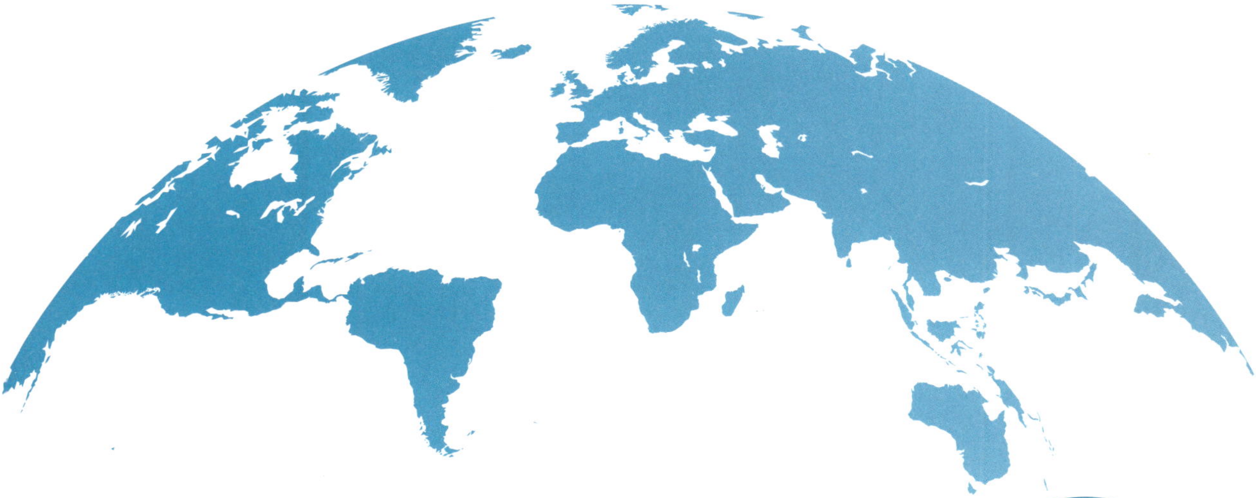

IFRS 실무회계

2026년
개정4판

나규세 지음

IFRS18 손익계산서 전면 개정 실무!

상장사 IFRS 실무회계 실제 사례

현금흐름표 법인세주석 한 시간 완성

지식과감성#

IFRS 18 재무제표 표시와 공시(주로 손익계산서)가 전면 개정되었습니다. 최근 70년 이내에 손익계산서 공시에 가장 큰 변화입니다. 늘 그렇듯이 IFRS는 원칙만 설명하고 구체적인 적용절차는 회사가 알아서 개발해야 하기에 IFRS가 어렵게 느껴집니다. IFRS도 어려운데 세상의 모든 회계책이 수험용이기에 회계실무자분들은 더욱 어려움을 느낍니다. 회계의 길을 먼저 걸은 선배로서 같은 길을 걷고 계신 분들의 수고로움을 덜어드릴 수 있다면 정말 기쁘겠습니다.

4판에 보강된 내용은 아래와 같습니다.

1장 IFRS 18 개정: 손익계산서 전면 개정: 기존에 영업이익과 영업외손익으로 구분표시하는 방식에서 영업범주, 투자범주, 재무범주손익으로 분류하여 공시. 각 범주별손익 해당 항목에 대한 설명, 기존 손익계산서 체계를 개정된 손익계산서 체계로 변경하는 방법 설명, 제품보증충당부채 등 충당부채의 당기 비용의 순수 전입액 부분과 현재가치할인 이자비용 부분 구분계산방법 설명(IFRS에 설명 없음). IFRS 18 개정으로 현금흐름표 작성 변경을 실무적 적용방법 설명(IFRS에 설명 없음).

15장 회계감사발견사항 사례: 기존 3판에 없었으며 신규 추가.

19장 재무제표 분석적 검토: 기존 3판에 없었으며 신규 추가.

3장 기말결산분개 순서도: 총 3단계 그룹으로 나누어 플로우차트 설명, 비용의 성격별 분류와 기능별 분류 회계처리 설명.

4장 확정급여채무(퇴직급여충당부채): 회사 직원 전체에 대한 퇴직급여충당금 계산, 기중 지급, 기말전입, 기말잔액의 특징 설명(대상 직원 수, 기간, 평균금액 등).

11장 이연법인세 회계처리 및 법인세주석 작성: 이연법인세 재무제표 반영절차를 총5단계로 설명-손익거래와 자본거래 항목별 회계처리, 가결산 재무제표 작성, 세무조정, 세무조정에 대한 법인세 회계처리, 확정결산 재무제표 작성.

12장 현금흐름표: 영업활동 현금흐름표 정리 4 및 정리 5(투자 및 재무활동 관련 손익 제거, 현금의 유출(유입)이 없는 손익 제거) 사례 추가.

16장 연결재무제표 작성: 자회사 직접 설립 시 연결: 내부거래 미실현이익 제거 회사 실무절차 설명.

17장 연결재무제표 작성: M&A로 타 회사 인수 시 연결: 인수합병 시 시너지효과와 회계적 계산(PPA가 연결B/S와 연결I/S에 미치는 영향 계산 및 IR 측면 고려사항).

실무회계 오프라인 특강 기간 중 수강생분들이 해 주셨던
따뜻한 말씀 늘 가슴에 새기겠습니다.

2025년 한 해를 마무리하며

나권씨 올림

이 책의 차례

제1장

IFRS 18 개정: 손익계산서 전면 개정

IFRS 18 재무제표 표시 개정: 손익계산서 전면 개정

<table>
<tr><th colspan="2">개정 전(2026년)</th><th colspan="2">개정 후(2027년)
(비교표시 2026년 재무제표 재작성)</th></tr>
<tr><td rowspan="7">영업이익</td><td>매출액</td><td rowspan="7">영업범주
손익</td><td>매출액</td></tr>
<tr><td>매출원가
(확정급여채무이자비용)</td><td>매출원가</td></tr>
<tr><td>매출총이익</td><td>매출총이익</td></tr>
<tr><td>판매비와관리비
(판매보증충당부채 이자비용)</td><td>판매비와 관리비</td></tr>
<tr><td></td><td>기타영업수익
(개정 전 영업외수익)</td></tr>
<tr><td></td><td>기타영업비용
(개정 전 영업외비용)</td></tr>
<tr><td>영업이익</td><td>영업이익</td></tr>
<tr><td rowspan="2">영업외
손익</td><td>영업외수익</td><td>투자범주
손익</td><td>배당금수익, 이자수익
투자부동산-임대수익, 감가상각비
외화환산손익(외화예금)</td></tr>
<tr><td>영업외비용</td><td>재무범주
손익</td><td>이자비용(차입금)
이자비용(확정급여채무)
이자비용(충당부채)
외화환산손익(차입금)</td></tr>
<tr><td colspan="2">법인세비용 차감 전 순이익</td><td colspan="2">법인세비용 차감 전 순이익</td></tr>
<tr><td colspan="2">법인세비용</td><td colspan="2">법인세비용</td></tr>
<tr><td colspan="2">당기순이익</td><td colspan="2">당기순이익</td></tr>
</table>

IFRS 18 개정 영업이익 변화 효과 주석 공시

IFRS 회계기준서 개정 시 최초 적용되는 회계연도(2027년)의 분반기 사업보고서 및 기말회계감사보고서상 재무제표에 당기(2027년)와 **비교표시 되는 전기(2026년) 재무제표는 모두 개정된 IFRS 기준서에 따라 재작성**되고 공시되어야 합니다. 따라서 2026년 재무제표는 2026년까지는 개정 전 IFRS 기준서에 따라 작성되지만, 2027년에는 개정된 IFRS 기준서에 따라 재작성되어야 하며, 개정 전과 개정 후의 차이를 주석으로 공시하여야 합니다.

	2026년	2027년
KIFRS1118 개정 전 영업이익		
기타영업이익(개정 전 영업외수익)		
유형자산처분이익		
외화환산이익(영업활동 자산부채)		
잡이익		
기타영업비용(개정 전 영업외비용)		
유형자산처분손실		
무형자산손상차손		
외화환산손실(영업활동 자산부채)		
잡손실		
재무범주비용 재분류		
이자비용-확정급여채무		
이자비용-제품보증충당부채 이자비용		
KIFRS1118 개정 후 영업이익		

상장회사의 경우 사업보고서상 3개 연도 재무제표가 공시되어야 하므로 2025년 재무제표에 대해서도 재작성하여야 하며, 개정 전과 개정 후 차이에 대한 위의 주석에도 2025년도가 포함되어야 합니다.

제1절
영업범주손익

IFRS 18 Presentation and Disclosure in Financial Statements는 2024년에 개정되어 공표되었으며, KIFRS1118 재무제표 표시와 공시는 2025년에 공표되었습니다. 개정된 KIFRS1118호는 2027년 재무제표부터 적용되며, 비교 표시되는 2026년 재무제표도 개정된 KIFRS1118에 따라 재작성하여야 합니다.

개정된 KIFRS1118에서 가장 크게 개정된 내용은 손익계산서이며, 개정 전에는 회사의 손익을 영업이익과 영업외손익으로 분류하던 것을 개정 후에는 (1) 영업범주손익, (2) 투자범주손익, (3) 재무범주손익 3가지 범주로 분류하여 공시하여야 합니다. 회사는 투자범주와 재무범주로 분류되는 항목을 제외하고 모든 손익항목을 영업범주로 분류하여야 합니다(IFRS 18 문단 52). 따라서 아래와 같은 전면적인 변화가 발생할 예정입니다.

1. 영업외손익에서 영업범주손익으로 변경

개정된 IFRS 18에서는 **투자범주와 재무범주로 분류되는 항목을 제외하고 나머지는 모두 영업범주손익**으로 분류하여야 합니다. 따라서 개정 전에 영업이익이 아닌 영업외수익 또는 영업외비용으로 분류되는 항목의 거의 대부분이 개정 후에는 기타영업이익, 기타영업비용으로 하여 영업범주손익으로 분류됩니다.

구분	2026년	2027년
기타영업이익(개정 전 영업외수익)	영업외수익	기타영업이익
유형자산처분이익		
외화환산이익(영업활동 자산부채)		
잡이익		
기타영업비용(개정 전 영업외비용)	영업외비용	기타영업비용
유형자산처분손실		
무형자산손상차손		
외화환산손실(영업활동 자산부채)		
잡손실		

2. 영업외손익에서 투자범주손익으로 변경

IFRS 18 개정 전(현재)에 영업외수익 또는 영업외비용으로 분류되는 항목 중 일부는 IFRS 18 개정 후 투자범주손익으로 분류되어야 하는 항목들이 있습니다. IFRS 18 개정 전에는 영업활동 관련 외화채권채무와 투자활동 관련 외화채권채무에서 발생하는 외화환산손익/외환차손익은 영업활동/투자활동을 구분하지 않고 모두 영업외손익으로 분류되었습니다. IFRS 18 개정 후에는 외환손익을 발생시키는 자산 및 부채의 범주(성격)에 따라 영업범주, 투자범주, 재무범주로 구분하여 분류되어야 합니다(자세한 내용은 〈제2절 투자범주손익〉의 4. 외화환산손익 참조).

3. 영업이익에서 재무범주손익으로 변경

개정된 IFRS 18에서는 투자범주와 재무범주로 분류되는 항목을 제외하고 나머지는 모두 영업범주손익으로 분류하여야 합니다. 이때 유의하여야 할 것은 투자범주와 재무범주로 분류되는 항목이 모두 현재(개정 전)의 영업외수익과 영업외비용 항목 중에서만 투자범주나 재무범주로 분류될 것이며 현재 영업이익에 속하는 항목은 개정 후에도 모두 영업범주손익으로 분류될 것이라고 생각해서는 안 된다는 것입니다. 개정된 IFRS 18에서 어떤 항목이 투자범주나 재무범주로 분류될 것인지의 판단은 오로지 IFRS 18의 규정에 의거하여 판단하며, 해당항목이 개정 전에 영업이익 항목이었는지 영업외손익 항목이었는지는 전혀 관련이 없습니다. 개정 전에 영업이익을 구성하는 항목은 개정 후에도 거의 대부분이 영업범주손익으로 분류되지만, 일부항목의 경우 개정 후 투자범주나 재무범주로 분류되는 항목이 있습니다. 대표적인 것이 차입금이 아닌 영업활동부채와 관련된 이자비용입니다. 확정급여채무 이자비용이나 제품보증충당부채 현재가치할인차금 상각 관련 이자비용은 개정 전에는 모두 영업활동 관련 비용에 포함되었으나, 개정 후에는 모두 재무범주손익-이자비용으로 분류되어야 합니다.

	2026년	2027년
확정급여채무 이자비용	영업비용(매출원가, 판관비)	재무범주비용
제품보증충당부채 현재가치할인차금 상각	영업비용(판관비)	재무범주비용

개정된 IFRS 18에서는 투자범주와 재무범주로 분류되지 않는 항목들은 모두 영업범주손익으로 분류되므로 먼저 투자범주와 재무범주에 대해 명확히 이해하는 것이 가장 중요합니다.

제2절
투자범주손익

개정된 KIFRS1118에서 투자범주손익을 아래와 같이 규정하고 있습니다.

1. 투자범주손익 발생 자산

아래 (1)~(3)의 자산에서 발생하는 수익과 비용을 투자범주로 분류합니다.

(1) 관계기업, 공동기업 및 비연결종속기업에 대한 투자
(2) 현금 및 현금성자산
(3) 개별적으로 그리고 기업의 다른 자원과 대부분 독립적으로 수익을 창출하는 기타 자산

위 (3) 개별적으로 그리고 기업의 다른 자원과 대부분 독립적으로 수익을 창출하는 기타 자산이 어떤 자산을 의미하는지 설명드립니다. 제조업을 영위하는 회사의 경우 공장부지(토지), 공장건물(건물), 기계장치 등의 유형자산은 제품을 제조하여 판매할 목적으로 취득하는 것이지 그 자산을 최초 취득 시부터 재판매 목적으로 취득하는 것이 아닙니다. 따라서 공장부지, 공장건물, 기계장치 등은 개별적/독립적으로는 수익을 창출하지 못하고 모든 자산이 협력하여 제품을 생산/판매함으로써 수익을 창출합니다. IFRS에서 현금창출단위(Cash generating unit)라는 개념이 있는데 이와 거의 유사한 개념이라고 생각하면 됩니다.
반면에, 투자부동산(토지, 건물)의 경우 최초 취득 시부터 개별적으로 재판매 목적으로 취득하므로 투자부동산은 기업의 다른 자원과 독립적으로 수익을 창출하는 자산(위 1의 (3))에 해당합니다.

2. 투자범주손익

위 1의 (1)~(3)의 자산에서 발생하는 아래의 수익과 비용을 투자범주손익으로 합니다.

(1) 자산에서 발생한 수익
(2) 자산의 최초 측정 및 자산 제거를 포함한 후속 측정에서 발생한 수익과 비용
(3) 자산의 취득·처분과 직접 관련된 증분원가(예: 거래원가와 자산 매각 부대원가)

제품 매출액과 같은 영업범주손익이 아닌 투자범주손익은 투자범주손익을 발생시키는 자산을 보유하는 동안 발생하는 손익과 처분손익이 있을 것입니다. 보유 기간 동안 발생하는 수익에는 이자수익, 배당금수익, 평가이익 등이 있을 것이며, 외화환산이익도 매우 중요한 항목입니다(아래 4. 외화환산손익 참조).

3. 투자범주손익 예시

위 1의 (3)의 자산에서 발생하는 수익과 비용으로서 투자범주로 분류하는 항목의 예는 아래와 같습니다.

(1) 이자, 배당, 임대수익, 감가상각비, 손상차손(환입), 공정가치손익
(2) 자산제거 또는 매각예정자산으로 분류 및 재측정으로 인해 발생하는 수익과 비용 등

위 1의 (3)의 자산의 대표적인 예가 투자부동산(매매 목적용 토지, 건물)이라고 말씀드렸습니다. 투자부동산을 보유하는 경우 개정된 IFRS 18의 손익계산서상 투자범주수익에는 임대수익이 포함되고, 투자범주비용에는 해당 투자부동산의 감가상각비, 손상차손 등이 포함됩니다.

4. 외화환산손익

IFRS 18 개정으로 인해 손익계산서 표시가 변경되는 가장 대표적인 것이 외화환산손익입니다.

	2026년	2027년
외환차익(영업범주 자산부채)	영업외수익	영업범주수익
외화환산이익(영업범주 자산부채)		
외환차익(투자범주 자산부채)		투자범주수익
외화환산이익(투자범주 자산부채)		
외환차익(재무범주 자산부채)	금융손익	재무범주수익
외화환산이익(재무범주 자산부채)		

(*) 외환차익/외화환산손실도 위의 표와 동일하게 적용

IFRS 18 개정 전에는 외화환산손익/외환차손익의 범주 분류는 영업범주, 투자범주는 모두 영업외손익으로 분류되고, 재무범주관련 외환손익은 금융손익으로 분류되었습니다. 개정 후에는 외환손익을 발생시키는 자산 및 부채의 범주(성격)에 따라 영업범주, 투자범주, 재무범주로 구분하여 분류되어야 합니다. 3가지 범주분류 예시는 아래와 같습니다.

구분	설명
영업범주	투자범주와 재무범주에 해당되지 않는 모든 자산 및 부채에서 발생하는 외환손익(예: 외화매출채권/채무)
투자범주	외화예금 관련 외화환산이익/손실 및 외환차손익
재무범주	외화차입금 관련 외화환산이익/손실 및 외환차손익

제3절
재무범주손익

개정된 KIFRS1118에서 재무범주손익을 아래와 같이 규정하고 있습니다.

1. 재무범주손익 발생 부채

아래 (1)의 부채에서 발생하는 수익과 비용과 (2)의 부채에서 발생하는 이자수익과 이자비용을 재무범주로 분류합니다.

(1) 자금조달에만 관련된 거래에서 발생하는 부채
① 사채, 대출금, 어음, 담보대출 등 현금으로 결제되는 채무상품
② 재화나 용역에 대한 채무를 제거할 때 공급자금융약정에 따른 부채
③ 자기지분상품 매입의무 등

(2) 자금조달에만 관련되지는 않는 거래에서 발생하는 부채
① 현금으로 결제될 재화 또는 용역에 대한 채무
② 계약부채, 리스부채, 사후처리 또는 자산 복구 관련 충당부채, 소송충당금 등

2. 재무범주손익

(1) 위 1의 (1) 부채(자금조달에만 관련된 부채)에서 발생하는 수익과 비용으로서 재무범주로 분류하는 항목의 예는 다음과 같음
① 이자비용, 공정가치손익, 부채로 분류된 발행주식에 대한 배당금
② 부채 제거로 인한 수익과 비용

(2) 위 1의 (2) 부채(자금조달에만 관련되지는 않은 거래 관련 부채)에서 발생하는 이자수익과 이자비용으로서 재무범주로 분류하는 항목의 예는 다음과 같음
① 매입채무(금융부채)의 이자비용, 유의적인 금융요소가 있는 계약부채의 이자비용
② 리스부채의 이자비용, 순확정급여부채(자산)의 순이자비용
③ 시간의 경과와 충당부채에 대한 할인율 변동으로 인해 발생하는 충당부채 할인액 증가

위의 규정의 중요한 특징은 자금조달에만 관련된 거래에서 발생하는 부채(차입금 등)에서 발생하는 수익과 비용은 모든 종류의 수익과 비용을 포함하며, 자금조달에만 관련되지는 않는 거래에서 발생하는 부채(영업활동 관련 부채 등)에 대해서는 오직 이자수익과 이자비용만이 재무범주손익으로 분류된다는 점입니다. 예를 들어 외화채무에서 발생하는 외화환산손익의 경우 외화차입금에서 발생하는 외화환산손익은 재무범주손익으로 분류되어야 하지만, 외화매입채무에서 발생하는 외화환산손익은 재무범주손익으로 분류되어서는 안 되며 영업범주손익으로 분류되어야 합니다.

3. 확정급여부채 이자비용

위의 2. 재무범주손익에 열거된 규정에 나와 있는 것처럼 순확정급여부채(자산)의 순이자비용은 개정된 IFRS 18에서는 재무범주손익으로 분류됩니다. 개정 전에는 확정급여채무 관련 이자비용과 사외적립자산에서 발생하는 이자수익은 모두 "퇴직급여-당기근무원가"에 가산(차감)되어 "퇴직급여" 계정으로 회계처리되고, 매출원가 또는 판관비로 분류되었습니다(영업이익 구성항목).

현대자동차 2024년 기말 연결 확정급여채무 주석

구분	금액(십 억)	설명
기초잔액	6,538	전 직원 평균근속연수 16.7년분 퇴직급여부채
당기근무원가	562	전 직원 당기 1년분 퇴직급여(부채 증가)
이자비용	275	기초 부채에 대한 당기 1년분 이자
재측정요소	518	보험수리적손익
당기지급액	(814)	
기타	177	환율변동효과 및 과거근무원가 등
기말잔액	7,256	전 직원 평균근속연수 15.8년분 퇴직급여부채

위의 이자비용에 대한 회계처리는 아래와 같습니다.

구분	계정	금액	계정	금액	분류
개정 전	퇴직급여	275	확정급여채무	275	영업이익
개정 후	이자비용	275	확정급여채무	275	재무범주

4. 충당부채 현재가치할인 증가

개정된 IFRS 18에서는 자금조달에만 관련되지는 않는 거래에서 발생하는 부채(영업활동 부채 등)에서 발생하는 이자수익과 이자비용을 재무범주손익으로 분류하도록 하고 있으며, 그중 장기성 충당부채를 현재가치할인한 금액으로 회계처리한 후 "시간의 경과와 충당부채에 대한 할인율 변동으로 인해 발생하는 충당부채 할인액 증가" 효과를 재무범주손익으로 분류하도록 규정하고 있습니다.

사례: 제품보증충당부채 현재가치할인

H 자동차는 자동차를 제조 및 판매하는 회사로서 판매하는 차량에 대해 3년간 품질보증을 제공하고 있습니다. H 자동차는 2027년 초에 자동차 매출액 10,000십억 원이 발생하였으며, 과거 경험에 의하면 매출액의 1%에 해당하는 품질보증비용이 보증기간 동안 매년 균등하게 발생(3년간 총 3% 발생)하였습니다. H 자동차의 제품보증충당부채에 적용할 할인율은 10%입니다. 2027년 1년 동안 H 자동차가 제품보증충당부채와 관련하여 해야 할 회계처리는 아래와 같습니다.

(1) 연금의 현재가치 이자요소(10%, 3년): 1/1.1 +1/1.1^2 + 1/1.1^3 = 2.48685

(2) 제품보증충당부채 현재가치 계산: 10,000 * 1% * 2.48685 = 248.7

(3) 유효이자율법 상각표 작성

일자	이자비용(10%)	품질비용지급	충당부채 잔액
2027년 초			248.7
2027년 말	24.87	(100)	173.57
2028년 말	17.36	(100)	90.93
2029년 말	9.09	(100)	0

(4) 회계처리

(IFRS 18 개정 후)

일자	계정명	금액	계정명	금액
2027년 초	제품보증비	248.7	제품보증충당부채	248.7
2027년 말	이자비용	24.87	제품보증충당부채	24.87
2027년 말	제품보증충당부채	100	제품	100

(IFRS18 개정 전)

일자	계정명	금액	계정명	금액
2027년 초	제품보증비	248.7	제품보증충당부채	248.7
2027년 말	제품보증충당부채	100	제품	100
2027년 말	제품보증비	24.87	제품보증충당부채	24.87(*)

(*) 제품보증충당부채 보충액 = 2027년 말 현재가치 173.57 - 보충 전 잔액(248.7-100)

(5) IFRS18 개정효과

개정된 IFRS 18에서 장기성 충당부채를 현재가치할인한 금액으로 회계처리한 후 "시간의 경과와 충당부채에 대한 할인율 변동으로 인해 발생하는 충당부채 할인액 증가" 효과를 재무범주손익으로 분류하도록 하는 규정이 신설되었습니다. 개정 이전의 IFRS에서는 이러한 개념이 없었습니다. 따라서 개정 전에는 충당부채의 증가(감소)는 모두 "제품보증비용"의 일부로 간주되어 판매비와 관리비로 회계처리되었습니다. IFRS 개정으로 인해 시간 경과에 따른 충당부채 현재가치할인액 증가(위의 유효이자율법 상각표상 이자비용 칼럼의 금액)만큼 **판매비와 관리비가 감소(영업이익 증가)** 하고 재무범주비용(이자비용)이 증가하는 효과가 발생하는 것입니다.

사례: IFRS 18 개정 효과 – 제품보증충당부채 현재가치할인

H 자동차는 자동차를 제조 및 판매하는 회사로서 판매하는 차량에 대해 3년간 품질보증(불량품 무상교환)을 제공하고 있습니다. (계산의 편의를 위해 각 금액의 발생 시점을 다음과 같이 가정) 2027년부터 H 자동차 매출은 연간 10,000십억 원이 매년 초에 발생하였으며, 과거 경험에 의하면 매출액의 1%에 해당하는 품질보증비용이 보증기간동안 매년 균등하게 기말에 발생(3년간 총 3% 발생)하였습니다. H 자동차의 제품보증충당부채에 적용할 할인율은 10%입니다. H자동차가 매년 인식하는 제품보증비용 및 이자비용은 아래 표와 같습니다.

연도	2027	2028	2029	2030	2031	2032
매출	10,000	10,000	10,000	10,000	10,000	10,000
충당부채 당기발생	249	249	249	249	249	249
충당부채 기초잔액	249	423	514	514	514	514
유효이자율법 이자비용	25	42	51	51	51	51
보증지급 (부채감소)	(100)	(200)	(300)	(300)	(300)	(300)
충당부채 기말잔액	174	265	265	265	265	265

IFRS 18 개정 전에는 매년 매출액 10,000에 대한 제품보증충당부채 신규발생액 249와 유효이자율법 이자비용 매년 금액(2027년 25, 2028년 42 등)의 합계액이 판매비와 관리비(제품보증비용)로 회계처리되었으나, 개정 후에는 매년 매출액에 대한 제품보증충당부채 신규 발생액만 판매비와 관리비로 처리되며, 유효이자율법 이자비용은 재무범주손익으로 분류되어야 합니다.

현대자동차의 2024년 말 사업보고서에 의하면 판매보증충당부채가 9,568십억 원이 있습니다. 현재가치할인 이자율이 5%라고 가정하면 연간 이자비용이 약 4,784억 원이며 IFRS 개정으로 인해 이 금액만큼 판매비와 관리비가 감소(영업이익 증가)하고 재무범주 이자비용이 증가합니다.

제4절
KIFRS1007호 현금흐름표 개정

KIFRS1118가 개정되면서 개정된 내용을 반영하기 위해 KIFRS1007호 현금흐름표도 일부 개정되었습니다.

1. 이자 및 배당 관련 현금흐름

KIFRS1007호 현금흐름표에서는 이자수익과 배당금수익을 투자활동 현금으로, 이자비용 및 배당금 지급을 재무활동 현금흐름으로 분류할 수도 있고(발생 성격에 따른 분류), 전부 영업활동 현금흐름으로 분류할 수도 있도록 허용하고 있습니다(선택). KIFRS1118이 개정되면서 기존의 영업외손익을 영업범주, 투자범주, 재무범주로 명확히 분류하도록 하면서, 이자 및 배당금 수취와 이자 및 배당금 지급의 분류가 투자범주 또는 재무범주로 명확해졌으므로 현금흐름표 작성 시 영업활동으로 선택하는 것은 허용되지 않으며, 발생 성격에 맞게 현금흐름표를 작성하여야 합니다.

구분	KIFRS1118 개정 전	KIFRS1118 개정 후
이자 수취	영업활동 또는 투자활동	투자활동
이자 지급	영업활동 또는 재무활동	재무활동
배당금 수취	영업활동 또는 투자활동	투자활동
배당금 지급	영업활동 또는 재무활동	재무활동

2. 간접법 영업활동 현금흐름

KIFRS1118 개정 전에는 영업활동 현금흐름 작성 시 출발점이 당기순이익이었습니다. KIFRS1118 개정 전의 손익계산서 양식은 모든 손익이 영업이익 부분과 영업외손익 부분으로 2가지 그룹으로 나뉘어져 있는 반면, 현금흐름표는 영업활동, 투자활동, 재무활동 3가지 그룹으로 나뉘어져 있습니다. 따라서 개정 전 손익계산서 양식의 영업외손익 부분에는 영업활동, 투자활동, 재무활동 관련 손익계정이 섞여 있었습니다(아래 손익계산서 양식 참조). 이에 따라 영업활동 현금흐름을 작성할 때에는 영업활동, 투자활동, 재무활동 관련 손익을 모두 포함하고 있는 당기순이익에서 출발하여, 투자활동 관련 손익과 재무활동 관련 손익을 덜어 내어 영업활동 손익을 구하고 여기에 영업활동 관련 자산/부채의 변동을 가감하여 영업활동 현금흐름을 구하는 접근법을 취했습니다.

현재(개정 전) 손익계산서 양식

구분	금액	활동 구분
매출		
매출원가		
매출총이익		
판관비		
영업이익		
유형자산처분이익		투자활동
외환차익(매출채권)		영업활동
사채상환손실		재무활동
외환차손(매출채권)		영업활동
기부금		영업활동
잡손실		영업활동
법인세비용		
당기순이익		

현재(개정 전) 현금흐름표 영업활 동현금흐름 양식

영업활동현금흐름		
당기순이익		
투자활동 및 재무활동 비용 가산		
사채상환손실		
투자활동 및 재무활동 수익 차감		
유형자산처분이익		
영업활동 관련 자산 및 부채의 변동		

그러나 개정된 KIFRS1118에서 회사의 손익을 영업범주, 투자범주, 재무범주로 분류하여 표시하도록 하였으므로, 현금흐름표 작성 시 영업활동 현금흐름의 출발점을 당기순이익이 아닌 "영업이익"에서 출발하도록 개정되었습니다.

개정 후(2027년)	
영업범주 손익	매출액
	매출원가
	매출총이익
	판매비와관리비
	기타영업수익 (개정 전 영업외수익)
	기타영업비용 (개정 전 영업외비용)
	영업이익
투자범주 손익	배당금수익, 이자수익 투자부동산-임대수익, 감가상각비 **외화환산손익**(외화예금)
재무범주 손익	이자비용(차입금) 이자비용(**확정급여채무**) 이자비용(충당부채) **외화환산손익**(차입금)
법인세비용 차감 전 순이익	
법인세비용	
당기순이익	

3. 유형자산처분이익

KIFRS1118 (손익계산서)	개정 전	영업외수익-유형자산처분이익
	개정 후	영업범주이익-기타영업이익
KIFRS1007 (현금흐름표)	개정 전	영업활동 현금흐름 섹션의 당기순이익 밑에 투자활동 현금유입 차감 섹션에 유형자산처분이익 기재하여 차감하고 투자활동 현금흐름 섹션의 유형자산처분 현금유입에 유형자산처분 장부가액 + 유형자산처분이익 가산
	개정 후	유형자산처분이익은 KIFRS1118 개정으로 손익계산서에서는 **영업범주이익**으로 분류되지만 KIFRS1007 현금흐름표는 개정되지 않았으므로 유형자산처분은 **투자활동현금유입**으로 공시되어야 함. 따라서 개정 후 현금흐름표 작성은 영업활동 현금흐름 섹션에 출발점:영업범주이익 밑에 투자활동 현금유입 차감 섹션에 유형자산처분이익을 기재하고, 투자활동 현금흐름 섹션에 유형자산처분 현금유입에 유형자산처분 장부가액 + 유형자산처분이익 기재

유형자산처분이익은 KIFRS1118 개정 전에는 영업외손익이었으나(영업이익이 아니었으나) 개정 후에는 기타영업이익으로 분류되어 영업범주이익 안으로 들어옵니다. 그러나 KIFRS1007 현금흐름표는 이와 관련하여 개정된 사항이 없으므로 유형자산처분이익은 여전히 투자활동 현금흐름으로 분류되어야 합니다. 즉, 손익계산서와 현금흐름표 사이에 괴리가 발생합니다. 무형자산처분손익도 마찬가지입니다.

4. 확정급여채무 이자비용

<table>
<tr><td rowspan="2">KIFRS1118
(손익계산서)</td><td>개정 전</td><td>영업범주비용-퇴직급여(매출원가, 판관비)</td></tr>
<tr><td>개정 후</td><td>재무범주비용-이자비용</td></tr>
<tr><td rowspan="2">KIFRS1007
(현금흐름표)</td><td>개정 전</td><td>영업활동 현금흐름 섹션의
당기순이익 밑에
현금의 유출이 없는 비용 등의 가산 섹션에
퇴직급여(당기근무원가+이자비용-이자수익)에 포함되어 있음</td></tr>
<tr><td>개정 후</td><td>재무활동 현금흐름 섹션의
재무활동 현금유출 부분에서
이자비용 현금유출 항목들(차입금 이자비용, 회사채 이자비용 등)이 나열되지만,
확정급여채무 이자비용은 현금의 유출이 없는 이자비용이므로 현금흐름표에는 표시되지 않음
(현금흐름표 정산표에는 표시됨: (-)확정급여채무 이자비용 + 확정급여채무 당기 증가액 → 동일한 금액이 서로 상계되어 정산표에만 나타남)</td></tr>
</table>

확정급여채무 이자비용은 KIFRS1118 개정 전에는 "퇴직급여"라는 계정과목으로 하여 퇴직급여-당기근무원가에 가산되는 항목이었습니다. 따라서 매출원가나 판관비로 분류되었으므로 영업이익을 구성했습니다. KIFRS1118 개정 후에는 확정급여채무 이자비용은 재무범주손익으로 분류되어야 합니다. 한편, 현금흐름표도 개정되어 이자비용은 개정 전에는 영업활동 또는 재무활동 중 하나를 선택할 수 있었으나, 개정 후에는 재무활동 현금유출로 분류되어야 합니다. 다만, 확정급여채무 이자비용은 현금의 유출이 없는 이자비용이므로 현금흐름표에는 나타날 수 없습니다. (현금흐름표 정산표에는 표시됨: (-)확정급여채무 이자비용 + 확정급여채무 당기 증가액 → 동일한 금액이 서로 상계되어 정산표에만 나타남)

5. 판매보증충당부채 현재가치할인 이자비용

<table>
<tr><td rowspan="2">KIFRS1118
(손익계산서)</td><td>개정 전</td><td>영업범주비용-판매보증비(판관비)</td></tr>
<tr><td>개정 후</td><td>재무범주비용-이자비용</td></tr>
<tr><td rowspan="2">KIFRS1007
(현금흐름표)</td><td>개정 전</td><td>영업활동 현금흐름 섹션의
당기순이익 밑에
현금의 유출이 없는 비용 등의 가산 섹션에
판매보증비를 기재하여 가산하고
영업활동 관련 자산부채 변동 섹션에
판매보증충당부채 당기 변동액(기말-기초)에 판매보증비를 차감한 금액을 기재</td></tr>
<tr><td>개정 후</td><td>재무활동 현금흐름 섹션의
재무활동 현금유출 부분에서
이자비용 현금유출 항목들(차입금 이자비용, 회사채 이자비용 등)이 나열되지만,
판매보증충당부채 이자비용은 현금의 유출이 없는 이자비용이므로 현금흐름표에는 표시되지 않음
(현금흐름표 정산표에는 표시됨: (-)판매보증충당부채 이자비용 + 판매보증충당부채 당기 증가액 → 동일한 금액이 서로 상계되어 정산표에만 나타남)</td></tr>
</table>

(1) 판매보증충당부채 현재가치할인 이자비용은 KIFRS1118 개정 전에는 "판매보증비"라는 계정과목으로 하여 (2) 당기 매출액에 판매보증비 과거경험률을 곱하여 계산되는 판매보증비에 가산되는 항목이었습니다. (1)과 (2) 두 금액을 합한 금액이 판매보증비로 분류되었으므로 영업이익을 구성했습니다. KIFRS1118개정 후에는 판매보증충당부채 현재가치할인 이자비용은 재무범주손익으로 분류되어야 합니다. 한편, 현금흐름표도 개정되어 이자비용은 개정 전에는 영업활동 또는 재무활동 중 하나를 선택할 수 있었으나, 개정 후에는 재무활동 현금유출로 분류되어야 합니다. 다만, 판매보증충당부채 현재가치할인 이자비용은 현금의 유출이 없는 이자비용이므로 현금흐름표에는 나타날 수 없습니다. (현금흐름표 정산표에는 표시됨: (-)판매보증충당부채 현재가치할인 이자비용 + 판매보증충당부채 당기 증가액 → 동일한 금액이 서로 상계되어 정산표에만 나타남)

제2장

회계원리 요약

이 장은 회계원리 요약이지만
현금흐름표 작성과 연결재무제표 작성에 결정적인 도움이 됩니다.
꼭 한 번 읽으시기를 권합니다.

회계 = 현금의 기록

회계는 회사의 모든 거래를 기록하고 재무제표를 작성하는 절차입니다.
회사의 모든 거래는 결국 딱 2가지 유형으로 나뉩니다.
현금이 입금되는 거래와 현금이 출금되는 거래입니다.

회사는 돈을 벌기 위해 먼저 돈을 씁니다. 공장과 기계장치를 취득하고 원재료를 구매하여 제품을 생산하고 판매를 위해 유통과 광고 등 판촉을 진행합니다.
돈을 쓴 결과 제품과 서비스를 판매하여 돈을 법니다.

돈을 쓰는 것과 돈을 버는 것으로 나누어 회사의 거래를 기록하는 절차(회계처리)를 설명드리겠습니다.

돈을 쓰는 거래의 기록

기록을 할 때는 왼쪽과 오른쪽으로 나누어 기록합니다. 회계에서는 왼쪽을 "차변", 오른쪽을 "대변"이라고 부릅니다.

현금이 들어오면 왼쪽에 현금이라고 쓰고 들어온 금액을 기록하고, 현금이 들어왔으므로 수익이라고 오른쪽에 쓰고 들어온 현금 금액을 기록합니다. 전 세계 사람들의 대부분이 오른손잡이이고, 왼손잡이까지 포함하여 거의 모든 사람이 왼쪽에서 시작하여 오른쪽으로 글을 씁니다. 회사에서 가장 중요한 것이 결국 현금이기에 기록하는 첫 단어로 (맨 왼쪽에) 들어온 돈을 씁니다.

현금	100	수익	100

현금이 들어오는 거래에서 왼쪽에 현금을 썼으므로, 현금이 나가는 거래는 그 반대편인 오른쪽에 현금이라고 쓰고 나간 금액을 기록하며, 현금이 나간 원인인 비용을 왼쪽에 쓰고 나간 금액을 기록합니다.

비용	100	현금	100

현금이 나가는 비용의 종류에는 여러 가지가 있는데 해당 비용이 자주 발생하고 연간 합계액이 큰 항목에 대해서는 그 비용의 성격을 한 단어로 써 줍니다.

급여(인건비)	100	현금	100
재료비	200	현금	200
지급수수료	70	현금	70
광고비	120	현금	120
운반비	30	현금	30
판매보증비	20	현금	20
퇴직급여	15	현금	15
법인세비용	40	현금	40

이렇게 현금의 입금, 출금을 기록할 때 수익, 비용, 현금 등 들어오고 나간 것에 대한 성격을 한 단어로 쓰는 것을 '계정' 또는 계정명이라고 합니다.

계정	금액	계정	금액
광고비	120	현금	120

비용이 발생해서 현금을 지급할 때 거래 상대방(거래처)이 회사에게 비용 청구서(우리나라는 세금계산서, 서양에서는 인보이스 등)를 먼저 발송하며, 회사는 이를 수령한 후 그다음 달 또는 2개월 후에 지급하는 경우가 일반적입니다(종업원에 대한 급여, 은행차입금에 대한 이자비용 등 극히 일부의 비용 제외). 이렇게 청구서를 수령하면 현금을 아직 지급하지 않았으므로 현금이 나갈 때 기록하는 오른쪽에 현금 대신 "미지급비용"이라고 기록합니다. 비용의 종류별로 미지급한 금액을 구분하여 파악하기 위해 미지급비용 대신 퇴직급여충당부채, 판매보증충당부채 등 별도의 계정을 쓰는 경우도 많습니다.

비용 청구서 수령 시 기록

계정	금액	계정	금액
급여(인건비)	100	현금	100
재료비	200	미지급금	200
지급수수료	70	미지급비용	70
광고비	120	미지급비용	120
운반비	30	미지급비용	30
판매보증비	20	판매보증충당부채	20
퇴직급여	15	퇴직급여충당부채	15
법인세비용	40	미지급법인세	40

현금 지급 시 기록

시간이 지나 청구서에 대한 지급 시기(다음 달 말일, 2개월 후)가 도래하면 현금을 지급합니다. 현금이 나가므로 오른쪽에 "현금"이라고 기록하고 나가는 금액을 씁니다. 청구서를 받았을 때 현금을 지급하지 않았으므로 오른쪽에 "미지급비용"으로 기록했던 것을 왼쪽으로 옮겨서 기록합니다. 이렇게 처음에 오른쪽에 어떤 것(계정)을 기록했던 것을 감소시키거나 없애려고 하면 반대편인 왼쪽에 기록하면 됩니다. 마찬가지로 왼쪽에 기록했던 것을 감소시킬 때에도 오른쪽에 기록하면 됩니다.

계정	금액	계정	금액
미지급금	200	현금	200
미지급비용	70	현금	70
미지급비용	120	현금	120
미지급비용	30	현금	30
판매보증충당부채	20	현금	20
퇴직급여충당부채	15	현금	15
미지급법인세	40	현금	40

자산 vs 비용의 구분

현금이 나가면 비용입니다. 회사가 현금을 지급하는 이유는 그 반대급부로 무언가를 얻기 때문입니다. 종업원이 회사에 출근해서 일을 하는 근로 용역을 얻거나, 회사의 제품 등을 운반하는 운반 서비스를 얻는 등 재화나 용역을 구입하는 대가로 현금을 지급합니다. 그런데 회사가 돈을 주고 구입하는 것이 구입과 동시에 즉시 소비되는 경우 비용이라고 하며, 구입한 이후에도 오랜 기간 사용되면 자산이라고 합니다.

비용(구입하는 즉시 소비됨) 100	현금 100
자산(구입한 이후 오랜 기간 사용됨) 100	현금 100

"오랜 기간 사용된다"에서 기간에 대해 정확하게 말하자면, 회사가 결산을 하는 주기보다 오래 사용된다면 자산입니다. 결산을 1년 주기로 하는 경우(예를 들어 매년 말 12월 31일) 구입한 것이 12월 말 이전까지는 모두 소비가 된다면, 구입 즉시 전부 소비되지 않고 소비되는 데 2~ 3개월 소요된다고 해도 비용입니다.

대부분의 회사가 매월 말 결산을 합니다. 이럴 경우 어떤 재화를 3개월간 사용한다면 이번 달 결산이 도래할 때까지 사용되는 양(1개월분)은 비용이고, 이번 달 결산일 이후에 사용되는 부분(2개월분)은 자산으로 처리합니다.

자산의 예

토지(공장 부지)	회사가 공장을 다른 곳으로 이전하기 전까지 영원히 사용됨
건물	40년 전후로 사용됨
기계장치	3년~10년간 사용됨
선급보험료	기중에 보험에 가입하고 보험기간 1년인 경우 1년간 보험료 중 가입일부터 12월 말까지는 비용이지만, 12월 말부터 보험만기일(1년 후) 해당보험료는 자산임

자산의 비용 처리 유형

자산의 비용 처리 유형에는 3가지가 있습니다.

1. 수익비용대응원칙
2. 기간대응(자산의 사용기간(경제적 내용연수)동안 상각)
3. 즉시 인식(비용화)

1. 수익비용대응원칙

상품은 자산입니다. 구매하는 즉시 소비되면 비용이지만, 상품은 구매하는 즉시 소비되지 않고 나중에 사용되므로 자산입니다. 그럼 언제 사용될까요? 판매(매출)될 때 사용됩니다. 이렇게 수익이 발생될 때 수익을 발생시키느라 소비된 자산이 명확하게 구분되어 알 수 있을 때 그 자산을 수익을 인식하는 회계처리를 할 때 직접 대응시켜서 비용 처리를 합니다. 상품이 가장 대표적인 예입니다.
상품 구매 시 자산 회계처리: 구매 즉시 소비되지 않으므로 비용이 아님.

상품 65	현금 65

수익인식 회계처리: 상품이 판매되면 매출(수익)로 인식합니다.

현금 100	매출(수익) 100

수익에 대응되는 비용 회계처리: 상품(자산)이 소비되었으므로 비용 처리함

매출원가 65	상품 65

2. 기간대응(자산의 사용 기간 동안 상각)

차량 운반구의 경우 회사의 수익 창출에 기여를 하지만(상품처럼 어느 특정 수익에 콕 집어서 대응되지 못하고) 차량 운반구 사용 기간 동안 모든 수익 창출활동에 간접적으로 기여를 하는 자산들이 있습니다.
간접적인 이유: 차량을 판매하여 현금이 유입(수익)되는 것이 아니므로 이렇게 사용 내용 연수가 정해져 있으며 수익 창출에 간접적으로 사용되는 자산의 경우 사용되는 내용 연수 동안 상각을 통해 비용화시킵니다.
사례: 차량 운반구, 비품, 선급보험료.
차량 운반구 구매 시: 구매 즉시 소비되지 않고 5년간 사용할 수 있다고 판단하여 자산으로 회계처리.

차량 운반구 150	현금 150

사용 기간 동안 매년 말 감가상각을 통해 비용화: 150 / 5년 = 30

감가상각비 30	감가상각누계액(차량) 30

3. 즉시 인식

구매 즉시 소비되지 않고 미래에 사용될 것으로 판단되어 자산 처리했던 것이 (수익을 창출하지 못하고 – 따라서 수익에 대응시켜 비용 처리하는 것이 아니라) 사용 가치가 일시에 소멸되는 경우, 해당 자산을 즉시 비용으로 인식합니다.
사례: 수해 등 천재지변, 화재손실, 유형자산폐기손실, 개발비(무형자산) 손상차손

영업활동 관련 부채의 계정명

비용이 발생하거나 자산을 구매하면 현금을 지급해야 하는데, 현금 지급 전에 세금계산서 등 청구서가 오는 경우, 또는 청구서가 오기 전에 회계처리를 하는 경우, 비용 또는 자산의 종류별로 부채의 계정명은 다릅니다.

차변	대변
상품, 원재료 등 회사의 매출을 위한 제품 생산에 필요한 재고자산을 구매하고 미지급한 경우	매입채무
건물, 기계장치 등 재고자산 이외의 다른 자산을 구매하고 미지급한 경우	미지급금
급여, 보험료, 이자비용 등 비용이 발생했으나 미지급한 경우	미지급비용
종업원의 퇴직급여(퇴직자에 지급하는 퇴직금이 아니라, 당기 말 현재 근무 중인 직원에 대해 근무기간동안 발생한 퇴직급여)	퇴직급여충당부채 (미지급비용의 한 종류이지만, 비용의 성격을 구분해 주고자 별도의 계정명 사용)
제품 판매의 경우 일정 기간 동안 품질을 보증하는 경우 불량품에 대해 교환 등의 서비스를 제공하는데 이에 소요되는 비용(판매보증비)	판매보증충당부채 (미지급비용의 한 종류이지만, 비용의 성격을 구분해 주고자 별도의 계정명 사용)
법인세비용	미지급법인세

돈을 버는 거래의 기록

돈을 벌면 현금이 들어오므로 왼쪽(차변)에 현금을 기록하고, 오른쪽에 매출(수익)을 기록합니다.

현금 200	매출 200

돈을 쓸 때 현금이 곧바로 나가지 않고 거래처에서 미리 세금계산서 등 청구서를 발행하듯이, 돈을 벌 때도 현금이 곧바로 들어오지 않고 우리 회사가 거래처에 미리 매출 세금계산서 등 청구서를 발행합니다. 이럴 경우 현금이 아직 들어오지 않고 현금을 받을 권리가 생겼으므로 차변(왼쪽)에 매출채권을 기록합니다.

매출채권 200	매출 200

추후에 채권이 회수되어 현금이 들어오면 채권을 감소시키기 위해 원래 기록했던 왼쪽의 반대편인 오른쪽에 기록합니다.

현금 200	매출채권 200

회계처리 요약

1. 왼쪽(차변)과 오른쪽(대변)으로 나누어 거래를 기록한다.
2. 현금유입 거래: 차변에 현금, 대변에 수익

현금(매출채권) 100	매출 100

3. 현금유출 거래: 차변에 비용 또는 자산, 대변에 현금

비용 30	현금(미지급비용) 30
자산 40	현금(미지급금) 40

4. 비용 vs 자산의 구분: 돈을 주고 재화나 용역을 구매를 했을 때 결산을 하기 이전까지 소비되는 부분은 비용, 결산 시점 이후에 소비되는 부분은 자산 처리한 후 소비되는 시점(기간)에 비용 처리한다.
5. 분개를 할 때마다 차변(왼쪽)에 기록하는 모든 계정의 금액 합계는 대변(오른쪽)에 기록하는 모든 계정의 금액 합계와 반드시 일치한다.
6. 왼쪽에 쓴 것을 감소시기키 위해서는 오른쪽에 쓴다(그 반대도 성립).

이익이 나는 원리와 대차대조표 등식

회사에서 영업활동을 하여 돈을 쓰는 것보다 돈을 버는 것이 더 크면 당연히 이익이 발생합니다.

비용 100	현금 100

현금 150	수익 150

수익 150 - 비용 100 = 이익 50
위에서 수익과 비용이 현금으로 회수(지급)되기 이전이라면 아래와 같습니다.

비용 100	부채(미지급비용) 100

자산(채권) 150	수익 150

위의 두 분개를 합친 후 자산과 부채를 위에 놓고, 수익과 비용을 아래로 놓으면 아래와 같이 됩니다.

자산(채권) 150	부채(미지급비용) 100
	수익 150
비용 100	

수익 - 비용 = 이익이며, 이 이익은 회사 주인인 주주의 몫이므로 자기자본이라고 합니다. 따라서 위의 표의 왼쪽과 오른쪽 등식은 아래와 같이 성립합니다.
차변(왼쪽)합계 = 대변(오른쪽) 합계: 대차평균의원리
자산 150 = 부채 100 + 수익 150 - 비용 100(수익 - 비용 = 자본) : 대차대조표 등식
수익 - 비용 = 이익이 성립하지만, 자산 - 부채 = 이익(자본)도 성립합니다.

기말 결산 및 재무제표 작성

1. 일 년 동안 발생한 모든 거래를 회계처리한다.
2. 시산표를 작성한다.
3. 시산표에서 수익과 비용 부분을 옮겨서 손익계산서를 작성한다.
4. 시산표에서 자산, 부채, 자본 부분을 옮겨서 재무상태표(B/S)를 작성한다.

일 년 동안 발생한 모든 거래는 2가지 유형으로 나뉩니다. 돈 쓰는 거래와 돈을 버는 거래입니다.

돈을 쓰는 거래: 비용 — 구매 즉시 사용됨(올해 말까지)

계정	금액	계정	금액
급여(인건비)	100	현금	100
재료비	200	미지급금	200
지급수수료	70	미지급비용	70
광고비	120	미지급비용	120
운반비	30	미지급비용	30
판매보증비	20	판매보증충당부채	20
퇴직급여	15	퇴직급여충당부채	15
법인세비용	40	미지급법인세	40

돈을 쓰는 거래: 자산 — 구매 후 내년 이후에도 사용됨

계정	금액	계정	금액
상품	100	매입채무	100
건물	200	미지급금	200
기계장치	70	미지급금	70
차량 운반구	120	미지급금	120
특허권	30	미지급금	30

자산은 감가상각으로 비용 처리: 전체 내용연수 중 올해 기간에 해당되는 부분

계정	금액	계정	금액
매출원가	100	상품	100
감가상각비	5	감가상각누계액	5
감가상각비	7	감가상각누계액	7
감가상각비	24	감가상각누계액	24
무형자산 상각비	6	특허권	6

돈을 버는 거래: 수익

계정	금액	계정	금액
매출채권	1,000	매출	1,000

시산표의 작성

1. 일 년 동안 발생한 모든 거래에 대한 모든 분개를 일자별로 순서대로 한곳에 모읍니다.
2. 같은 계정들끼리는 금액을 합하여 하나로 나타냅니다(예를 들어 미지급금, 미지급비용은 여러 번 등장하므로 이를 하나로 합함). 같은 계정이 일 년 동안 차변에도 여러 번, 대변에도 여러 번 등장합니다. 같은 계정끼리 차변 금액을 모두 더하고 대변 금액을 모두 더한 후 큰 쪽에서 작은 쪽을 차감하여 잔액이 있는 위치(큰 금액이 있던 위치)에 해당 계정과 잔액을 나타내면 됩니다.
3. 차변 쪽은 자산계정들을 위쪽으로 배열하고 비용계정들을 아래쪽으로 배열하며, 대변 쪽은 부채계정들을 맨 위에, 수익계정들을 아래쪽으로 배열하면 시산표가 완성됩니다(자본금 및 기타 자본계정들은 아직 배우지 않았으므로 설명을 생략함).

시산표 작성 1단계: 모든 거래에 대한 분개를 발생 일자별로 모음

계정	금액	계정	금액
급여(인건비)	100	현금	100
재료비	200	미지급금	200
지급수수료	70	미지급비용	70
광고비	120	미지급비용	120
운반비	30	미지급비용	30
판매보증비	20	판매보증충당부채	20
퇴직급여	15	퇴직급여충당부채	15

계정	금액	계정	금액
법인세비용	40	미지급법인세	40
상품	100	매입채무	100
건물	200	미지급금	200
기계장치	70	미지급금	70
차량 운반구	120	미지급금	120
특허권	30	미지급금	30
매출원가	100	상품	100
감가상각비	5	감가상각누계액	5
감가상각비	7	감가상각누계액	7
감가상각비	24	감가상각누계액	24
무형자산 상각비	6	특허권	6
매출채권	1,000	매출	1,000
현금	900	매출채권	900

시산표 작성 2단계:
같은 계정들끼리 차변금액과 대변금액을 합한 후
큰 쪽 합계에서 작은 쪽 합계를 차감하여 순액을 큰 쪽이 있는 곳에 표시함

급여(인건비)	100	현금	0
재료비	200	미지급금	620
지급수수료	70	미지급비용	220
광고비	120	미지급비용	
운반비	30	미지급비용	
판매보증비	20	판매보증충당부채	20
퇴직급여	15	퇴직급여충당부채	15
법인세비용	40	미지급법인세	40
상품		매입채무	100
건물	200	미지급금	
기계장치	70	미지급금	
차량 운반구	120	미지급금	
특허권	24	미지급금	
매출원가	100	상품	
감가상각비	36	감가상각누계액	36
감가상각비		감가상각누계액	

감가상각비		감가상각누계액	
무형자산 상각비	6	특허권	
매출채권	100	매출	1,000
현금	800	매출채권	

시산표 작성 3단계: 계정 배열 순서를 B/S 계정은 위로, I/S 계정은 아래로 정렬함

현금	800	매입채무	100
매출채권	100	미지급금	620
상품		미지급비용	220
건물	200	판매보증충당부채	20
기계장치	70	퇴직급여충당부채	15
차량 운반구	120	미지급법인세	40
특허권	24	감가상각누계액	36
매출원가	100	매출	1,000
급여(인건비)	100		
재료비	200		
지급수수료	70		
광고비	120		
운반비	30		
판매보증비	20		
퇴직급여	15		
감가상각비	36		
무형자산 상각비	6		
법인세비용	40		

차변 쪽은 자산계정들을 위쪽으로 배열하고 비용계정들을 아래쪽으로 배열하며, 대변 쪽은 부채계정들을 맨 위에, 수익계정들을 아래쪽으로 배열하면 시산표가 완성됩니다.

시산표에서 매우 중요한 사실을 알 수 있습니다. 모든 분개는 차변의 합과 대변의 합계가 반드시 일치합니다. 시산표 1단계에서는 모든 분개를 모으므로 분개별로 차변과 대변의 금액이 같습니다. 시산표 3단계에서 차변과 대변의 계정들의 순서를 재배열해도 차변의 합계와 대변의 합계가 일치한 상태에서 순서만 재배열한 것이므로 그 후에도 차변 합계와 대변 합계는 일치합니다. 회계는 처음부터 끝까지 차변의 합계와 대변의 합계가 일치합니다.

손익계산서의 작성

시산표에서 손익계산서 계정들만을 모아서 손익계산서를 작성합니다.

매출원가	100	매출	1,000
급여(인건비)	100		
재료비	200		
지급수수료	70		
광고비	120		
운반비	30		
판매보증비	20		
퇴직급여	15		
감가상각비	36		
무형자산 상각비	6		
법인세비용	40		

손익계산서 작성

매출	1,000
매출원가(매출원가 100 + 재료비 200)	300
매출총이익	700
판매비와 관리비	
급여(인건비)	100
지급수수료	70
광고비	120
운반비	30
판매보증비	20
퇴직급여	15
감가상각비	36
무형자산 상각비	6
영업이익	303
법인세비용	40
당기순이익	263

재무상태표(B/S) 작성

재무상태표를 작성하기 전 최종 시산표는 아래와 같습니다.

현금	800	매입채무	100
매출채권	100	미지급금	620
상품		미지급비용	220
건물	200	판매보증충당부채	20
기계장치	70	퇴직급여충당부채	15
차량 운반구	120	미지급법인세	40
특허권	24	감가상각누계액	36
매출원가	100		
급여(인건비)	100		
재료비	200		
지급수수료	70		
광고비	120	매출	1,000
운반비	30		
판매보증비	20		
퇴직급여	15		
감가상각비	36		
무형자산 상각비	6		
법인세비용	40		

재무상태표를 작성하기 위해서는 시산표상의 모든 손익계산서 계정을 이익잉여금(당기순이익) 계정으로 마감하는 절차가 필요합니다. 아래와 같이 마감분개를 추가하면 손익계산서 계정이 이익잉여금으로 마감되어 재무상태표를 작성할 수 있습니다. 손익계산서 마감분개는 마감 전 시산표에 있는 손익계산서의 모든 차변계정(비용계정) 잔액을 대변에 기재하고, 모든 대변계정(수익계정) 잔액을 차변에 기재한 후 대차차액(차변에 기재한 수익 합계에서 대변에 기재한 비용 합계를 차감한 잔액, 즉 당기순이익)을 집합손익(당기순이익 = 이익잉여금)이라는 계정으로 기재하는 것입니다.

손익계산서 계정의 이익잉여금 마감분개

매출	1,000	매출원가	100
		급여(인건비)	100
		재료비	200
		지급수수료	70
		광고비	120
		운반비	30
		판매보증비	20
		퇴직급여	15
		감가상각비	36
		무형자산 상각비	6
		법인세비용	40
		이익잉여금(당기순이익)	263

마감 전 시산표에 위의 마감분개를 합하면 모든 손익계산서 계정은 상계되어 사라지고 마감 후 시산표는 아래와 같은 모습이 됩니다.

현금	800	매입채무	100
매출채권	100	미지급금	620
상품		미지급비용	220
건물	200	판매보증충당부채	20
기계장치	70	퇴직급여충당부채	15
차량 운반구	120	미지급법인세	40
특허권	24	감가상각누계액	36
		이익잉여금(당기순이익)	263

감가상각누계액은 차변(왼쪽)의 유형자산 밑으로 옮깁니다. 대변에서 차변으로, 또는 차변에서 대변으로 옮길 때는 숫자의 부호를 반대로(음수로) 변경합니다.

마감 후 시산표가 곧 재무상태표(B/S)입니다. 아래와 같이 자산 총계, 부채 총계, 자본 총계만 기재하면 재무상태표가 완성됩니다.

자산		부채와 자본	
현금	800	매입채무	100
매출채권	100	미지급금	620
건물	200	미지급비용	220
기계장치	70	판매보증충당부채	20
차량 운반구	120	퇴직급여충당부채	15
감가상각누계액	(36)	미지급법인세	40
특허권	24	부채 총계	1,015
		이익잉여금(당기순이익)	263
		자본 총계	263
자산 총계	1,278	부채와 자본 총계	1,278

제3장

기말결산분개 순서도

기말결산분개 순서도

1일 차	2일 차	3일 차
현금주의 비용	제조원가 계산 및 배분	자산 및 부채의 평가
- 세금계산서 수령 비용	매출원가	외화환산(외화 채권/채무)
- 법인카드 사용 비용		대손충당금 회계처리
- 법인계좌 이체 비용		재고자산평가충당금
		판매보증충당금 회계처리
발생주의 비용		반품보증충당금 회계처리
- 퇴직급여충당금		파생상품평가 회계처리
- 스톡옵션	재고자산	유상사급 회계처리
- 성과급/연월차		유동성대체 회계처리
- 감가상각비(유형/무형)		
- 금융리스 감가상각비		가결산 재무제표
		이연법인세비용 회계처리
매출 마감		최종 재무제표 작성

제1절
현금주의와 발생주의

회사의 기말결산(12월 말 결산) 일정을 시간 순서별로 요약하면 아래 표와 같습니다.

1. 현금주의

현금주의 - 청구서 비용 전표 작성		
매월 1일 ~ 말일(30일/31일)		
비용 성격	증빙 종류	금액
회의비/접대비	법인카드 영수증	카드 영수증 금액
임차료	세금계산서	세금계산서 금액
운반비		
지급수수료		

위의 표에 나타난 거래의 특징은 청구서(계좌이체, 법인카드, 세금계산서)가 온 거래라는 것입니다. 청구서가 왔으므로 거래가 발생했다는 것을 쉽게 알 수 있고(제3자가 통지를 하였으므로 분개 누락 리스크가 낮음), 청구서에 금액이 기재되어 있으므로 그 금액을 회계처리하면 됩니다.
회사에서 회계실무를 하는 분들을 제외한 모든 분들이(학생이나 일반인들은 물론 심지어는 회사의 최고 경영진조차도) 회계라고 생각하는 영역입니다. 그분들은 회계하면 "경리"를 떠올리거나 1980년대까지 흔히 불렸던 "상업부기"나 "공업부기"를 회계라고 생각합니다.
위의 문단에서 설명드린 분개의 첫 번째 그룹은 회계에서는 현금주의 분개라고 합니다. 거래가 발생해도 청구서가 오기 전까지는 회계처리하지 않고, 청구서가 왔을 때에야(현금이 지급될 때) 비로소 회계처리를 하기 때문입니다.

2. 발생주의

발생주의 - 청구서 발행 전 회계처리		
1월 초(1/2~1/10)		
비용 성격	증빙 종류	금액 계산
스톡옵션	엑셀파일	이항옵션/블랙숄즈
퇴직급여	엑셀파일	청산가정/보험수리적 가정
대손충당금	엑셀파일	연령분석표 전이율(roll rate)
금융리스	엑셀파일	리스료 유효이자율법 상각표
파생상품(현금흐름위험회피회계)	엑셀파일	선물환계약 월말환율과 계약환율 차이
판매보증충당부채	엑셀파일	제품별/거래처별 과거 보증비 경험률

분개의 두 번째 그룹은 **발생주의 분개**입니다.
발생주의 분개는 거래가 발생했지만 청구서가 오지 않은 거래입니다.
청구주기가 매월 주기적으로 청구되는 것이 아니라 1년 이상이거나 또는 먼 미래에 특정 이벤트가 발생하는 경우 청구되는 거래입니다.
발생주의 분개는 거래가 발생했지만 청구서가 오지 않아서 거래가 발생했는지를 파악하기가 쉽지 않아 분개를 누락할 리스크가 높습니다. 또한 확정된 금액이 기재된 청구서가 오지 않은 상태에서 분개를 해야 하므로 금액을 추정할 수밖에 없는 영역입니다.

제2절
비용의 성격별 분류 vs 비용의 기능별 분류

구분	예시	설명
성격별 분류	급여, 운반비, 감가상각비	비용의 발생 원천(성격)을 나타냄
기능별 분류	매출원가, 판관비, 경상연구개발비	비용이 회사 사업활동에서 어떤 기능을 하는지 나타냄

1. 회계처리 1단계: 비용의 성격별 분류

계정과목	금액	계정과목	금액
급여		현금	
퇴직급여		확정급여채무	
주식보상비용		미지급비용	
운반비		미지급비용	
지급수수료		미지급비용	
감가상각비		감가상각누계액	
경상연구개발비(급여)		현금	
광고선전비		미지급비용	
판매보증비		판매보증충당부채	
이자비용		미지급비용	
외화환산손실		매입채무	
법인세비용		미지급법인세	

회계에서는 회사에서 발생하는 모든 비용을 처음에는 성격별로 회계처리합니다. 회사에서 비용이 발생하면 현금으로 지급해야 하므로, 현금지급 또는 미지급비용(부채)의 발생 원인(성격)별로 회계처리하는 것이 첫 번째 단계입니다.

2. 회계처리 2단계: 비용의 기능별 분류

계정과목	금액	계정과목	금액
제품(재공품)		급여	
		퇴직급여	
		주식보상비용	
		운반비	
		지급수수료	
		감가상각비	

제조기업에서는 제품을 생산하기 위해 많은 종류(성격)의 비용을 발생시킵니다. 처음에 비용이 발생할 때는 비용의 성격별로 회계처리합니다. 그런 후 이러한 비용들은 제품을 생산하기 위한 원가이었으므로, 제품이 완성되었을 때 그때까지 발생한 비용(원가) 합계액을 제품으로 계정대체합니다. 처음에 차변에 비용의 성격별로 회계처리했던 금액을 대변에 회계처리하여 감소시키면서 그 금액의 합계액만큼 차변에 제품으로 회계처리하면 됩니다.

계정과목	금액	계정과목	금액
매출원가		제품	

제품이 판매되면 매출원가로 계정대체됩니다.

3. 비용의 성격별 분류의 계정별 분류 전환

위의 두 단계 분개(성격별 비용 회계처리 금액을 제품으로 계정대체, 제품 판매 시 매출원가 회계처리)를 합하면 차변의 제품과 대변의 제품이 상쇄되어 사라지고 아래의 분개가 남습니다.

계정과목	금액	계정과목	금액
매출원가		급여	
		퇴직급여	
		주식보상비용	
		운반비	
		지급수수료	
		감가상각비	

현재 전 세계의 거의 모든 기업이 손익계산서에서 비용을 매출원가, 판관비, 경상연구개발비 등 기능별로 표시하는 것을 채택하고 있습니다. 따라서 처음에는 성격별로 회계처리되었던 비용들이 기능별 표시를 위해 매출원가로 계정대체되면서 사라집니다.

제3절
1차 분개 vs 2차 분개

회계에서는 앞단에서의 분개가 완료되어야 이를 기반으로 그다음 분개를 할 수 있는 항목들이 많습니다. 가장 대표적인 항목이 매출원가와 재고자산원가의 배분입니다. 무언가 배분을 하기 위해서는 우선 배분대상이 되는 금액을 확정하는 것이 선행이 되어야 합니다. 따라서 회계에서는 먼저 당기에 발생한 항목을 모두 분개(인식)하는 것을 먼저 해야 하며, 그다음에 인식한 것을 배분하는 순서를 따릅니다.

1. 제조원가 계산 기말 결산분개 순서도

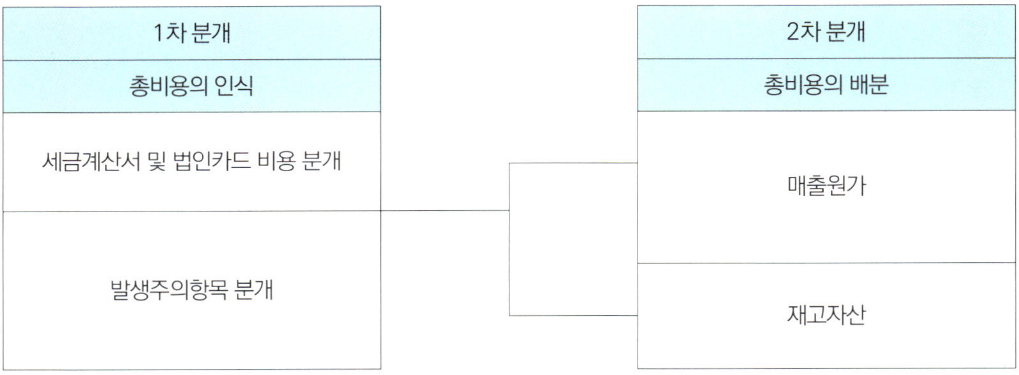

2. 개발비 자산화 기말 결산분개 순서도

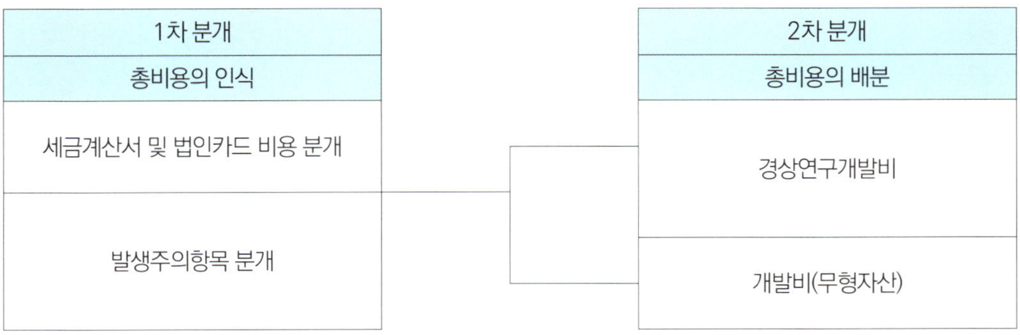

제4절
자산 및 부채 등의 평가

자산 및 부채를 평가하기 위해서는 평가에 필요한 변수가 먼저 확정되어야 그 이후에 평가를 진행할 수 있습니다. 따라서 앞 페이지의 도표에 나온 1단계 및 2단계가 모두 완료된 이후에 자산 및 부채를 평가할 수 있는 경우가 대부분입니다.

자산/부채 평가/계정재분류 분개		선행 확정 사항
1	재고자산평가충당금	제품별 매출액, 매출원가, 직접 판매비용
2	대손충당금	거래처별 매출액(매출채권)
3	판매보증충당부채	매출액(거래처별 또는 제품별), 불량품 반품비용(무상교환비용 또는 매출채권 차감액)(거래처별 또는 제품별)
4	개발비(무형자산) 손상평가	모든 발생비용(세금계산서, 법인카드, 발생주의 항목 비용) 분개 입력 및 프로젝트별 배분, 프로젝트별 진행단계 평가(앞 페이지 참조)
5	유상사급 회계처리	유상사급 거래처에 대한 매출액, 매입액(재고자산), 매출채권, 매입채무
6	현금흐름위험회피 외화매출액 조정	매출액, 파생상품(선물환) 평가(기타포괄손익)
7	외화환산	매출채권, 매입채무, 외화차입금, 판매보증충당부채, 금융리스부채 등 모든 화폐성 외화자산부채
8	영업권 손상평가	영업권이 발생하게 된 원인이 된 자회사의 결산이 완료되어야 함. 즉 자회사의 모든 분개가 완료되어야 함.

제4장

확정급여채무 (퇴직급여충당부채)

퇴직급여충당금 업무 흐름

1. 현대자동차 2024년 확정급여채무 변동

기초 잔액	(2단계) 당기 지급	(3단계) 당기 증가	(1단계) 기말 잔액
5,597십억 원	635십억 원	1,236십억 원	6,198 십억원
64,379명 평균근속연수: 17년	퇴사자(약 2,000명)의 총근속기간 비용	기말 65,074명의 당기 (1년) 비용	65,074명 평균근속연수:16년
	현금흐름표 지급액	I/S 당기비용	B/S 기말잔액

1단계: 기말현재 전 임직원(65,074명)에 대한 퇴직급여충당부채(확정급여채무) B/S기말 잔액 계산-당기말 B/S잔액 계산방법: 근로기준법(일반기업회계기준) vs 보험수리적가정(IFRS)

2단계: 기초 잔액에서 당기 중 퇴사자(약 2,000명)에 대한 지급액을 차감하여 기말 설정 전 잔액을 계산

3단계: 당기말 추가설정액 = 당기말 B/S잔액(to-be)(1단계) - 설정전 잔액(2단계)만큼 추가 설정

2. 기말결산분개 순서도 적용(제3장 기말 결산분개 순서도)

1단계: 당기말 추가 설정액(위 1의 3단계)을 당기비용(제품제조원가 및 판관비) 회계처리 - 비용의 성격별 분류

2단계: 당기 추가설정액 중 당기제품제조원가 해당액을 매출원가와 기말재고원가로 배분 - 비용의 기능별 분류

3단계: 다음 해에 퇴사자 발생 시 퇴직금 지급(전기말 퇴직급여충당부채 감소)

실무를 위한 이론 공부
퇴직급여충당부채 계산 방식 이해

퇴직급여충당부채 계산 방식에는 2가지 종류가 있습니다.

1. 근로기준법에 의한 퇴직금 계산 방식-비상장사(일반기업회계기준)

근로기준법에서는 임직원이 퇴사할 때 ─ 회사에 별도 퇴직금 규정이 없는 경우 ─ 퇴직금을 아래와 같이 계산하여 지급하도록 하고 있습니다.

퇴직금 = 퇴직 직전 1년간 월평균 급여 * 근속연수

따라서 일반기업회계기준을 적용하는 비상장사는 근로기준법에 따라 기말 결산 시 퇴직급여충당부채를 계산하면 됩니다.

퇴직급여충당부채 계산 사례 1

수현㈜의 직원 급여 체계는 아래와 같습니다. 사원은 3년, 대리는 4년, 과장은 5년 근속이 기본입니다. 회사의 과거 경험으로 보면 임직원들은 평균 10년을 근속한 후 퇴사(이직 등)하는 것으로 나옵니다.

직급	사원(3년)		대리(4년)		과장(5년)		
연차	1	2	4	5	8	9	10
월 급여	400	430	500	530	600	630	660

수현㈜에 입사한 직원의 퇴직급여충당부채를 일반기업회계기준에 따라 계산하면 아래와 같습니다.

연도	1	2	3	4	5	9	10
월 급여	400	430	460	500	530	630	660
퇴직 부채(B/S)	400	860	1,380	2,000	2,650	5,670	6,600
퇴직 비용(I/S)	400	460	520	620	650		930

위의 표의 의미는 다음과 같습니다. 근로기준법에 의한 퇴직금 = 퇴직 직전 1년간 월평균 급여 * 근속연수이므로, 해마다 근속연수가 1년씩 증가하므로 퇴직금도 증가합니다. 그런데 물가상승, 근속연수 증가에 따른 생산성 증대 등을 고려하여 매년 연봉(월급)도 상승하므로 매년 퇴직금 증가액은 매년 말월 급여 * 1년(근속연수 증가)로 단순하게 구할 수 없습니다. 매년 말 퇴직금으로 지급해야 할 총액(B/S 부채)을 구하고, 직전 연도 총액을 차감하여 당기 증가액(I/S 비용)을 구해야 합니다.

위의 수현㈜의 사례는 직원이 한 명인 경우의 매년 말 B/S상 퇴직급여충당부채로 계상해야 할 금액과 매년 I/S에 퇴직급여로 비용처리해야 할 금액을 나타내고 있습니다. 일반적인 경우에는 회사의 직원이 많으므로 아래에서는 직원이 다수인 경우 회사의 퇴직급여충당부채의 설정을 살펴보겠습니다.

퇴직급여충당부채 계산 사례 2

유석㈜의 직원 급여 체계는 아래와 같습니다. 사원은 3년, 대리는 4년, 과장은 5년 근속이 기본입니다. 회사의 과거 경험으로 보면 임직원들은 평균 10년을 근속한 후 퇴사(이직 등)하는 것으로 나옵니다.

직급	사원(3년)		대리(4년)		과장(5년)		
연차	1	2	4	5	8	9	10
월 급여	400	430	500	530	600	630	660

2025년 말 현재 직원은 총 6명이며, 각 직원의 근속연수와 월 급여 및 퇴직급여충당부채 설정현황은 아래와 같습니다.

2025년 말 퇴직급여충당부채 잔액

			연도별 퇴직급여충당금 증가액(추가설정)						
연차	급여	퇴충	1년	2년	3년	4년	5년	6년	7년
6년	560	3,360	400	460	520	620	650	710	
5년	530	2,650	400	460	520	620	650		
4년	500	2,000	400	460	520	620			
3년	460	1,380	400	460	520				
2년	430	860	400	460					
1년	400	400	400						
합계		10,650							

2026년 1월 초에 5년 차가 퇴사하였으며, 즉시 1년 차가 입사하였습니다.

2026년 중 5년차 퇴사 – 퇴직급여충당금 지급

			연도별 퇴직급여충당금 증가액(추가설정)						
연차	급여	퇴충	1년	2년	3년	4년	5년	6년	7년
6년	560	3,360	400	460	520	620	650	710	
5년	530	2,650	400	460	520	620	650		
4년	500	2,000	400	460	520	620			
3년	460	1,380	400	460	520				
2년	430	860	400	460					
1년	400	400	400						
합계		10,650							

2026년 말 퇴직급여충당금 설정

			연도별 퇴직급여충당금 증가액(추가설정)						
연차	급여	퇴충	1년	2년	3년	4년	5년	6년	7년
7년	580	4,060	400	460	520	620	650	710	700
6년	560	3,360	400	460	520	620	650	710	
5년	530	2,650	400	460	520	620	650		
4년	500	2,000	400	460	520	620			
3년	460	1,380	400	460	520				
2년	430	860	400	460					
1년	400	400	400						
합계		11,350							

2026년 중 퇴직급여충당금 변동

기초 잔액	당기 감소	당기 증가	기말 잔액
1년 차~6년 차	5년 차 퇴사	1년간 근무분 (하늘색 부분)	1년 차~7년 차 (6년 차 없음)
10,650	2,650	3,350	11,350

퇴직급여충당부채의 특징을 요약하면 아래와 같습니다.

퇴직급여충당부채의 특징

(1) 직원 한 명의 퇴직급여충당부채 변동: 퇴직급여충당부채는 퇴직 시점에 청구되므로 청구주기는 평균근속연수인 10년이다. 10년 동안 매년 I/S상에는 1년 치의 비용(퇴직급여)이 인식되며, B/S상 부채는 누적근속연수만큼 쌓이며, 현금흐름은 퇴직시점(평균근속연수 10년 후)에 딱 한 번 발생한다.

(2) 직원이 여러 명인 일반적인 회사의 경우 퇴직급여충당부채 변동: 직원 수가 충분히 많은 (모집단이 큰) 회사의 경우 매년 퇴사자 수만큼 채용하여 직원 수가 일정하게 유지되면, 매년 퇴사자 수는 전체 직원 수를 평균근속연수로 나눈 값으로 수렴한다(총 직원이 2,000명이고 평균근속연수가 10년인 경우 매년 2,000명/10년 = 200명 퇴사). 매년 퇴직급여충당부채 추가 설정액은 기말 현재 총 직원 수(2,000명) * 1년간 퇴직급여의 개념인데, 매년 퇴사자에 대한 퇴직금 지급액은 총 직원/평균근속연수= 200명에 대한 평균근속연수(10년) 동안의 누적액 개념이다. 즉, 1년간 퇴직급여비용 = 2,000명 * 1년, 1년간 퇴직급여지급액= 200명 * 10년. 두 금액은 유사하다(그 결과 매년 말 B/S상 퇴직급여충당부채 잔액도 일정하다). 매년 말 B/S상 퇴직급여충당부채 총액은 총 직원 수(2,000명) * 평균급여 * 평균근속연수(10년)만큼 쌓여 있다.

2. 보험수리적 가정에 의한 퇴직급여충당부채 계산 — 상장회사(KIFRS)

매년 말 근로기준법에 의한 퇴직금 지급액을 퇴직급여충당부채로 기록하는 방법(일반기업회계기준)의 문제점은 무엇일까요? 그것은 기말 현재 임직원이 당장 퇴사하지 않고 미래에 몇 년 동안 계속하여 근무할 것인데도, 기말에 지금 당장 퇴사하는 경우를 가정하여 퇴직금을 계산한다는 것입니다. 이러한 문제점을 개선하기 위해 상장회사들이 적용해야 하는 KIFRS에서는 다음과 같은 고급진(이론적으로 우수한) 방법인 "보험수리적 가정 방법"을 적용하여 퇴직급여부채를 계산하여야 합니다.

보험수리적 가정 적용한 퇴직급여충당부채 계산 절차

(1) 과거 임직원의 평균 근속연수를 고려하여 미래 예상 퇴직 시점 추정(예: 10년 차 말).

(2) 과거 회사의 평균 급여 인상률 등을 고려하여 퇴직 시점(10년 차 말)의 월평균 급여 추정(예: 660).

(3) 예상 퇴직 시점의 퇴직금(부채) 지급액 계산: 660 * 10년 = 6,600

(4) 임직원이 매년 근속 시 획득하는 퇴직금 적립액 계산: 6,600/10년 = 660(즉, 10년 동안 매년 660씩 적립한다고 가정 = 예측단위적립방식이라고 부름)

(5) 1년부터 10년까지 매년 660의 현재가치를 우량회사채 수익률(예: 7%)로 할인하여 1년 초 현재로 현재가치를 구함(아래 표 참조).

(6) 아래 표의 각 연도별(칼럼별) 맨 아래 합계액이 확정급여채무가 증가하는 금액(부채의 증가 = 비용의 증가)이다. 따라서 특정 연도 말의 확정급여채무 잔액을 구하려면 아래 표의 1년 말부터 특정 연도 말까지의 표의 맨 아래 합계액을 더하면 된다.

연도 말	1	2	3	4	5	6	7	8	9	10	합계
매년적립	660	660	660	660	660	660	660	660	660	660	6,600
잔존연수	9	8	7	6	5	4	3	2	1	0	
PVIF	0.544	0.582	0.623	0.666	0.713	0.763	0.816	0.873	0.935	1	
적립현가	359	384	411	440	471	504	539	576	617	660	4,960
10년 차										660	660
9년 차									617	43	660
8년 차								576	40	43	660
7년 차							539	38	40	43	660
6년 차						504	35	38	40	43	660
5년 차					471	33	35	38	40	43	660
4년 차				440	31	33	35	38	40	43	660
3년 차			411	29	31	33	35	38	40	43	660
2년 차		384	27	29	31	33	35	38	40	43	660
1년 차	359	25	27	29	31	33	35	38	40	43	660
합계	359	409	465	526	594	668	750	840	940	1,049	6,600

위의 표에 대한 설명: 10년 차 말에 퇴직 시 퇴직금을 6,600을 지급한다는 것은 회사는 매년 660씩 지급할 의무(부채)가 쌓여 간다는 것입니다. 그럼 1년 차에 실제로 660의 의무(부채)가 쌓일까요?

아닙니다. 1년 차에 종업원이 1년간 근무한 것의 가치는 359이므로 359가 의무(부채)로 쌓입니다. 1년 차에 발생한 퇴직금부채를 퇴직할 때까지(10년 말까지) 지급하지 않으므로 매년 이자가 쌓입니다. 1년 차의 359는 10년이 지나면 결국 660이 됩니다(근무원가 359 + 이자비용 9년간 합계 301 = 660).

1년 차에 발생하는 비용 = 1년 차 근무원가 359

2년 차에 발생하는 비용 = 2년 차 근무원가 384 + 1년 차 말 퇴직금에 대한 이자 25

2년 차 말 B/S상 확정급여채무 잔액 = 1년 차 비용 359+ 2년 차 비용 409 = 768

3년 차 발생 비용 = 3년 차 근무원가 411 + 1년 차 이자 27 + 2년 차 이자 27 = 465

3년 차 말 B/S상 확정급여채무 잔액 = 2년 차 말 768 + 3년 차 비용 465 = 1,233

예측단위적립방식이라고 말해 놓고, 또 매년 660씩 획득한다고 말해 놓고, 매년 근무원가가 1년 차 359, 2년 차 384, 이렇게 해마다 다른 이유는 무엇일까요?
해마다 숫자가 달라서 다른 것 같지만 화폐의 시간가치를 고려하면 그 숫자들(명목가치)의 실질 가치는 같습니다. 시점이 서로 다른 숫자들을 그냥 단순하게 비교할 수는 없으며 시점을 일치시키기 위해 화폐의 시간가치를 적용하여 명목가치를 변환시켜 주면 같아지게 됩니다.
동일한 재화나 서비스라 할지라도 시간이 지남에 따라 물가상승 등으로 인해 명목가치는 달라집니다. 지하철 1회 승차요금이 20년 전과 지금이 다른 것과 동일한 논리입니다. 동일한 직원의 근로 서비스에 대해 명목가치로 표현한 1년 차의 359와 10년 차의 660은 명목가치는 다르지만, 화폐의 시간가치 개념에 의해 서로 다른 시점이 아닌 동일 시점으로 가치를 환산하면 같아집니다.
1년 차 359를 화폐의 시간가치를 고려해 10년 차로 변환: 359 * (1+7%)^9 = 660
10년 차 660을 화폐의 시간가치를 고려해 1년 차로 변환: 660/(1+7%)^9 = 359

결론: 위의 내용은 이해하면 좋지만 몰라도 됩니다! 상장회사 실무를 하는 데 전혀 지장이 없습니다.

수현㈜의 퇴직급여충당부채(확정급여채무)

일반기업회계기준 적용 시 재무제표

연도	1	2	3	4	5	9	10
월 급여	400	430	460	500	530	630	660
퇴직 부채(B/S)	400	860	1,380	2,000	2,650	5,670	6,600
퇴직 비용(I/S)	400	460	520	620	650		930

KIFRS 적용 시 재무제표

연도	1	2	3	4	5	9	10
월 급여	400	430	460	500	530	630	660
퇴직 부채(B/S)	359	768	1,233	1,759	2,353	5,551	6,600
퇴직 비용(I/S)	359	409	465	526	594	940	1,049

시사점:
동일 거래(동일한 직원의 동일한 근로에 대한 퇴직금 부채 발생)라 하더라도 적용하는 회계처리 기준이 일반기업회계기준이냐 KIFRS냐에 따라 B/S상 부채와 I/S상 비용이 달라짐.
그러나 실제로 퇴직하는 시점에 지급하는 퇴직금은 동일함(근로기준법에 따라 계산한 금액).

일반기업회계기준과 KIFRS 비교

일반기업회계기준	KIFRS
가정: 기말 현재 전 임직원이 일시에 퇴직한다고 가정했을 때 지급할 퇴직금 계산	가정: 직원들의 과거 평균 근속기간을 고려하여 미래 예상 퇴직 시점을 추정하여 그때 지급해야 할 퇴직금을 추정하고 이를 현재가치로 할인
재측정: 미래에 대한 추정을 하지 않고 오로지 기말 현재 지급해야 할 금액만을 계산함. 매년 급여 상승을 반영하여 기말 현재 퇴직금을 계산하지만, 급여 상승으로 인한 과거 기간분 퇴직급여 추가 회계처리분(재측정)을 별도로 구분하여 회계처리하지는 않음. 그냥 기말 현재 퇴직금 전체를 하나로 묶어서 회계처리함.	재측정: 근속기간(퇴사 시점) 추정 등에 대한 가정이 매년 말 변동되는 경우, 가정변동의 영향을 금액(재측정요소)으로 계산하고 이를 별도 계정(이익잉여금)으로 분리하여 회계처리
이자비용: 퇴직 시까지 퇴직금을 지급하지 않은 것에 대한 이자비용을 전혀 고려하지 않음.	이자비용: 퇴직 시까지 퇴직금을 지급하지 않은 것에 대한 이자비용 매년 인식
직원 퇴직 시 퇴직금 지급액: 근로기준법에 의한 금액 = 퇴직 시 월 급여 * 근속기간 (또는 회사 별도 규정)	직원 퇴직 시 퇴직금 지급액: 왼쪽과 동일! (회사 직원에 대한 퇴직금 지급액은 회계기준이 일반기업회계기준이냐 KIFRS이냐의 영향을 받지 않음)
퇴직연금 DB형 가입 시 퇴직급여충당부채 계산: 가입 여부와 무관하게 근로기준법에 의한 퇴직금액을 부채로 인식	퇴직연금 DB형 가입 시 확정급여채무 계산: 가입 여부와 무관하게 보험수리적 가정에 의한 퇴직금을 부채로 인식

KIFRS 확정급여채무 회계처리

1. 매년 말 보험계리법인(삼성생명 등)으로부터 회사의 기말 현재 근무하는 임직원에 대한 확정급여채무 보고서를 수령합니다. 보고서에는 올해분과 내년분 2개의 표가 있습니다. 올해 말에는 올해는 이미 경과되었으므로 확정된 숫자이며, 내년분 표는 내년에 대한 추정치입니다. 보고서에는 아래와 같은 정보가 포함되어 있습니다.

구분	금액
당기 근무원가(퇴직급여)(A)	
이자비용(B)	
소계(C=A+B): I/S에 비용으로 인식	
재측정 효과(D)(B/S에 이익잉여금으로 인식)	
총계(E=C+D) 포괄손익계산서에 인식	

2. 올해분 연간 퇴직급여의 조정분개: 회사는 작년 말에 받은 올해분 확정급여채무 평가보고서상 금액으로 올해 1월부터 11월까지 회계처리를 해 왔습니다. 작년 말에 예측한 "올해 1년간 I/S 퇴직급여 추정액/12개월 = 월간 퇴직급여(I/S) 회계처리액"으로 회계처리를 해 오고 있었습니다. 올해 말에 올해분 평가보고서를 받으면 12월 말 결산 시 "퇴직급여(I/S) 추가 회계처리액 = 올해 1년간 퇴직급여 확정액 - 올해 11개월간 퇴직급여 회계처리액 누적액"으로 구해 회계처리를 합니다. 또한 올해분 보고서에 나온 재측정효과 전액을 확정급여채무(B/S)와 이익잉여금으로 회계처리합니다.

3. 다음 해 기중 회계처리: 올해 기말 결산 회계처리는 위의 1번과 2번으로 끝납니다. 내년도 매월 말에는 올해 말에 받은 내년도 추정 평가보고서상의 금액을 12로 나누어 매월 동일한 금액으로 회계처리합니다.

4. 다음 해 기말 회계처리: 내년 말에 계리법인 평가보고서를 새로 수령하여 내년분에 대해 내년도 확정보고서와 올해 말에 받은 예측치와의 차이에 대해 회계처리합니다(위의 2번에서 분개했던 방식과 동일).

사외적립자산 회계처리

기업은 미래에 종업원에게 지급할 퇴직급여의 수급권을 보장하기 위하여 사외 기금에 기금을 적립합니다. 이렇게 사외에 적립된 기금을 사외적립자산이라고 합니다. 사외적립자산에 대한 시점별 회계처리는 아래와 같습니다.

시점	차변	대변
사외에 기금 적립 시	사외적립자산 ***	현금 ***
퇴직자 퇴직금 지급 시	확정급여채무 ***	사외적립자산 ***
기말 이자수익 인식	사외적립자산 ***	퇴직급여 ***
기말 재측정 요소 발생 시	사외적립자산 ***	이익잉여금 ***

사외적립자산으로부터 이자수익 발생 시 대변에 이자수익으로 회계처리하지 않고 대변에 퇴직급여(I/S비용)를 회계처리하여 감소시킵니다.

KIFRS에서는 확정급여채무(부채)와 사외적립자산(자산)을 각각 구분하여 표시하는 총액법을 사용하지 않고 서로 상계하여 순액을 부채로 표시하도록 하고 있습니다. 또한 확정급여채무의 기간경과에 따른 이자비용을, I/S에 이자비용으로 별도로 회계처리하지 않고 퇴직급여(I/S비용)으로 회계처리합니다. 따라서 사외적립자산으로부터 발생하는 이자수익도 사외적립자산이 확정급여채무의 차감적 평가계정이므로 이자수익도 확정급여채무의 비용인 퇴직급여의 차감적계정(대변에 퇴직급여로 회계처리하여 차감한다는 의미)으로 회계처리합니다.

회사 실무 사례
확정급여채무 회계처리 및 공시

KIFRS에서는 확정급여채무(부채)와 사외적립자산(자산)을 각각 구분하여 표시하는 총액법을 사용하지 않고 서로 상계하여 순액을 부채로 표시하도록 하고 있습니다.

회사 사례

수애㈜에서 2023년 1년간 아래와 같은 거래가 순차적으로 발생하였습니다.

구분	기금 적립	종업원 근무	이자비용(이자수익)	재측정 요소	퇴직자 지급
확정급여채무		퇴직급여 100	7	10	20
사외적립자산	90		6	8	(-)20

회계처리

시점	차변		대변	
사외에 기금 적립 시	사외적립자산	90	현금	90
종업원 근무	퇴직급여	100	확정급여채무	100
확정급여채무 이자비용	퇴직급여	7	확정급여채무	70
사외적립자산 이자수익	사외적립자산	6	퇴직급여	6
확정급여 재측정 요소	이익잉여금	10	확정급여채무	10
사외적립 재측정 요소	사외적립자산	8	이익잉여금	8
퇴직자 퇴직금 지급 시	확정급여채무	20	사외적립자산	20

주석공시

2023년 말 수애㈜의 기말 감사보고서 주석에 아래와 같이 공시합니다(현대자동차 양식과 동일).

주석 31. 퇴직급여제도

구분	확정급여채무	사외적립자산	합계
기초	0	0	0
당기 근무원가	100	0	100
이자비용(이자수익)	7	(-)6	1
소계	107	(-)6	101
재측정 요소:			
사외적립자산의 손익	0	(-)8	(-)8
재무적 가정 변동 보험수리적손익	10	0	10
경험 조정 보험수리적손익	0	0	
소계	10	(-)8	2
기여금		(-)90	(-)90
지급액	(-)20	20	0
기말	97	(-)84	13

제5장

금융리스

금융리스 개념

리스란 자산을 일정 기간 사용하는 대가로 사용료를 지급하는 계약입니다. 즉, 임차계약과 동일합니다. 회계업무를 하는 사람들이 아닌 일반인들의 경우 상업광고에 익숙하다 보니 리스라는 말을 들으면 렌터카나 정수기만을 떠올리게 됩니다. 하지만 회계에서는 리스, 렌털은 물론이고 모든 유형의 임대차계약을 포괄하는 개념입니다.

리스란 자산을 임차하여 사용하는 것이므로, 만약 자산을 임차(리스)하는 기간(예: 4년)이 그 자산의 내용연수(예: 5년)의 상당 부분이라면 그 자산을 임차하기로 한 사람은 실질적으로는 그 자산을 장기할부로 구매한 것과 경제적 실질이 유사합니다. 따라서 리스는 두 가지로 분류될 수 있는데, 단기 리스(임차)처럼 일반적인 임차계약으로 분류되는 그룹이 있으며, 장기 리스처럼 그 경제적 실질이 장기할부 취득과 같다고 보아 장기할부 취득처럼 회계처리하는 그룹이 있습니다. 첫 번째 그룹을 운용리스라고 하고, 두 번째 그룹을 금융리스라고 부릅니다.

장기할부 취득: 자산을 취득하고 취득대금을 장기간 할부로 상환
장기 리스: 자산을 장기간 사용하는 대가로 리스료를 장기간 매월 지급

장기할부란 미래에 분할하여 상환하여야 할 부채이므로 '부채를 조달하여(financing)' 그 자산을 (장기할부로) 취득했다고 하여 파이낸스(금융) 리스라고 합니다.

금융리스 분류 기준

리스계약을 금융리스 vs 운용리스로 분류하는 기준은 일반기업회계기준과 KIFRS가 상이합니다.

일반기업회계기준(비상장기업)	KIFRS(상장기업)
임대차계약이 다음 조건 중 하나를 충족하면 금융리스로 처리. 그 외의 경우는 운용리스로 처리 • 리스 기간 종료 시 소유권 이전 • 리스 기간 종료 시 염가구매선택권 • 리스 기간 〉= 자산 내용연수의 75% • 리스료 현가 〉= 자산 시가의 90% • 범용자산이 아닌 자산을 리스	모든 임대차계약(공장 건물, 사무실, 차량, 기계장치 등)을 금융리스로 회계처리하도록 회계기준 개정 (1년 이하의 단기리스와 5백만 원 이하의 소액리스만 운용리스 회계 허용)(2019년 개정)

운용리스 회계처리

운용리스는 일반적인 단기 임대차계약이므로 매월 지급하는 리스료(임차료)를 비용으로 회계처리 하면 됩니다. 그 외의 회계처리가 없으므로 매우 단순합니다.

사례: 수현㈜는 비상장회사로서 내용연수 5년인 제네시스(차량)를 2년간 사용하는 대가로 매월 200만 원씩 지급하는 리스계약을 체결한 경우 회계처리를 하시오.

[문제 해설]

1. 리스의 분류: 비상장회사로서 리스 기간(2년)이 내용연수(5년)의 75% 이상이 아니므로 금융리스가 되지 못하고 운용리스로 분류된다.
2. 운용리스 회계처리(매월)

차변		대변	
계정과목	금액	계정과목	금액
운용리스료	2,000,000	현금	2,000,000

금융리스 회계처리

금융리스는 장기할부 자산취득과 동일하므로 금융리스 회계처리도 장기할부 자산취득과 동일합니다.

사례: 정현㈜는 내용연수 5년인 제네시스(차량)를 4년간 사용하는 대가로 매월 200만 원씩 지급하는 리스계약을 체결한 경우 회계처리를 하시오.

장기할부 회계처리

차변		대변	
계정과목	금액	계정과목	금액
차량 운반구	96,000,000	장기미지급금	96,000,000

금융리스 회계처리

차변		대변	
계정과목	금액	계정과목	금액
금융리스자산 (사용권자산)	96,000,000	금융리스부채	96,000,000

리스자산 감가상각 회계처리: 리스 기간(4년간) 동안 매년 말

차변		대변	
계정과목	금액	계정과목	금액
금융리스자산 감가상각비	24,000,000	금융리스자산 감가상각누계액	24,000,000

리스부채상환 회계처리: 리스 기간(4년간) 동안 매년 말

계정과목	금액	계정과목	금액
금융리스부채	24,000,000	현금	24,000,000

금융리스 회계처리 회사 실무

중급회계 교재의 금융리스 회계처리 설명을 보면 매월 리스료 지급 시 거래상대방으로부터 리스료 청구서(인보이스, 세금계산서)가 오는 부분이 누락되어 있습니다. 따라서 청구서 없이 리스료를 직접 지급하는 것으로 회계처리를 설명합니다. 그러나 회사 실무에서는 청구서가 오므로 청구서 수령 시 회계처리를 반드시 해야 하며, 이로 인해 중급회계에서 배운 회계처리와 달라지게 됩니다. 따라서 월말 결산분개를 통해 달라진 회계처리를 중급회계에서 배운 회계처리로 만들기 위한 추가 회계처리를 넣어야 합니다.

사례: 수현㈜가 2025년 1월 초에 내용연수 5년인 제네시스(차량)를 4년간 사용하는 대가로 매월 200만 원씩 지급하는 리스계약을 체결한 경우 2025년 1월 회계처리를 하시오.

리스계약 체결 시: 금융리스 회계처리

차변		대변	
계정과목	금액	계정과목	금액
리스자산(사용권자산)	96,000,000	금융리스부채	96,000,000

1월 말 리스료 청구서(세금계산서) 수령 시

계정과목	금액	계정과목	금액
임차료	2,000,000	현금	2,000,000

리스자산 감가상각 회계처리(1월 말)

차변		대변	
계정과목	금액	계정과목	금액
리스자산 상각비	2,000,000	리스자산 상각누계액	2,000,000

리스부채 상환 회계처리(1월 말)

계정과목	금액	계정과목	금액
금융리스부채	2,000,000	임차료(*)	2,000,000

(*) 원래는 현금이 와야 하지만 세금계산서 수령 시 이미 현금을 회계처리했으므로 할 필요가 없습니다. 금융리스계약에 대한 비용은 리스자산으로 처리 후 감가상각비로 회계처리하는 것이 올바르므로 청구서 수령 시 차변에 임차료로 비용 처리한 것을 대변에 기재해 취소하여야 올바른 분개가 됩니다. 즉, 청구서 수령 시 분개와 리스부채 상환 시 분개를 합하면 중급회계책에 나오는 리스부채상환 회계처리가 됩니다.

전체 리스계약 시스템 회계처리

회사에는 임대차계약(리스거래)이 한 건만 있는 경우보다 많은 계약이 있는 경우가 일반적입니다. 사무실, 창고, 차량 등 임차계약을 체결하여 사용하는 자산의 종류가 많기 때문입니다. 기계장치처럼 수량이 많은 경우 개별 기계장치별로 회계처리하지 않고 시스템에 등재하여 회계처리하듯이 리스계약의 경우도 계약 건수가 많은 경우 리스처리 시스템을 구매(또는 개발)하여 회계처리합니다.

사례: 예진㈜의 2025년 1월 말 현재 리스계약 현황은 아래와 같습니다. 2025년 1월 초에 차량3을 매월 2백만 원의 리스료로 24개월간 리스하기로 계약을 체결하였습니다. 1월 말 리스회계처리를 하시오.

1. 리스계약 기초 데이터 시스템 입력

번호	계약 물건	시작일	종료일	총기간(월)	경과 기간(월)	매월 리스료	총리스료
1	페럼타워	201504	202503	120	118	20	2,400
2	기흥물류센터	201506	203505	240	116	30	7,200
3	차량1	202403	202602	24	10	3	72
4	차량2	202410	202609	24	4	2	48
5	차량3	202501	202612	24	1	2	48
합계						57	9,768

1월 중 신규로 체결된 리스계약에 대한 기초자료를 시스템에 입력합니다.

2. 리스회계처리

(1) 1월 리스료 청구서(세금계산서) 수령 시

계정과목	금액	계정과목	금액
임차료	57,000,000	현금	57,000,000

전체 리스계약 5건에 대한 1월 리스료 총액을 임차료로 회계처리합니다.

(2) 1월 중 신규계약체결분에 대한 회계처리

계정과목	금액	계정과목	금액
리스자산(사용권자산)	48,000,000	금융리스부채	48,000,000

리스 기간 전체에 대한 리스료 총액을 자산과 부채로 회계처리합니다.

(3) 전체 리스자산에 대한 감가상각비

계정과목	금액	계정과목	금액
리스자산 상각비	57,000,000	리스자산 상각누계액	57,000,000

(4) 전체 리스부채 상환에 대한 회계처리

계정과목	금액	계정과목	금액
금융리스부채	57,000,000	임차료(*)	57,000,000

(*) 원래는 현금이 와야 하지만 세금계산서 수령 시 이미 현금을 회계처리했으므로 할 필요가 없습니다. 금융리스계약에 대한 비용은 리스자산으로 처리 후 감가상각비로 회계처리하는 것이 올바르므로 청구서 수령 시 차변에 임차료로 비용처리한 것을 대변에 기재해 취소하여야 올바른 분개가 됩니다.

금융리스부채 현재가치 회계처리

금융리스는 장기간에 걸친 임차계약이므로 미래에 리스기간동안 지급하는 사용료(리스료)를 단순히 더한 명목가치로 리스부채를 회계처리할 수 없고 현재가치로 할인하여 현재가치를 리스부채로 회계처리해야 합니다.

사례: 윤진㈜가 2025년 1월 초에 내용연수 5년인 제네시스(차량)를 4년간 사용하는 대가로 매월 200만 원씩 지급하는 리스계약을 체결한 경우 2025년 1월 회계처리를 하시오.

[실무 적용 해설]

새로운 임대차계약(리스거래)을 체결할 때마다 아래의 순서를 거치면 됩니다.

1단계: 할인율 결정

회사의 증분차입이자율(부동산을 담보로 제공하고 은행에서 차입할 때의 이자율)을 은행에 문의하여 결정(본 사례는 10%라고 가정). 증분차입이자율을 구한 후 연간이자율을 월간이자율로 변환하기 위해 12로 나눈 값을 할인율로 사용(이자율 업데이트 주기는 회사 정책으로 설정). 예: 분기별 또는 연간.

2단계: 현재가치 이자요소 계산

1/(1+이자율)^기간의 공식을 이용하여 각 월별 현재가치 이자요소와 연금의 현재가치 이자요소 계산(회사 리스 시스템 자동 계산).

연간이자율 10%
월간이자율 0.8333%
PVIF =1/(1+10%/12)^임차료 지급 시기

시기	현가요소	연금현가요소
0	1.0000	
1	0.9917	0.9917
2	0.9835	1.9753
3	0.9754	2.9507
4	0.9673	3.9180
5	0.9594	4.8774

3단계: 총리스료의 현재가치 계산

매월 리스료 * 리스 기간(예: 48개월)에 대응되는 연금 현재가치 이자요소 값
= 200 * 39.43 = 7,886만 원

만약 리스 기간 동안 매월 리스료가 동일한 값이 아니고 변동되는 경우에는 총리스료의 현재가치 = "매월 리스료 * 해당 월에 대응되는 1원의 현재가치 이자요소"를 전체 리스 기간에 대해 계산하여 이를 모두 합한 값으로 총리스료의 현가를 계산합니다.

현재가치 할인하지 않는 경우 명목가치: 200 * 48회 = 9,600만 원
현재가치 할인하는 경우 현재가치: 200 * 39.43 = 7,886만 원
리스 개시일에 리스자산과 리스부채를 현재가치로 회계처리합니다.
명목가액과 현재가치의 차이 '1,714'는 리스 기간 동안 이자비용으로 인식합니다.

앞의 그림에서 기억할 점 2가지를 설명드립니다.

1. 모든 회계처리가 그렇듯 처음에는 차변(자산)과 대변(부채)이 같이 등장하지만 그 이후에는 서로 각자의 길을 갑니다. 리스자산은 정액법 감가상각을 하고, 리스부채는 유효이자율법으로 이자비용을 인식합니다.
2. 리스 기간 총비용 인식액: 리스자산 감가상각비 7,886만 원 + 리스부채 이자비용 1,714만 원 = 9,600만 원(현금유출액과 일치)

4단계: 유효이자율법 상각표 작성(회사 리스 시스템 또는 엑셀 파일)

지급 회차	유효이자(A)	리스료(B)	부채상환(C)	기말부채(D)
0				78,856,320
1	657,136	2,000,000	1,342,864	77,513,456
2	645,945	2,000,000	1,354,055	76,159,402
3	634,662	2,000,000	1,365,338	74,794,063
4	623,284	2,000,000	1,376,716	73,417,347
5	611,811	2,000,000	1,388,189	72,029,158
47	32,921	2,000,000	1,967,079	1,983,471
48	16,529	2,000,000	1,983,471	0
	17,143,680	96,000,000	78,856,320	

지급 회차 0라인에 리스부채 현재가치 78,856,320을 기말부채 잔액으로 입력.
지급 회차 1라인: 유효이자 = 직전 월 기말부채(78,856,320) * 1개월 이자율(10%/12).
매월 리스료는 2백만 원으로 동일.
매월 부채상환액 = 리스료 지급액(2백만 원) - 당월 유효이자(1회차는 657,136).
당월 말 리스부채 잔액 = 직전 월말 부채잔액(78,8576,320) - 당월 부채상환액(1,342,864).
지급 회차 3라인, 4라인 등 그 아래의 지급 회차도 위의 순서대로 계산합니다.
매월 말 결산조정분개 시 이자비용은 현재가치할인차금 17,143,680을 48개월로 나눈 금액(정액법)을 회계처리하지 않고, 유효이자율법 상각 테이블에서 결산 월에 해당하는 지급 회차에 있는 유효이자 칼럼의 금액을 이자비용으로 회계처리합니다.

5단계: 리스 개시일 회계처리

새로운 리스계약을 체결할 때마다 회사 리스 시스템(또는 엑셀 템플릿)에 리스계약 관련 기초 데이터를 입력하면 리스 시스템에서 앞의 1단계~4단계에 해당하는 자료가 생성됩니다.

계정과목	금액	계정과목	금액
리스자산(사용권자산)	78,856,320	금융리스부채	78,856,320

회사가 기존에 이미 체결하고 있는 리스계약을 제외하고 당기 중 신규로 체결된 리스계약에 대해서만 해당 계약의 총리스료의 현재가치를 리스자산과 리스부채로 회계처리합니다.

6단계: 1월 리스료 청구서(세금계산서) 수령 시

윤진㈜의 2025년 1월 말 현재 리스계약 현황은 아래와 같습니다.

번호	계약 물건	시작일	총기간(월)	경과 기간(월)	매월 리스료	총리스료	총리스료 현가
1	페럼타워	201504	120	118	20	2,400	1,680
2	기흥물류센터	201506	240	116	30	7,200	3,600
3	차량1	202403	24	10	3	72	65
4	차량2	202410	24	4	2	48	43
5	차량3	202501	48	1	2	96	79
합계					57	9,816	5,467

전체 리스계약 5건에 대한 1월 리스료 총액을 임차료로 회계처리합니다.

계정과목	금액	계정과목	금액
임차료	57,000,000	현금	57,000,000

7단계: 전체 리스자산에 대한 감가상각비

각 리스자산(계약)에 대한 매월 감가상각비 = 리스자산 현재가치/리스 기간(월)을 구한 후 이를 모두 합하여 전체 리스자산 감가상각비를 계산합니다. (1,680/120 + 3,600/240 +65/24 +43/24 +79/48)

계정과목	금액	계정과목	금액
리스자산 상각비	35,145,833	리스자산 상각누계액	35,145,833

8단계: 전체 리스부채 중 당월 상환회계처리

중급회계에서는 유효이자율법에 의한 금융리스부채 상환회계처리를 아래와 같이 설명합니다.

계정과목	금액	계정과목	금액
금융리스부채	80	현금	100
이자비용(유효이자율법)	20		

회사 실무에서는 위의 분개를 두 줄로 나누어서 합니다. 매월 리스료 지급액 전체를 금융리스부채 상환으로 한 후 유효이자율법 상각표상 당월 이자비용만큼 이자비용 인식 및 금융리스부채의 상환으로 처리합니다. (두 줄을 합하면 위와 동일)

계정과목	금액	계정과목	금액
금융리스부채	100	현금	100
이자비용(유효이자율법)	20	금융리스부채	20

윤진㈜의 2025년 1월 말 현재 리스계약 현황은 아래와 같습니다.

번호	계약 물건	시작일	총기간(월)	경과 기간(월)	매월 리스료	총리스료	총리스료 현가
1	페럼타워	201504	120	118	20	2,400	1,680
2	기흥물류센터	201506	240	116	30	7,200	3,600
3	차량1	202403	24	10	3	72	65
4	차량2	202410	24	4	2	48	43
5	차량3	202501	48	1	2	96	79
합계					57	9,816	5,467

(1) 매월 리스료 지급액을 리스부채 상환으로 회계처리

계정과목	금액	계정과목	금액
금융리스부채	57,000,000	임차료(*)	57,000,000

(*) 원래는 현금이 와야 하지만 세금계산서 수령 시 이미 현금을 회계처리했으므로 할 필요가 없습니다. 금융리스계약에 대한 비용은 임차료 비용이 아니라 리스자산으로 처리 후 감가상각비로 회계처리하는 것이 올바르므로 청구서 수령 시 차변에 임차료로 비용처리한 것을 대변에 기재해 취소하여야 올바른 분개가 됩니다.

(2) 유효이자율법 이자비용 인식

계정과목	금액	계정과목	금액
이자비용	6,960,000	금융리스부채	6,960,000

회사 금융리스 시스템에 각 리스계약별로 유효이자율법 상각표가 있으므로, 결산일이 속하는 해당 월의 유효이자가 얼마인지 알 수 있습니다. 회사 리스 시스템에서는 당월의 유효이자 합계가 얼마인지를 보여 주며, 결산조정분개로 위와 같이 회계처리를 추가하게 됩니다.

IFRS GAAP 차이 조정분개

삼성전자와 같이 자회사를 소유한 모회사가 상장회사인 경우 모회사는 IFRS를 적용하며, 자회사는 일반기업회계기준을 적용하여 재무제표를 작성하게 됩니다. 이때 모회사가 연결재무제표를 작성할 때는 연결재무제표에 포함되는 회사들은 회계기준을 통일해야 하므로, 자회사도 모회사가 적용하는 IFRS를 적용하여 재무제표를 변환하여 모회사에 제출해야 합니다. 따라서 자회사는 일반기업회계기준과 IFRS 차이를 조정하는 분개인 GAAP 차이 조정분개를 작성하게 됩니다.
IFRS와 일반기업회계기준이 차이 나는 대표적인 분야가 금융리스입니다.
IFRS에서는 원칙적으로 거의 모든 리스를 금융리스로 분류하여 회계처리합니다. 반면에 일반기업회계기준에서는 금융리스로 분류되는 기준이 매우 엄격하므로 거의 대부분의 리스가 운용리스로 분류됩니다.
아래 사례를 통해 연결재무제표 작성 시 자회사가 모회사를 위해 운용리스를 금융리스로 변환하는 GAAP 차이 조정분개를 작성하는 방법을 설명해 드립니다.

[GAAP 차이 조정분개 사례]

낙현㈜는 비상장회사이며 서울 을지로에 사무실을 5년간 임차하는 임대차계약을 체결하였습니다. 임대차계약과 관련된 자료는 아래와 같습니다.

임차물건: 사무실(을지로 ##타워 2개 층)
월 임차료: 50,000,000(2개 층 합계)
임차계약 시작일: 2021년 12월 1일
임차계약 종료일: 2026년 11월 30일
임차 기간 종료 후 소유권이전약정이나 염가구매선택권약정은 없음

임차건물은 신축건물이어서 경제적 내용연수는 40년으로 추정되며, 임차한 사무실 2개 층을 취득하려면 160억의 취득원가가 소요될 것으로 추정됩니다.
낙현㈜의 증분차입이자율은 10%로 파악되었습니다. 2022년 말 결산 시 위의 임차계약에 대한 회계처리를 하고 상장회사인 모회사를 위한 KIFRS 전환분개(갭조정분개)를 작성하시오.

비상장기업인 경우 — 일반기업회계기준

[리스회계 1단계] 리스의 분류: 금융리스 vs 운용리스

일반기업회계기준 금융리스 분류기준 4가지(아래)에 해당되는 사항이 없으므로 운용리스로 분류합니다.

1. 소유권이전 약정: 없음.
2. 염가구매선택권 약정: 없음.
3. 리스 기간(5년)이 리스자산 경제적내용연수(40년)의 75% 이상? 아님.
4. 리스료(30억)의 현재가치가 리스자산 시가(160억)의 90% 이상? 아님.

[리스회계 2단계] 운용리스 회계처리

운용리스이므로 매월 임차료를 당기 비용으로 처리합니다.

차변		대변	
계정	금액	계정	금액
임차료	50,000,000	현금	50,000,000

상장기업인 경우 — KIFRS

[리스회계 1단계] 리스의 분류: 금융리스 vs 운용리스

KIFRS 금융리스 분류기준 예외 사항 2가지(1년 이하 단기리스, 5백만 원 이하 소액리스)에 해당하지 않으므로 금융리스로 분류합니다.

[리스회계 2단계] 리스료 현재가치 계산 및 유효이자율법 상각표 작성

1. 연금의 현가이자요소 계산:

   이자율 10%/12 = 0.833%, 기간 60개월의 현가이자요소 = 47.0654

2. 총리스료의 현재가치: 50,000,000 * 47.0654 = 2,353,268,451

3. 유효이자율법 상각표(리스 기간 60개월 중 2022년 말까지만 표시)

No	일자	유효이자(A)	리스료(B)	부채상환(C)	기말부채(D)
0	2021-12-01				2,353,268,451
1	Dec-21	19,610,570	50,000,000	30,389,430	2,322,879,022
2	Jan-22	19,357,325	50,000,000	30,642,675	2,292,236,347
3	Feb-22	19,101,970	50,000,000	30,898,030	2,261,338,316
4	Mar-22	18,844,486	50,000,000	31,155,514	2,230,182,802
5	Apr-22	18,584,857	50,000,000	31,415,143	2,198,767,659
6	May-22	18,323,064	50,000,000	31,676,936	2,167,090,723
7	Jun-22	18,059,089	50,000,000	31,940,911	2,135,149,812
8	Jul-22	17,792,915	50,000,000	32,207,085	2,102,942,727
9	Aug-22	17,524,523	50,000,000	32,475,477	2,070,467,250
10	Sep-22	17,253,894	50,000,000	32,746,106	2,037,721,144
11	Oct-22	16,981,010	50,000,000	33,018,990	2,004,702,153
12	Nov-22	16,705,851	50,000,000	33,294,149	1,971,408,005
13	Dec-22	16,428,400	50,000,000	33,571,600	1,937,836,405

(*) 유효 이자(A) = 직전 월 부채장부 가액(D) * 10%/12

(*) 리스부채상환액(C) = 월 리스료(B) - 당월 유효이자(A)

[리스회계 3단계] 리스 회계처리

1. 리스 개시일

차변		대변	
계정	금액	계정	금액
사용권자산	2,353,268,451	금융리스부채	2,353,268,451

리스 기간 동안 총리스료의 현재가치를 자산과 부채로 회계처리합니다.

2. 매월 말(리스 개시일 이후)

(1) 리스자산(사용권자산) 회계처리

차변		대변	
계정	금액	계정	금액
감가상각비(사용권자산)	39,221,141	감가상각누계액	39,221,141

(*) 매월 감가상각비 = 2,353,268,451/60(개월)

(2) 금융리스부채 회계처리

리스료 1회차 지급일(2021년 12월 말)

차변		대변	
계정	금액	계정	금액
이자비용	19,610,570	현금	50,000,000
금융리스부채	30,389,430		

리스료 2회차 지급일(2022년 1월 말)

차변		대변	
계정	금액	계정	금액
이자비용	19,357,325	현금	50,000,000
금융리스부채	30,642,675		

KIFRS 갭 조정분개

(1) 운용리스 회계처리

운용리스 회계처리에서는 자산 및 부채로 회계처리되는 금액은 없으므로 금융리스로 전환하는 분개를 하려면 결산일 현재 금융리스자산과 금융리스부채가 누적적으로 얼마가 남아 있을지를 계산해야 합니다.

(2) 금융리스 회계처리 시 각 계정별 금액 계산(2022년 말)

1. 금융리스자산: 총리스료의 현재가치 - 2,353,268,451
2. 금융리스자산 매월 감가상각비: 2,353,268,451/60 = 39,221,141
3. 금융리스자산 2022년 감가상각비: 39,221,141 * 12 = 470,653,690
4. 금융리스자산 감가상각누계액: 39,221,141 * 13 = 509,874,831
5. 금융리스부채 잔액(유효이자율법 상각표 2022년 말): 1,937,836,405
6. 2022년 이자비용(유효이자율법 상각표 2022년): 214,957,384

(3) GAAP 조정분개

운용리스 회계처리를 취소하고 금융리스 회계처리를 해야 합니다. 이때 자산 및 부채계정 금액은 결산일 현재의 금액(누적)으로 하되, 손익계산서 계정은 당기분만 기재해야 합니다. 손익계산서 계정은 기말결산 후 다음 해가 되면 이익잉여금으로 마감되므로 해당 계정금액의 과거 금액은 사라지고 이익잉여금으로만 남게 되기 때문입니다.

1 – 운용리스 취소분개

계정	금액	계정	금액
현금	50,000,000	이익잉여금(2021년분)	50,000,000
현금	600,000,000	임차료(2022년분)	600,000,000

2 – 금융리스 인식 분개

계정	금액	계정	금액
사용권자산	2,353,268,451	감가상각누계액	509,874,831
감가상각비(2022년)	470,653,690	금융리스부채	1,937,836,405
이자비용(2022년)	214,957,384	현금	650,000,000
이익잉여금(*)	58,831,711		

(*) 2021년 비용합계: 감가상각비 39,221,141 + 이자비용 19,610,570

GAAP 조정분개는 위의 1번 분개와 2번 분개를 합한 것이므로 실제로는 현금계정은 나타나지 않습니다. (두 분개에서 차변 현금과 대변 현금을 상계하여 나타나지 않음)

(4) KIFRS 전환 시산표 작성(2022년 말)

	일반기업회계기준 TB	GAAP 조정분개		KIFRS TB
		차변	대변	
사용권자산		2,353,268,451		2,353,268,451
감가누계액			(509,874,831)	(509,874,831)
금융리스부채			(1,937,836,405)	(1,937,836,405)
감가상각비		470,653,690		470,653,690
이자비용		214,957,384		214,957,384
임차료비용	600,000,000		(600,000,000)	0
이익잉여금(기초)(*)	50,000,000	58,831,711	(50,000,000)	58,831,711
합계	650,000,000	3,097,711,236	(3,097,711,236)	650,000,000

(*) 회계(시산표)에서 차변의 숫자는 양수(+)로, 대변의 숫자는 음수(−)로 기록하는 방식을 따라서 위의 표에 기재함. 따라서 이익잉여금은 대변계정이므로 이익잉여금이 양수(예: 당기순이익이 양수인 경우)이면 시산표에서는 음수로 표시됨(금융리스부채가 부채이므로 대변계정이며 음수로 표시되는 것처럼). 그런데 일반기업회계기준하 리스 처리 시 임차료비용은 비용(차변계정)이므로 양수로 표시되며, 전기 임차료비용도 이익잉여금을 감소시키는 차변계정이므로 시산표에서는 양수로 기재됨.

제6장

대손충당금 회계

중급회계 교재와 회사 실무의 비교
중급회계 교재

미성㈜의 매출채권 및 대손충당금 관련 자료는 아래와 같다.
20 * 1년 기초 매출채권은 1,000이고, 대손충당금 잔액은 30이다. 20 * 1년의 총 외상매출액은 12,000이고 현금 회수액은 11,000이다. 20 * 1년 중 회수불능으로 대손 확정된 채권은 20이며, 전기 이전에 상각 처리한 채권 중 20 * 1년에 10이 회수되었다.
미성㈜는 기말 매출채권 잔액의 3%를 회수 불확실하다고 추정하는 경우 대손충당금에 대해 20 * 1년 중 발생한 거래와 20 * 1년 말에 해야 할 회계처리를 하시오.

중급회계	대손충당금 설정률(기말 매출채권의 몇%를 대손충당금으로 설정해야 하는지) 정답을 알려 줍니다.
실무회계	기말 매출채권의 연령분석표(aging schedule)를 작성하고, 각 연령 구간에 적용할 대손충당금 설정률을, 회사의 과거 경험률을 이용하여 직접 계산해야 합니다.

회사 실무

1단계: 기말 현재 매출채권 연령분석표 작성

(2022년 12월 31일 현재)

거래처	발생~1년	1년~2년	2년~3년	3년 초과	합계
삼성전자	1,000	0	0	0	1,000
현대자동차	1,500	100	0	0	1,600
만도	2,000	100	0	0	2,100
한온시스템	1,700	100	50	0	1,850
광성기업	3,500	300	300	200	4,300
성우하이텍	0	500	300	250	1,050
합계	9,700	1,100	650	450	11,900

기말 현재 거래처별 매출채권 잔액에 대해 발생 시점부터 경과된 기간을 나타내는 매출채권 연령분석표를 회사 시스템으로부터 다운로드받습니다. 회사 시스템에 매출채권연령분석표를 작성하는 기능이 없는 회사의 경우 연령분석표 작성 방법을 이 장(chapter)의 맨 뒤에 부록으로 설명하고 있으니 이를 따라 하시면 됩니다.

2단계: 과거 5개년도 매출채권 연령분석표 요약

연도	발생~1년	1년~2년	2년~3년	3년 초과	합계
2018년	6,790	850	660	375	8,675
2019년	7,090	850	560	375	8,875
2020년	7,799	935	546	353	9,633
2021년	9,359	842	635	300	11,136
2022년	9,700	1,100	650	450	11,900
합계	40,738	4,577	3,051	1,853	50,218

1단계에서 올해 매출채권 연령분석표를 작성한 방법과 동일한 방법으로 과거 5개년의 매출채권 연령분석표를 회사 시스템으로부터 다운로드받아 각 연도별 채권 합계 금액만 요약하는 표를 작성합니다.

3단계: 5년 전(2018년) 발생 채권의 후속기간 미회수율 계산

연도	발생~1년	1년~2년	2년~3년	3년 초과	합계
2018년	6,790	850	660	375	8,675
2019년	7,090	850	560	375	8,875
2020년	7,799	935	546	353	9,633
2021년	9,359	842	635	300	11,136
2022년	9,700	1,100	650	450	11,900
합계	40,738	4,577	3,051	1,853	50,218

2018년에 발생한 매출액에 대해 2018년 말까지 회수되지 않고 남아 있는 채권은 6,790입니다. 매출채권 회수 기일은 통상 1개월 또는 2개월이므로 이 채권은 주로 2018년 11월과 12월에 발생한 매출액으로 구성되어 있을 것입니다. 이 금액은 2019년에 대부분 회수되지만 기말까지 회수되지 못한 금액 850은 2019년 기말 B/S에 여전히 매출채권으로 남아 있게 됩니다. 850에 대해 그다음 해인 2020년에 회수 노력으로 일부 회수되지만 여전히 회수되지 못한 금액 546은 2020년 말 B/S에 매출채권으로 남아 있게 됩니다. 시간이 1년 경과할 때마다 회수되지 못한 채권은 연령(나이)이 한 살씩 증가하므로 연령분석표 구간에서 오른쪽으로 한 칸씩 이동하여 집계됩니다(하늘색을 따라 이동).

2018년 발생채권의 미회수율 계산

연도	발생~1년	1년~2년	2년~3년	3년 초과	합계
2018년	4%				
2019년		35%			
2020년			55%		
2021년				100%	
2022년					
합계					

연령분석표에서 하늘색으로 칠해진 칸의 금액은 결국 얼마가 회수되지 못했는가?
2018년 발생~1년 구간: 6,790은 3년 후 300원이 회수되지 못함: 300/6,790 = 4%
2019년 1년~2년 구간: 850은 2년 후 300이 회수되지 못함: 300/850 = 35%
2020년 2년~3년 구간: 546은 1년 후 300이 회수되지 못함: 300/546 = 55%
2021년 3년 초과 구간: 3년 초과(상사채권 소멸시효 경과)이므로 10%

4단계: 4년 전(2019년) 발생 채권의 후속기간 미회수율 계산

연도	발생~1년	1년~2년	2년~3년	3년 초과	합계
2018년	6,790	850	660	375	8,675
2019년	7,090	850	560	375	8,875
2020년	7,799	935	546	353	9,633
2021년	9,359	842	635	300	11,136
2022년	9,700	1,100	550	450	11,800
합계	40,738	4,577	2,951	1,853	50,118

2019년 발생채권의 미회수율 계산

연도	발생~1년	1년~2년	2년~3년	3년 초과	합계
2018년	4%				
2019년	6%	35%			
2020년		48%	55%		
2021년			71%	100%	
2022년				100%	
평 균	5%	42%	63%	100%	

2019년 발생채권의 후속 기간 미회수율 계산도 3단계에서 2018년 발생채권에 대해 계산한 방법과 동일한 방법으로 계산합니다.

연령분석표에서 옅은 하늘색으로 칠해진 칸의 금액은 결국 얼마가 회수되지 못했는가?
2019년 발생~1년 구간: 7,090은 3년 후 450원이 회수되지 못함: 450/7,090 = 6%
2020년 1년~2년 구간: 935는 2년 후 450이 회수되지 못함: 450/935 = 48%
2021년 2년~3년 구간: 635는 1년 후 450이 회수되지 못함: 450/635 = 71%
2022년 3년 초과 구간: 3년 초과(상사채권 소멸시효 경과)이므로 10%

연령분석표의 각 구간별 미회수율의 평균: 2018년(하늘색)과 2019년(옅은 하늘색)의 평균을 계산합니다. 미회수되었다는 것은 곧 대손이 되었다는 것이므로 각 구간별 미회수율은 대손율을 나타냅니다.

5단계: 기말 B/S상 대손충당금 잔액(설정 필요액) 계산

구분	발생~1년	1년~2년	2년~3년	3년 초과	합계
2022년 채권	9,700	1,100	650	450	11,900
대손율	5%	42%	63%	100%	
대손충당금	522	459	409	450	1,840

기말 현재 채권의 각 구간별 채권 잔액에 대손율(미회수 경험률)을 곱하여 구간별 대손충당금을 구하고 이를 모두 합한 1,840이 기말 B/S에 대손충당금으로 설정되어야 합니다.

6단계: 대손충당금 기말 보충 필요액 계산

2022년 대손충당금 변동 요약

구분	2021년 말	감소(제각)	설정 전 잔액	2022년 말	보충 필요액
대손충당금	2,000	400	1,600	1,840	240

전기 말 대손충당금이 2,000이고 2022년도 중 채권의 대손이 확정되어 장부에서 제각(write off)한 금액이 400이라고 하면, 2022년 말에 대손충당금을 추가로 설정(보충)하기 전의 잔액은 1,600이 됩니다. 5단계까지 계산한 2022년 말 B/S상 대손충당금 잔액(설정 필요액)은 1,840이므로 240을 보충해야 합니다.

7단계: 대손충당금 회계처리

2022년 채권 제각 시:
(차)대손충당금 400 / (대)매출채권 400
2022년 기말 대손충당금 보충 설정 시:
(차)대손상각비 240 / (대)대손충당 240

FAQ(Frequently asked questions)

나팀장의 실무회계 유튜브와 네이버 블로그를 통해 받은 질문은 아래와 같습니다.

1. 회계법인으로부터 받은 파일의 수식과 나팀장의 실무회계 수식이 다른 것 같습니다. 서로 다른 모형인 건가요?

아니요. 다르지 않습니다. 회계법인 모형은 전이율(roll rate)을 먼저 구한 후 이를 이용하여 대손율을 계산하는 2단계를 거친 것입니다. 나팀장 모형은 두 단계를 하나로 합쳐서 한 번에 구한 것입니다.

연도	발생~1년	1년~2년	2년~3년	3년 초과	합계
2018년	6,790	850	660	375	8,675
2019년	7,090	850	560	375	8,875
2020년	7,799	935	546	353	9,633
2021년	9,359	842	635	300	11,136
2022년	9,700	1,100	650	450	11,900
합계	40,738	4,577	3,051	1,853	50,218

연도	발생~1년	1년~2년	2년~3년	3년 초과	합계
2018년	13%				
2019년	13%	64%			
2020년	11%	68%	55%		
2021년	12%	77%	71%	100%	
2022년					
1. roll rate	13%	64%	55%	100%	
2. 대손율	4%	35%	55%	100%	

2018년도 기말채권 6,790이 그다음 해에도 회수되지 못하고 남아 있을 확률(발생~1년 구간에서 그다음 구간인 1년~2년으로 넘어갈 확률 = 전이율(roll rate))을 먼저 구합니다.

850/6,790 = 13%, 546/850 = 64%, 300/546 = 55%

다음으로 대손율을 구합니다. 대손이라는 것은 3년 동안 회수되지 못한 것이므로, 회수되지 못하고 그다음 구간으로 넘어가는 일이 모든 구간을 거쳐서 끝까지 가야 합니다. 따라서 모든 일이 일어날 결합확률입니다. 결합확률은 확률의 곱으로 구합니다.

2018년 발생~1년 구간: 4개 확률의 곱.

= 850/6,790 * 546/850 * 300/546 * 300/300

앞 숫자의 분자와 뒤 숫자의 분모가 약분되어 지워지고 남는 것은 맨 앞 숫자의 분모(6,790)와 맨 뒤 숫자의 분자(300)만 남습니다.

300/6,790 = 나팀장의 수식과 동일합니다. 즉, 6,790이 3년 동안 끝까지 회수되지 못할 확률입니다.

2019년 1년~2년 구간: 3개 확률의 곱 = 546/850 * 300/546 * 300/300 = 300/850 나팀장의 수식과 동일.

2020년 2년~3년 구간: 2개 확률의 곱 = 300/546

2. 구간 설정 기간은 반드시 1년 단위로 해야 하나요?

그렇지 않습니다. 회사의 시스템이 좋다면 1년보다 짧은 단위로 하는 것이 대손충당금 설정 잔액을 줄일 수 있으므로 더 좋습니다. 분기 단위(3개월 단위)로 할 수 있다면 최선일 것입니다. 다만 구간의 길이는 전 구간에 걸쳐서 같아야 합니다. 3개월로 하기로 했으면 모두 3개월로 통일하여야 하며, 1년 이하는 3개월 단위로 4개로 나누고, 1년 초과부터는 6개월 단위로 하거나 1년 단위로 하는 등 다르게 설정하는 것은 통계학의 측면에서 올바른 방법이 아닙니다.

3. 반드시 3년을 초과해야 100%를 설정하는 것인가요?

그렇지 않습니다. 3년 초과를 100%로 설정하는 이유는 상법상 상사채권의 소멸시효가 3년이기 때문에 3년을 100%로 하였습니다. 채권 관리를 엄격하게 하기 위해 2년 초과를 100%로 하거나, 심지어는 1년 초과를 100%로 설정하는 등 회사 자체 규정을 마련하여 적용할 수 있습니다.

발생손실모형 vs 기대손실모형

매출채권에 대한 대손충당금 설정 로직이 2018년부터 개정되어 발생손실모형에서 기대손실모형으로 변경되었습니다. 용어 자체가 암시하듯이 발생손실모형은 손실이 발생된 채권에만 대손충당금을 설정하는 것이며, 기대손실모형은 손실이 발생되지 않았다 하더라도 손실이 기대되는 채권에는 모두 충당금을 설정하는 것입니다. 간단하게 말씀드리면, 과거에는 매출 후 채권 회수 만기(30일 또는 60일 등)가 지난 채권에만 충당금을 설정하였으나, 개정된 이후에는 만기 이전의 채권에도(결국 모든 채권에 대해) 충당금을 설정하는 것입니다.

기대손실모형의 논리적 근거: 모든 손상채권은 처음부터 손상된 상태로 하늘에서 뚝 떨어진 것이 아니라, 손상된 채권도 처음에는 만기 이전의 단계를 거쳤으며, 소멸시효를 완성할 때까지 계속하여 회수되지 않은 것입니다. 따라서 만기 이전의 채권이라 하더라도 만기 이전이므로 모두 우량한 채권이라고 볼 수는 없으며, 미래에 손상될 채권이 포함되어 있다고 보는 것이 합리적입니다.

손실이 발생했다는 의미의 주의점: 만기가 경과되어 연체되는 경우 손상되었다고 판단하는데, 이때 손상되었다는 것이 채권 금액의 100%가 전부 손상되었다는 것을 의미하는 것은 아닙니다. 연체된 기간의 정도에 따라 기간이 짧으면 손상된 정도가 낮고, 연체된 기간이 길면 손상된 정도가 높은 것으로 봅니다. 실무에서 매출채권 연령분석표(aging schedule)의 경과 기간에 따라 대손충당금 설정률을 달리하는 것을 생각하시면 금방 이해하실 수 있습니다(예를 들어, 3개월 미만은 1%, 3개월 초과 6개월 미만은 20%, 6개월 초과 1년 미만은 70% 등등).

일반적으로 기말 매출채권 중 만기 이전의 채권이 압도적인 비중을 차지하고, 연체된 채권은 극히 일부입니다. 기대손실모형은 만기 이전의 채권에 대해서도 대손충당금을 설정해야 하므로, 설정률을 낮게 하려면 매출채권에 대한 과거 대손경험률(전이율)을 계산하는 구간을 연간 단위로 길게 하기보다는 짧은 구간으로 촘촘하게 해야 합니다.

대손충당금 설정 모형 요약

구분	매출 발생일	채권 만기일	연체 (만기 이후~소멸시효 이전)	연체 (소멸시효 이후)
기간	0일	~30일(60일)	30일(60일)~3년	3년~
발생손실모형	대손충당금 설정 안 함		대손충당금 설정	
기대손실모형	대손충당금 설정함		대손충당금 설정	

방법 1: aging 구간을 세분한 경우

기간	만기 전	만기~ 3개월	3개월~ 6개월	6개월~ 12개월	1년~3년	3년 초과	합계
매출채권	1,000	30	20	10	30	50	1,140
설정률	0.1%	1%	20%	50%	80%	100%	7%
충당금	1	0	4	5	24	50	84

방법 2: aging 구간을 연간 단위로 간략하게 구분한 경우

기간	발생~1년	1년~3년	3년 초과	합계
매출채권	1,060	30	50	1,140
설정률	3.0%	80%	100%	9%
충당금	32	24	50	106

LG화학 2021년 말 감사보고서 주석 7

당기 말과 전기 말 현재 매출채권 및 기타수취채권에 대한 연령분석 내역은 아래와 같습니다.

(단위: 백만 원)

구분	2021.12.31	
	매출채권	기타수취채권
연체되지 않은 채권	3,182,702	809,871
연체되었으나 손상되지 않은 채권	78,658	-
3개월 이하	74,560	-
3개월 초과 6개월 이하	205	-
6개월 초과	3,893	-
사고채권	1,162	2,111
합계	3,262,522	811,982

LG화학 2021년 말 감사보고서 주석 3

회사는 매출채권에 대해 전체 기간 기대신용손실을 손실충당금으로 인식하는 간편법을 적용합니다. 기대신용손실을 측정하기 위해 매출채권은 신용위험 특성과 연령을 기준으로 구분하였습니다. 당기 말의 손실충당금은 다음과 같습니다. 기대신용손실에는 미래 전망 정보가 포함됩니다.

구분	연체되지 않은 채권(*1)	연체되었으나 손상되지 않은 채권(*1)	사고채권(*2)	계
당기 말 (매출채권)				
총 장부 금액	3,182,702	78,658	1,162	3,262,522
기대손실률	0.0%	0.1%	76.7%	0.1%
손실충당금	1,232	45	891	2,168

(*2) 사고채권은 회수 가능성의 현저한 저하 등 손상 사유가 확인된 채권입니다.

상장사 IFRS 매출채권 대손충당금 설정 방법 결론

LG화학, 삼성전자, 현대자동차, 네이버 등 국내 상장사의 감사보고서 주석을 검토한 결과 IFRS 매출채권 대손충당금 설정 방법을 아래와 같이 적용하고 있습니다.

1. 매출채권 연령분석: 매출채권을 연체되지 않은 채권(만기 이전 채권)과 연체되었으나 손상되지 않은 채권, 손상된 채권 3가지 그룹으로 구분하여 공시합니다.
2. 기대손실률(대손충당금 설정률): IFRS가 요구하는 방법인 매출채권에 대해 전체 기간 기대신용손실을 손실충당금으로 인식하는 방법을 적용합니다. 전체 기간에 대해 기대신용손실을 인식해야 하므로, 연체되지 않은 채권(매출 발생 후 채권 회수 만기일(30일, 60일 등) 이전의 채권)에 대해서도 기대손실(대손충당금)을 설정하고 있습니다.

매출채권 연령분석표 작성 방법

매출채권 연령분석표(aging schedule)를 회사 시스템에서 다운로드받을 수 없는 경우에는 대체적인 방법으로 최근 3년간 거래처별 매출채권 원장을 다운받아 연령분석표를 직접 작성하실 수 있습니다. 원장을 다운로드받아 아래 표와 같이 거래처별로 연도별 증가(매출), 감소(회수), 기말잔액 순으로 작성합니다.

2021년				2022년			2023년		
기초	증가	감소	기말	증가	감소	기말	증가	감소	기말
100	2,400	2,200	300	2,700	2,700	300	3,000	2,900	400

2023년(맨 마지막 연도)의 기말 매출채권 잔액은 총 4개의 연령구간(4개 구간: 0~1년, 1~2년, 2~3년, 3년 초과)으로 구성되어 있습니다.

2020년 (3년 전)	2021년 (2년 전)	2022년 (1년 전)	2023년 (당기)	2023년 말 채권 연령 구성
3년 전 발생채권만이 3년을 초과할 수 있음	2년 전 발생 매출채권은 3년을 초과할 수 없음	1년 전 발생 매출채권은 2년을 초과할 수 없음	당기 발생 매출채권은 1년을 초과할 수 없음	
			2023발생: 1년 이내	0~1년
		2022발생: 1~2년		1~2년
	2021발생: 2~3년			2~3년
2020 이전 발생: 3년 초과				3년 초과

미경㈜의 과거 3년간 거래처별 매출채권 원장을 다운받아 연도별 증감 요약표를 아래와 같이 작성한 경우, 거래처 유형별로 연령분석표 작성법을 설명드립니다.

미경㈜ 거래처별 매출채권 보조원장

거래처	2021년				2022년			2023년		
	기초	증가	감소	기말	증가	감소	기말	증가	감소	기말
A	100	2,400	2,200	300	2,700	2,700	300	3,000	2,900	400
B	500	200	0	700	0	200	500	0	100	400
C	250	400	200	450	200	100	550	100	50	600

아래에서는 거래처의 유형을 3가지로 나누어 각 유형별로 기말 매출채권의 연령을 4가지 구간으로 구하는 것을 설명하고 있습니다. 유의할 점은 연령을 4가지 구간으로 계산하는 공식은 거래처 유형과 상관없이 모두 동일하다는 것을 기억하시기 바랍니다.

정상적인 거래처인 경우 — A 거래처

2021년				2022년			2023년		
기초	증가	감소	기말	증가	감소	기말	증가	감소	기말
100	2,400	2,200	300	2,700	2,700	300	3,000	2,900	400

매출은 매월 발생하므로 당기 중 증가와 감소 금액은 1년간 발생한 금액이고, 매출채권 만기를 1개월로 가정할 경우 기말채권은 12월에 발생한 한 달 동안의 매출액이 기말채권으로 남게 됩니다. 따라서 매출채권에 대해 장기간 지급하지 않는 불량 거래처가 아닌 정상 거래처인 경우 기초/기말채권(한 달간 매출액)보다는 당기 중 증가/감소(1년간 매출액)가 훨씬 큽니다.

A 거래처의 2023년 기말 매출채권 400에 대해 연령을 4구간(1년 이내, 1년~2년, 2년~3년, 3년 초과)으로 나누는 연령분석표를 작성해 보겠습니다.

1년 초과: 기초 채권보다 당기 중 회수액이 적어야 1년 초과 채권이 있는 것입니다. 2023년 기초 300 - 당기 중 회수 2,900 = (-)2,600
기초 채권을 초과하여 당기 중 회수되었으므로 1년 초과 채권은 없습니다. 따라서 기말채권은 모두 1년 이내 발생한 채권입니다. 또한 1년 초과가 없으므로 2년 초과, 3년 초과 채권도 없습니다.

장기 미회수 채권이 존재하는 거래처인 경우 – B 거래처

2021년				2022년			2023년		
기초	증가	감소	기말	증가	감소	기말	증가	감소	기말
500	200	0	700	0	200	500	0	100	400

B 거래처의 경우 2021년에 매출채권에 대해 전혀 지급을 하지 않아서 2022년부터는 더 이상 매출을 발생시키지 않고 대금 회수에 주력하였습니다.

2023년 말 매출채권 400의 연령분석:
1년 초과: 2022 기초 채권 500 - 당기 중 회수 100 = 400
2년 초과: 2022년 기초 700 - (22년 회수 200 + 23년 회수 100) = 400
3년 초과: 21년 기초 500 - 3년간 회수액(21년 0+ 22년 200 + 23년 100) = 200

2년~3년: 2년 초과 400 - 3년 초과 200 = 200
1년~2년: 1년 초과 400 - 2년 초과 400 = 0
0~1년: 기말채권 400 - 1년 초과 400 = 0

단계	1단계			2단계			
연령	1년 초과	2년 초과	3년 초과	3년 초과	2~3년	1~2년	0~1년
금액	400	400	200	200	200	0	0

채권 회수가 추세적으로 악화되는 거래처인 경우 – C거래처

2021년				2022년			2023년		
기초	증가	감소	기말	증가	감소	기말	증가	감소	기말
250	400	200	450	200	100	550	100	50	600

C 거래처의 경우 매년 연간 매출액보다 채권 회수액이 항상 작아서 시간이 갈수록 기말매출 채권 잔액이 점진적으로 증가하는 거래처입니다.

2023년 말 매출채권 600의 연령분석:
1년 초과: 기초 채권 550 - 당기 중 회수 50 = 500
2년 초과: 2022년 기초 450 - (22년 회수 100 + 23년 회수 50) = 300
3년 초과: 21년 기초 250 - 3년간 회수액(21년 200+ 22년 100 + 23년 50) = (-)100

2년~3년: 3년 초과가 없으므로 2~3년 금액은 2년 초과 300과 같다.
1년~2년: 1년 초과 500 - 2년 초과 300 = 200
0~1년: 기말채권 600 - 1년 초과 500 = 100

단계	1단계			2단계			
연령	1년 초과	2년 초과	3년 초과	3년 초과	2~3년	1~2년	0~1년
금액	500	300	(-)100	0	300	200	100

거래처별 연령분석표 작성 결과

거래처	2023년 기말잔액	연령분석			
		3년 초과	2~3년	1~2년	0~1년
A	400	0	0	0	400
B	400	200	200	0	0
C	600	0	300	200	100

위의 연령분석표 각 구간 합계액에 구간별 대손충당금 설정률을 곱하여 대손충당금 당기 말 설정 잔액을 계산할 수 있습니다.

재고자산에 대해서도 회사 시스템에서 제품별 연령분석표가 산출되지 않는 경우(위에서 설명드린 매출채권 연령분석표 작성 방법과 동일하게) 과거 3년간 재고자산수불부(제품별 입고, 출고, 기말수량)를 다운로드 받아서 제품별 연령분석표를 직접 작성하실 수 있습니다.

제7장

파생상품 회계처리 (현금흐름위험회피회계)

선물환거래 전략 및 회계처리

시점	외화매출거래(현물시장)	선물환거래(선물시장)
매출 발생 이전	매출이 발생하지 않았으므로 아무런 회계처리 없음	전략: 외화매출거래 발생 이전이므로 현물시장이 손익계산서에 나타나지 아니함. 따라서 환율변동으로 인해 선물환거래로부터 발생하는 평가손익도 손익으로 처리하면 안 됨. 회계처리: 파생상품평가손익(기타포괄손익누계액 B/S 자본계정)으로 회계처리. 따라서 손익에 영향 없음.
매출 발생 시	연초(선물환거래 계약 체결일)보다 환율이 상승하는 경우 외화매출과 매출채권 금액이 환율상승분만큼 증가	전략: 선물환거래의 목적은 외화매출거래(현물시장)에서 발생하는 환율상승이익(하락 손실)을 깎아서(상쇄해서) 없애는 것임. 회계처리: (1) 매출은 발생일의 환율로 환산하여 기록. (2) 파생상품평가손실(기타포괄손익누계액)을 매출과 상계함. (1)과 (2)를 합하면 매출은 결국 매출 발생일의 환율로 기록되었다가 환율상승분만큼 차감되므로, 환율상승 이전(즉, 선물환계약 체결일의 계약환율)으로 기록됨. 따라서 환율변동으로 인해 매출액도 영향을 받지 아니하고, 다른 손익도 발생하지 아니함.
매출 발생 후 채권 회수 전까지	매출 발생 이후 환율상승분만큼 외화매출채권 외화환산이익 증가	선물환매도계약은 매출 발생 이후 선물환계약 종료 시까지는 파생상품평가손실(영업외비용)으로 회계처리됨. 외화매출채권 외화환산이익과 상계하지 아니하나 손익효과는 중화됨.
매출채권 회수일	환율상승분만큼 외환차익 발생. 외환차익만큼 현금유입 증가.	환율상승분만큼 선물환거래손실이 발생하고 현금유출 증가. 외환차익과 손익효과 상쇄. 현금흐름도 상쇄.

중급회계 교재와 회사 실무의 비교

중급회계 교재

세호㈜는 2023년 1월 2일에 미국 거래처로부터 매출 주문을 접수했다. 1월 31일 에 달러화 매출 $1,000를 하고 대금은 2개월 뒤인 3월 31일에 회수하기로 했다. 정환㈜는 환율변동으로 인한 채권 회수 금액의 변동 가능성을 없애기 위해 신한은행과 3월 말 만기 선물환 $1,000 매도계약을 체결하였다. 각 일자별 환율이 아래와 같을 때 세호㈜의 선물환계약에 대한 현금흐름위험회피 회계처리는? (1월 2일의 3월 말 만기 선물환계약 환율은 1월 2일 자 현물환율인 1,300과 같다고 가정한다.)

일자	1월 2일	1월 31일	2월 28일	3월 31일
환율	1,300	1,350	1,400	1,450

중급회계	회사 실무
거래를 딱 한 건만 예시를 들어 각 시점별 회계처리를 설명한다.	위험회피회계 대상거래는 매월 발생하므로 특정 월에 결산을 할 때 거래는 매우 많으며, 그 거래들을 4개의 시점(거래 발생 전, 거래 발생 시, 채권/채무 만기 전, 채권/채무 만기일) 구분별로 그룹화하여 각 그룹에 맞는 회계처리를 적용해야 한다.
위험회피회계 목적이 무엇이고, 이를 달성하기 위한 전략과 결과가 어떤지를 구체적으로 명확하게 설명하지 않는다.	위험회피회계의 목적은 손실만을 회피하기 위한 것이 아니라, 미래 상황이 현재 상황과 달라지는 것(위험=변동 가능성)을 회피하는 것이다. 따라서 손실은 물론 이익도 회피한다. 4가지 시점별 전략과 결과는 앞 페이지 요약표 참조.

동욱㈜의 2023년 연간 사업 계획은 아래 표와 같습니다. 환율변동에 따른 매출액 및 채권 회수 금액의 변동 가능성을 제거하기 위해 수출채권이 회수되는 만기일(2개월)의 회수 금액과 동일한 금액을 매도하는 선물환매도계약을 우리은행과 체결하였습니다. 각 만기별(매월 말) 선물환매도 환율은 계산의 편의를 위해 1월 초 현물환율인 1,300원과 동일합니다. 동욱㈜의 2023년 6월 말 결산 시, 4가지 대상거래(7월 이후 예상 매출, 6월 매출, 5월 매출, 4월 매출채권 결제액) 각각에 대한 현금흐름위험회피회계처리를 하시오.

	1월 초	1월 말	2월 말	3월 말	4월 말
외화매출(예상)		$1,000	$900	$1,100	$1,000
채권 회수(2개월)				$1,000	$900
선물환매도				(−)$1,000	(−)$900
현물환율	1,300	1,310	1,320	1,330	1,340
선물환매도환율				1,300	1,300

	5월 말	6월 말	7월 말	8월 말	9월 말
외화매출(예상)	$1,200	$1,100	$1,100	$1,050	$1,200
채권 회수(2개월)	$1,100	$1,000	$1,200	$1,100	$1,100
선물환매도	(−)$1,100	(−)$1,000	(−)$1,200	(−)$1,100	(−)$1,100
현물환율	1,350	1,360	1,370	1,380	1,390
선물환매도환율	1,300	1,300	1,300	1,300	1,300

	10월 말	11월 말	12월 말	1월 말	2월 말
외화매출(예상)	$1,200	$1,100	$1,300		
채권 회수(2개월)	$1,050	$1,200	$1,200	$1,100	$1,300
선물환매도	(−)$1,050	(−)$1,200	(−)$1,200	(−)$1,100	(−)$1,300
현물환율	1,400	1,410	1,420	1,430	1,440
선물환매도환율	1,300	1,300	1,300	1,300	1,300

선물환거래 계약 구조의 이해

1. 선물환거래란?

달러 등 외환을 사고파는 매매계약 체결과 동시에 환거래가 이루어지는 거래, 즉 현재 사고파는 거래를 현물환이라고 하며, 미래 특정 시점 또는 특정 기간에 사고팔겠다고 계약을 현재 체결하는 것을 선물환거래라고 합니다.

2. 선물환거래 목적에 대한 오해

선물환거래를 체결하는 목적은 위험회피를 위해 체결하는 것이라고 고급회계 교과서에서 설명을 합니다. 그러다 보니 일반인들은 선물환계약을 체결하면 위험을 회피했으므로 미래에 항상 "이익이 날 것이다"라고 오해하는 경우가 대부분입니다.

선물환거래 위험회피에서 '위험'이란 미래에 손해가 나는 경우를 의미하지 않습니다. 미래의 환율 변동으로 인해 현재 조건보다 이익이 날지 손실이 날지 "불확실한 상황"을 위험이라고 합니다. 따라서 선물환거래에서 위험을 회피한다는 것은 불확실한 미래 상황을(그 어떤 일이 발생하건 간에, 환율이 오르든지 내리든지 상관없이) 현재의 상황(현재의 환율)과 동일하게 고정시키는 행위(거래)를 말합니다.

3. 선물환계약 체결 전략

그런 게 가능해? 라고 생각하시는 분들이 많을 텐데요. 아래와 같이 계약을 체결하면 항상 가능합니다.

회사 상황(현물시장)	선물환계약(선물시장)	양 시장 효과 합계
미래에 달러를 수취하는 상황 (달러 수출 등)	미래에 달러를 매도하는 계약 체결	수취(+)와 매도(−)를 합하면 0이 됨
미래에 달러를 지급하는 상황 (원자재 수입 등)	미래에 달러를 매입하는 계약 체결	지급(−)와 매입(+)를 합하면 0이 됨

즉, 회사의 미래 상황과 항상 반대되는 선물환계약을 체결하면 양 시장에서의 효과의 합계가 항상 0이 됩니다.

4. 선물환계약 손익 분석

(1) 미래에 달러를 수취하게 되는 상황(달러 수출 등)

태욱㈜는 달러화 수출을 하여 2개월 후 달러화를 수취할 예정입니다. 환율변동에 따른 불확실성을 해소하기 위해 신한은행과 2개월 후 달러를 $1=1,200원(계약을 체결하는 현재 환율)에 매도하는 선물환매도계약을 체결하였습니다(태욱㈜는 2개월 후 환율이 상승하든 하락하든 상관없이 신한은행에 $1=1,200원에 매도하여야 합니다)

상황	현재 환율	미래 환율	현물시장	선물시장	효과 합계
환율상승	$1=1,200	$1=1,400	+200	-200	0
환율하락	$1=1,200	$1=1,000	-200	+200	0

환율이 상승하면, 달러화 매출채권 대금인 달러화를 수취한 후 원화로 환전했을 때 환율상승분 200원만큼 이익이 납니다(달러매출채권=현물시장). 그러나 신한은행과 선물환매도계약을 체결했으므로 2개월 후 $1=1,400원짜리를 계약에 의거 1,200원으로 팔 수밖에 없으므로 200원이 손해입니다. 선물환계약에서는 실제로 만기일에 회사가 달러화를 신한은행에 인도하지는 않으며 현물환율과 계약환율과의 차액인 200원만큼을 회사가 신한은행에 지급합니다(선물환계약환율과 만기일의 현물환율과의 차이가 회사가 손해인 상황이면 회사가 은행에 차액을 지급하고, 회사가 이익인 상황이면 은행이 회사에 차액을 지급하여 정산하고 선물환계약을 종결합니다).

환율이 하락하면, 달러화 매출채권 대금인 달러화를 수취한 후 원화로 환전했을 때 환율하락분 200원만큼 손실이 납니다(달러매출채권=현물시장). 그러나 신한은행과 선물환매도계약을 체결했으므로 2개월 후 $1=1,000원짜리를 계약에 의거 1,200원으로 팔 수 있으므로 200원만큼 이익입니다. 선물환계약에서는 실제로는 만기일에 회사가 이익인 금액(현물환율과 계약환율과의 차액인 200원)만큼을 신한은행이 회사에 지급합니다(계약을 정산하여 종결).

(2) 미래에 달러를 지급하게 되는 상황(원자재 수입 등)

철희㈜는 해외에서 원자재를 수입하여 2개월 후 달러화 매입채무를 결제하기 위해 달러화가 필요하므로 달러화를 매입할 예정입니다. 환율변동에 따른 불확실성을 해소하기 위해 신한은행과 2개월 후 달러를 $1=1,200원(계약을 체결하는 현재 환율)에 매입하는 선물환매입 계약을 체결하였습니다(철희㈜는 2개월 후 환율이 상승하든 하락하든 상관없이 신한은행으로부터 $1=1,200원에 매입하여야 합니다).

상황	현재 환율	미래 환율	현물시장	선물시장	효과 합계
환율상승	$1=1,200	$1=1,400	(-)200	+200	0
환율하락	$1=1,200	$1=1,000	+200	(-)200	0

환율이 상승하면 달러화 매입채무를 결제하기 위해 달러화를 매입하기 위해 지급해야 하는 원화 금액이 200원 상승하여 손실입니다(달러매입채무=현물시장). 그러나 신한은행과 선물환매입계약을 체결했으므로 2개월 후 $1=1,400원짜리를 계약에 의거 1,200원만 주고도 달러화를 매입할 수 있으므로 200원이 이익입니다. 회사가 이익인 상황이므로 은행이 회사에 200원을 지급하고 선물환계약은 종결됩니다.

선물환계약 회계처리: 매매목적 회계처리

앞에서 공부한 것과 같이 회사에는 외화매출거래, 외화매입거래가 있다. 은행과 선물환매도/매입 계약을 체결한 경우 선물환계약 회계처리(파생상품 회계처리)에는 2가지 대안이 있습니다. 하나는 일반적인 회계처리(매매목적 회계처리, 투기목적 회계처리)이며, 다른 하나는 위험회피회계처리입니다.

선물환거래 사례

종구㈜는 2023년 1월 2일에 미국 거래처로부터 매출 주문을 접수했다. 1월 31일에 달러화 매출 $1,000을 하고 대금은 2개월 뒤인 3월 31일에 회수하기로 했다. 종구㈜는 환율변동으로 인한 채권 회수 금액의 변동 가능성을 없애기 위해 신한은행과 3월말 만기 선물환 $1,000 매도계약을 체결하였다. 각 일자별 환율이 아래와 같을 때 외화매출거래와 선물환계약 회계처리는? (단, 종구㈜는 선물환계약에 대해 현금흐름위험회피회계를 적용하지 않고 매매목적 회계처리를 적용한다. 1월 2일의 3월 말 만기 선물환계약 환율은 1월 2일 자 현물환율인 1,300과 같다고 가정한다.)

일자	1월 2일	1월 31일	2월 28일	3월 31일
환율	1,300	1,350	1,400	1,450

외화매출 회계처리

일자	차변		대변	
	계정과목	금액	계정과목	금액
1월 2일	매출이 발생하지 않았으므로 회계처리 없음			
1월 31일	매출채권	1,350,000	매출	1,350,000
2월 28일	매출채권	50,000	외화환산이익	50,000
3월 31일	현금	1,450,000	매출채권	1,400,000
			외환차익	50,000

선물환계약 회계처리(매매목적)

일자	차변		대변	
	계정과목	금액	계정과목	금액
1월 2일	계약 체결일에는 회계처리 없음			
1월 31일	파생상품평가손실(영업외비용)	50,000	파생상품부채	50,000
2월 28일	파생상품평가손실(영업외비용)	50,000	파생상품부채	50,000
3월 31일	파생상품부채	100,000	현금	150,000
	파생상품거래손실(영업외비용)	50,000		

현금흐름위험회피회계

위험회피회계처리를 적용하기 위해서는 KIFRS 기준서에서 요구하는 요건을 갖추어야 합니다. 요건은 주로 위험회피 대상거래 내용, 위험회피 수단(선물환계약) 등의 내용을 자세하게 문서화하고 경영진의 승인을 얻는 것입니다.

앞의 선물환거래 사례를 그대로 이용하되, 선물환계약에 대해 매매목적 회계처리를 적용하지 않고 현금흐름위험회피회계를 적용하는 경우의 회계처리는 아래와 같습니다.

외화매출 회계처리

앞의 사례1에서 한 회계처리와 동일합니다.

선물환계약 회계처리(현금흐름위험회피회계)

일자	차변		대변	
	계정과목	금액	계정과목	금액
1월 2일	계약 체결일에는 회계처리 없음			
1월 31일	파생상품평가손실 (기타포괄손익누계)	50,000	파생상품부채	50,000
1월 31일	매출	50,000	파생상품평가손실 (기타포괄손익누계)	50,000
2월 28일	파생상품평가손실(영업외비용)	50,000	파생상품부채	50,000
3월 31일	파생상품부채	100,000	현금	150,000
	파생상품거래손실(영업외비용)	50,000		

선물환거래 전략 및 회계처리

시점	외화매출거래(현물시장)	선물환거래(선물시장)
매출 발생 이전	매출이 발생하지 않았으므로 아무런 회계처리 없음.	전략: 외화매출거래 발생 이전이므로 현물시장이 손익계산서에 나타나지 아니함. 따라서 환율변동으로 인해 선물환거래로부터 발생하는 평가손익도 손익으로 처리하면 안 됨. 회계처리: 파생상품평가손익(기타포괄손익누계액 B/S 자본계정)으로 회계처리. 따라서 손익에 영향 없음.
매출 발생 시	연초(선물환거래 계약 체결일)보다 환율이 상승하는 경우 외화매출과 매출채권 금액이 환율상승분만큼 증가.	전략: 선물환거래의 목적은 외화매출거래(현물시장)에서 발생하는 환율상승이익(하락 손실)을 깎아서(상쇄해서) 없애는 것임. 회계처리: (1) 매출은 발생일의 환율로 환산하여 기록. (2) 파생상품평가손실(기타포괄손익누계액)을 매출과 상계함. (1)과 (2)를 합하면 매출은 결국 매출 발생일의 환율로 기록되었다가 환율상승분만큼 차감되므로, 환율상승 이전(즉, 선물환계약 체결일의 계약환율)로 기록됨. 따라서 환율변동으로 인해 매출액도 영향을 받지 아니하고, 다른 손익도 발생하지 아니함.
매출 발생 후 채권 회수 전까지	매출 발생 이후 환율상승분만큼 외화매출채권 외화환산이익 증가.	선물환매도계약은 매출 발생 이후 선물환계약 종료 시까지는 파생상품평가손실(영업외비용)으로 회계처리됨. 외화매출채권 외화환산이익과 상계하지 아니하나 손익효과는 중화됨.
매출채권 회수일	환율상승분만큼 외환차익 발생. 외환차익만큼 현금유입 증가.	환율상승분만큼 선물환거래손실이 발생하고 현금유출 증가. 외환차익과 손익효과 상쇄. 현금흐름도 상쇄.

선물환거래 회계처리 비교

구분	일반적(매매목적) 회계처리	위험회피회계처리
매출 발생 이전	선물환매도계약은 환율상승 시 손실 발생. 손실을 파생상품평가손실(영업외비용)으로 회계처리.	선물환매도계약은 환율상승 시 손실 발생. 손실을 파생상품평가손실(기타포괄손익누계액 B/S 자본계정)으로 회계처리. 따라서 손익에 영향 없음.
매출 발생 시	매출은 발생일의 환율로 환산하여 기록. 파생상품평가손실을 매출과 상계하지 않음.	(1) 매출은 발생일의 환율로 환산하여 기록. (2) 파생상품평가손실(기타포괄손익누계액)을 매출과 상계함. (1)과 (2)를 합하면 매출은 결국 매출 발생일의 환율로 기록되었다가 환율상승분만큼 차감되므로, 환율상승 이전(즉, 선물환계약 체결일의 계약환율)로 기록됨. 따라서 환율변동으로 인해 매출액도 영향을 받지 아니하고, 다른 손익도 발생하지 아니함.
매출 발생 후 채권 회수 시까지	선물환매도계약은 계약의 시작부터 끝까지 계속하여 파생상품평가손실(영업외비용)으로 회계처리됨.	선물환매도계약은 계약의 시작부터 매출 발생 시까지는 파생상품평가손실이 기타포괄손익누계액(B/S 자본)으로 회계처리되며, 매출 발생 이후 선물환계약 종료 시까지는 파생상품평가손실(영업외비용)으로 회계처리됨.

회사 실무 사례
현금흐름위험회피회계 실무

앞에서는 외화매출거래가 한 건만 있는 상황, 그래서 선물환매도거래도 한 건만 있는 상황에서의 회계처리를 설명드렸습니다. 실무에서는 수출은 매월 발생하므로 선물환매도계약도 매월을 만기일로 하여 여러 건 계약을 체결합니다. 따라서 매월 말 결산 시 여러 건의 선물환계약을 4가지 시점별 그룹으로 분류하여 회계처리하는 것이 필요합니다.

선물환매도거래 회계처리 사례

수경㈜는 2023년 초 2023년의 연간 사업 계획을 작성하면서 아래와 같이 추정하였습니다. 매월 말 달러화 매출은 $1이며, 환율변동에 따른 매출액 및 채권 회수 금액의 변동 가능성을 제거하기 위해 우리은행과 선물환매도계약을 체결하였습니다. 선물환매도계약은 수출채권이 회수되는 만기일과 금액을 고려하여 3월 말부터 매월 말에 $1씩 매도하는 계약을 체결하였습니다.

	1월 초	1월 말	2월 말	3월 말	4월 말
외화매출(예상)		$1	$1	$1	$1
채권 회수(2개월)				$1	$1
선물환매도				(-)$1	(-)$1
현물환율	1,300	1,310	1,320	1,330	1,340
선물환매도환율				1,300	1,300

	5월 말	6월 말	7월 말	8월 말	9월 말
외화매출(예상)	$1	$1	$1	$1	$1
채권 회수(2개월)	$1	$1	$1	$1	$1
선물환매도	(-)$1	(-)$1	(-)$1	(-)$1	(-)$1
현물환율	1,350	1,360	1,370	1,380	1,390
선물환매도환율	1,300	1,300	1,300	1,300	1,300

	10월 말	11월 말	12월 말	1월 말	2월 말
외화매출(예상)	$1	$1	$1		
채권 회수(2개월)	$1	$1	$1	$1	$1
선물환매도	(-)$1	(-)$1	(-)$1	(-)$1	(-)$1
현물환율	1,400	1,410	1,420	1,430	1,440
선물환매도환율	1,300	1,300	1,300	1,300	1,300

선물환매도환율은 1월 초 선물환계약을 체결할 당시의 선물환시장에서 고시된 각 만기별(3월 말 ~다음 해 2월 말) 선물환매도계약환율로 체결합니다. 여기서는 계산의 편의를 위해 1월 초 현물환율과 동일하다고 가정하여 모든 계약을 1,300원으로 체결하였습니다. 1월 말부터 3월 말까지 매월 말 회계처리를 하세요.

해답 및 해설

선물환계약이 여러 건이 있으므로 매월 말 결산 시 선물환계약을 4가지 시점별 그룹[(1) 미래 예상 매출(매출 발생 이전), (2) 매출 발생 시, (3) 매출 발생 후 채권 회수 이전(선물환계약 만기 이전), (4) 채권 회수일(선물환계약 만기일)]로 분류하여 회계처리를 해야 합니다.

1월 말 선물환손익 요약

	예상 매출	당월 매출	만기 전 채권	만기 채권
외화금액	$11(2월~12월)	$1	0	0
현물환율	1,310	1,310	1,310	1,310
선물환매도환율	1,300	1,300	1,300	1,300
선물환손실	(-)10	(-)10	(-)10	(-)10
총 선물환손실	(-)110	(-)10	0	0
선물환손실 전월	0	0	0	0
선물환손실 당월	(-)110	(-)10	0	0

1월 말 선물환 회계처리

구분	차변		대변	
	계정과목	금액	계정과목	금액
예상 매출	파생상품평가손실(기타포괄손익누계)	110	파생상품부채	110
당월 매출	파생상품평가손실(기타포괄손익누계)	10	파생상품부채	10
	매출	10	파생상품평가손실(기타포괄손익누계)	10
만기 전 채권	해당 없음			
만기 채권	해당 없음			

1월 말 손익계산서상 매출액: 매출 분개 110 - 파생 분개 10 = 100

1월 말 재무상태표상 자본(기타포괄손익누계액): (-)110

2월 말 선물환손익 요약

	예상 매출	당월 매출	만기 전 채권	만기 채권
외화금액	$10(3월~12월)	$1	$1	0
현물환율	1,320	1,320	1,320	1,320
선물환매도환율	1,300	1,300	1,300	1,300
선물환손실	(-)20	(-)20	(-)20	(-)20
총 선물환손실	(-)200	(-)20	(-)20	0
선물환손실전월	(-)100 (*1)	(-)10	(-)10 (*2)	0
선물환손실당월	(-)100	(-)10	(-)10	0

(*1) 1월 말 선물환손익 요약표에는 (-)110으로 되어 있으나 이는 $11에 대한 것임. 당월 말 예상 매출 잔액 $10 해당분은 (-)100임.

(*2) 1월 매출 $1에 대해서 전월에 파생 손실 10을 파생 부채 증가 및 기타포괄손익 감소로 인식함. 전월까지 누적 손실 인식액을 I/S상 영업외비용 인식액으로 계산하지 않고 B/S상 파생 부채 인식액으로 측정해야 합니다.

2월 말 선물환 회계처리

구분	차변		대변	
	계정과목	금액	계정과목	금액
예상 매출($10)	파생상품평가손실(기타포괄손익누계)	100	파생상품부채	100
당월 매출($1)	파생상품평가손실(기타포괄손익누계)	10	파생상품부채	10
	매출	20	파생상품평가손실(기타포괄손익누계)	20
만기 전 채권($1)	파생상품평가손실(영업외비용)	10	파생상품부채	10
만기 채권	해당 없음			

3월 말 선물환손익 요약

	예상 매출	당월 매출	만기 전 채권	만기 채권
외화금액	$9(4월~12월)	$1	$1	$1
현물환율	1,330	1,330	1,330	1,330
선물환매도환율	1,300	1,300	1,300	1,300
선물환손실	(-)30	(-)30	(-)30	(-)30
총 선물환손실	(-)270	(-)30	(-)30	(-)30
선물환손실전월	(-)180 (*1)	(-)20	(-)20 (*2)	(-)20
선물환손실당월	(-)90	(-)10	(-)10	(-)10

(*1) 2월 말 선물환손익 요약표에는 (-)200으로 되어 있으나 이는 $10에 대한 것임. 당월 말 예상 매출 잔액 $9 해당분은 (-)180임.

(*2) 2월 매출 $1에 대해서 전월에 파생 손실 20을 파생 부채 증가 및 기타포괄손익 감소로 인식함. 전월까지 누적 손실 인식액을 I/S상 영업외비용 인식액으로 계산하지 않고 B/S상 파생 부채 인식액으로 측정해야 합니다.

3월 말 선물환 회계처리

구분	차변		대변	
	계정과목	금액	계정과목	금액
예상 매출($9)	파생상품평가손실(기타포괄손익누계)	90	파생상품부채	90
당월 매출($1)	파생상품평가손실(기타포괄손익누계)	10	파생상품부채	10
	매출	30	파생상품평가손실(기타포괄손익누계)	30
만기 전 채권($1)	파생상품평가손실(영업외비용)	10	파생상품부채	10
만기 채권($1)	파생상품거래손실(영업외비용)	10	현금	30
	파생상품부채	20		

선물환거래(현금흐름위험회피) 결과 요약

1월 말에 발생한 외화매출 $1가 3월 말에 회수된 결과 회사의 재무제표에 미치는 재무적 영향을 요약하면 아래와 같습니다.

거래 및 환율변동 요약

	1월 초	1월 말	2월 말	3월 말	4월 말
외화매출(예상)		$1	$1	$1	$1
채권 회수(2개월)				$1	$1
선물환매도				(-)$1	(-)$1
현물환율	1,300	1,310	1,320	1,330	1,340
선물환매도환율				1,300	1,300

재무적 영향 요약

구분	외화매출	선물환거래	합계
외화매출	1,310	(-)10	1,300
외화환산이익/파생상품평가손실	10	(-)10	0
외환차익/파생상품거래손실	10	(-)10	0
현금흐름	1,320	(-)20	1,300

결론

외화매출(현물시장)에서 환율변동에 따라 발생하는 위험(변동성)인 매출변동, 외화환산손익과 외환차손익의 발생 및 현금흐름의 변동(기초환율 대비 외화매출로 회수하는 현금의 변동: 1,300→1,320)이 선물환매도거래의 체결로 인해 모두 상쇄되어 외화매출 및 현금흐름 모두 기초(선물환계약 체결일)의 환율로 고정되었습니다. 즉, 위험이 완벽하게 회피되었습니다.

회계처리 대안별 재무제표에 미치는 영향 요약

구분	일반적(매매목적) 회계처리	위험회피회계처리
외화매출	환율이 상승(하락)하면 매출액이 상승(하락) & 외화매출채권 외화환산이익(외환차익)이 증가.	환율이 상승(하락)하면 매출액이 상승(하락) & 외화매출채권 외화환산이익(외환차익)이 증가.
선물환계약	환율이 상승하면 파생상품평가손실(거래손실)이 증가.	환율상승으로 인한 파생상품평가손실을 매출액 상승분에 상계하여 제거함.
효과 합계	(1) 매출액 상승분 및 매출채권 외화환산이익의 합계액과 (2) 파생상품평가손실(거래손실)의 금액이 절댓값은 같고 부호는 반대이므로 서로 상쇄되어 당기순이익에 미치는 영향은 없음. 그러나 매출액 상승 등은 영업이익을 구성하고, 파생상품평가손실은 영업외손익을 구성하므로 환율변동에 따라 영업이익이 달라질 위험은 여전히 존재함.	환율상승으로 인한 파생상품평가손실을 매출액 상승분에 상계하여 제거하므로 매출액도 결국은 증가하지 않고(증가분만큼 다시 감액 처리하므로), 파생상품평가손실도 매출액에 상계하여 제거할 때 사라짐. 환율변동으로 인해 매출액(영업이익)이 달라질 위험이 사라짐.

제8장

스톡옵션

실무를 위한 이론

스톡옵션 유형 및 가치평가

1. 스톡옵션은 과연 가치가 있는가?

스톡옵션은 주로 최고경영진 및 임원들에게만 부여하는 것이 일반적이다 보니 임원이 아닌 직원들은 잘 모르는 경우가 많습니다. 스톡옵션에서 옵션의 의미는 "선택권"입니다. 스톡옵션을 부여받은 사람은 주식을 매수할 수 있는 선택권이 있다는 의미입니다. 스톡옵션의 조건은 대부분 부여받은 임원이 일정 기간(2년~3년) 근무하면 그다음으로부터 스톡옵션 행사 가능 기간(3년~5년) 동안 스톡옵션 계약서에 정해진 행사가격(임직원이 주식을 살 수 있는 가격, 대개 최초에 부여하는 날의 주가)로 회사의 주식을 살 수 있는 권리를 주는 것입니다. 따라서 아래와 같이 정리할 수 있습니다.

미래 상황	부여일 주가	미래 주가	이익(손실)	옵션 행사 여부
주가 상승	10,000	20,000	20,000-10,000 = 10,000	이익이므로 행사
주가 하락	10,000	6,000	6,000-10,000 = (-)4,000	손해이므로 행사하지 않음

옵션은 선택권이므로 불리한 상황이 발생하면 행사하지 않으면 됩니다. 따라서 이익은 발생하지만 손실은 발생하지 않으므로 스톡옵션은 가치가 있을 가능성이 매우 높다고 할 수 있습니다.

2. 스톡옵션 유형

스톡옵션은 지급(결제) 방법에 따라 2가지 유형으로 나뉘며, 이에 따라 회계처리 방법(부채 vs 자본)과 공정가치 측정 방법이 다르다는 것을 이해하는 것이 스톡옵션 회계처리의 핵심입니다.

구분	현금결제형	주식결제형
지급 방법	스톡옵션 행사 시 (행사 시점 주가 - 부여일의 행사가격) * 스톡옵션 수량에 해당하는 금액을 현금으로 지급	스톡옵션 행사 시 주식을 교부
자본 vs 부채	행사 시 현금을 지급하므로 현금 지급 예상액(스톡옵션 단위당 가치 * 수량)을 의무복무기간 중 부채로 회계처리	행사 시 현금을 지급하지 않고 주식으로 지급하므로 자본(자본금 및 주발초 등)이 증가. 따라서 의무복무기간 중 스톡옵션 총 공정가치를 자본으로 회계처리
매년 말 옵션가치 재측정	행사 시 현금을 지급하는데, 행사시의 주가에 따라 현금 지급액이 달라짐. 따라서 매년 말 변동된 주가에 근거하여 현금 지급액 추정액(옵션 가치)를 재측정함	행사 시 현금을 지급하지 않고 주식을 교부. 따라서 매년 말 주가변동에 따라 지급할 금액이 달라지지 않으므로 매년 말 주가가 달라진다고 해도 단위당 옵션가치를 재측정하지 않고 최초 부여일에 측정한 옵션가치를 끝까지 사용함.
매년 말 회계처리	(차)주식보상비용 ** (대)부채 **	(차)주식보상비용 ** (대)자본 **

스톡옵션 실무 사례

다영㈜는 2023년 2월 14일(이사회)에 임원에게 스톡옵션을 부여하였으며 관련 자료는 아래와 같습니다.

스톡옵션 부여일: 2023년 2월 14일(이사회 결의일)
의무복무기간: 부여일로부터 3년
행사 가능 기간: 의무복무기간 종료 후 3년
스톡옵션 부여 수량: 총 30만주 (임원 20명에게 부여)
과거 3년간 회사 임원 연평균 퇴사율: 연간 20%
행사가격: 10,200원
매년 말 주가

연도	2020년 말	부여일	2023년 말	2024년 말	2025년 말	2026년 말
주가	6,500	10,000	12,000	11,500	13,000	14,000

요구 사항

회계팀장이 여러분을 회사의 스톡옵션 업무 담당자로 지정하고 위의 사례에 대해 회계처리해 달라고 지시했습니다. 어떻게 해야 할지 설명하세요.

실무 해설

스톡옵션 실무 1단계: 스톡옵션 행사가격 결정

스톡옵션 행사가격은 단순히 부여일의 주가로 결정되는 것은 아닙니다.

회사 업무(계약 체결, 거래 등) 수행 시 적용되는 법률/규정	회사 업무 수행 결과로 거래 발생 시 회계처리 결정 규정
상법, 근로자퇴직급여보장법 등 수많은 법률, 회사 정관이나 취업규칙 등 자체 규정	회계기준 (KIFRS, 일반기업회계기준)

회계기준은 회사에서 계약 체결이나 거래 발생 등 업무 수행 시 준수해야 하는 규정이 아닙니다.

회사 업무 수행 시 준수해야 하는 지침을 제공하는 것은 상법이나 근로자퇴직급여보장법, 제조물 책임에 관한 법률 등등 수많은 법률입니다. 회계기준은 그러한 법률들을 준수해서 거래가 발생했을 때 단지 회계처리를 어떻게 할 것인지에 대한 지침만 제공합니다. 따라서 스톡옵션을 부여할 때는 어떤 법률이 적용되는지 먼저 파악해야 합니다.

스톡옵션 관련 법률

(1) 상법: 상법에 스톡옵션(주식선택권) 행사가격은 부여일의 실질가액으로 한다고 규정하고 있으나, 실질가액에 대한 부분인 상법 시행령이 폐기되어 참조할 규정이 없습니다.

(2) 자본시장과 금융투자업에 관한 법률: 상장사 주식의 실질가액은 아래 3가지 가치를 단순 산술평균(3가지를 모두 합한 금액/3)한 가격으로 함.
 ① 최근 2개월간 종가를 거래량으로 가중평균한 평균주가
 ② 최근 1개월간 종가를 거래량으로 가중평균한 평균주가
 ③ 최근 1주일간 종가를 거래량으로 가중평균한 평균주가

위의 규정을 적용하여 행사가격을 계산한 결과 행사가격은 10,200원으로 결정되었습니다. 이는 사례 자료에서 제시된 부여일의 주가 10,000과는 다릅니다.

스톡옵션 실무 2단계: 스톡옵션 단위당 공정가치 계산

스톡옵션 단위당 공정가치 = 스톡옵션 행사 시 이익 = 미래 행사 시점 주가(예상) - 스톡옵션 부여일의 행사가격
미래 행사 시점 주가(예상)는 (1) 의무복무기간 후 행사 가능 기간 동안 행사 시점을 예상하고, (2) 부여일로부터 미래 예상 행사 시점까지의 주가변동을 예측해야 합니다.

- 스톡옵션 행사 시점 추정: 예를 들어 의무복무기간 3년 후 3년간 행사 가능한 스톡옵션 부여 시 행사 가능 기간 동안 균등하게 행사될 것이라고 추정하는 경우 부여일로부터 4년 6개월 후를 행사 시점으로 추정(의무복무기간 3년 + 행사 가능 기간 3년/2(평균))
- 스톡옵션의 행사 시점의 주가 추정: 부여일로부터 행사 시점인 4년 6개월까지의 주가변동을 추정하기 위해 회사의 과거 4년 6개월 동안의 주가변동성을 측정하고 이를 이용하여 미래 행사 시점(추정)의 주가 예측(블랙숄즈 옵션가격결정모형, 이항옵션모형)
- 스톡옵션의 단위당 가치: 스톡옵션의 미래 행시 시점의 주가 - 행사가격(부여일의 주가)

회사 실무적으로는 외부 가치평가 전문기관에게 스톡옵션 단위당 공정가치 평가보고서를 발행해 달라고 의뢰합니다. 이 보고서는 회계법인에 회계감사 받을 때 감사 자료로 제출합니다. 여기서는 의뢰한 결과 단위당 3,000원의 가치가 나온 것으로 가정합니다.

스톡옵션 실무 3단계: 스톡옵션 유형 결정

여기서는 행사 시 행사일의 주가와 행사가격의 차액을 현금으로 지급하는 현금결제형이라고 가정합니다. 주식결제형에 대해서는 뒤에서 설명합니다.

스톡옵션 실무 4단계: 매년 말 공정가치 계산표 작성

현금결제형은 부여일에는 물론 매년 말에 외부평가기관에 의뢰하여 매년 말 변동된 주가에 근거한 공정가치 평가보고서를 다시 받아야 합니다(아래 표와 같다고 가정).

	부여일	2023년 말	2024년 말	2025년 말	2026년 말
주가	10,000	12,000	11,500	13,000	14,000
옵션가치(외부 평가)	3,000	3,200	2,800	3,000	3,800
기대 행사 수량	153,600	153,600	153,600	130,000	130,000
총 공정가치	460,800,000	491,520,000	430,080,000	390,000,000	494,000,000
기간 경과 일수	0	319	684	1,049	1,095
당기 누적 비용	0	143,191,671	268,652,712	373,616,438	494,000,000
전기 누적 비용		0	143,191,671	268,652,712	373,616,438
당기 비용		143,191,671	125,461,041	104,963,726	120,383,562

위의 표는 부여일에 작성한 후 매년 말에 결산 시 관련 데이터(주가, 옵션가치, 기대 행사 수량 등)를 업데이트하고 업데이트된 데이터를 이용하여 표를 업데이트해야 합니다.

기대 행사 수량: 부여 수량 300,000 * (1-과거 평균 퇴사율 20%)^3(제곱) = 153,600
(의무복무기간 경과 후에는 실제 잔존하는(퇴사하지 않은) 수량 사용)
총 공정가치 = 매년 말 재계산한 옵션가치 * 기대 행사 수량
당기 누적 비용 = 매년 말 재계산한 총 공정가치 * 누적 기간 경과 일수/3년
당기 비용 = 당기 누적 비용 - 전기 누적 비용

스톡옵션 실무 5단계: 회계처리

현금결제형이므로 부채로 회계처리합니다.

연도	차변		대변	
	계정과목	금액	계정과목	금액
2023년	주식보상비용	143,191,671	장기미지급비용	143,191,671
2024년	주식보상비용	125,461,041	장기미지급비용	125,461,041
2025년	주식보상비용	104,963,726	장기미지급비용	104,963,726
2026년	주식보상비용	120,383,562	장기미지급비용	120,383,562

스톡옵션 유형이 주식교부형인 경우

지금까지는 현금결제형인 경우 공정가치 계산 및 회계처리를 알아보았습니다. 스톡옵션 행사 시 신주발행 또는 자기주식을 교부하는 주식교부형에 대해 공정가치 계산 및 회계처리는 다음과 같습니다.

스톡옵션 실무 4단계: 매년 말 공정가치 계산표 작성

주식결제형의 경우 부여일에 외부 평가기관에 의거 스톡옵션 단위당 공정가치가 계산되면 그 이후에는 매년 말 주가변동과 상관없이 항상 부여일의 공정가치를 사용합니다.

	부여일	2023년 말	2024년 말	2025년 말	2026년 말
주가	10,000	12,000	11,500	13,000	14,000
옵션가치	3,000	3,000	3,000	3,000	3,000
기대 행사 수량	153,600	153,600	153,600	130,000	130,000
총 공정가치	460,800,000	460,800,000	460,800,000	390,000,000	390,000,000
기간 경과 일수	0	319	684	1,049	1,095
당기 누적 비용	0	134,242,192	287,842,192	373,616,438	390,000,000
전기 누적 비용		0	134,242,192	287,842,192	373,616,438
당기 비용		134,242,192	153,600,000	85,774,247	16,383,562

스톡옵션 실무 5단계: 회계처리

주식결제형이므로 자본으로 회계처리합니다.

연도	차변		대변	
	계정과목	금액	계정과목	금액
2023년	주식보상비용	134,242,192	주식선택권(자본)	134,242,192
2024년	주식보상비용	153,600,000	주식선택권(자본)	153,600,000
2025년	주식보상비용	85,774,247	주식선택권(자본)	85,774,247
2026년	주식보상비용	16,383,562	주식선택권(자본)	16,383,562

의무복무기간 경과 후 회계처리

2027년 초에 주식결제형 스톡옵션 잔존 수량 130,000 중 70%가 행사되었습니다. 이때 주가는 15,000원입니다. 신주발행(주당 액면가 5,000) 교부 시 회계처리를 하세요.

연도	차변		대변	
	계정과목	금액	계정과목	금액
2027년	현금	928,200,000	자본금	455,000,000
	주식선택권(자본)	273,000,000	주식발행초과금	746,200,000

행사 수량(신주발행 주수): 130,000 * 70% = 91,000주
현금 납입액: 91,000주 * 10,200(행사가격) = 928,200,000
주식선택권(자본) 제거액: 2026년 말 총 공정가치 390,000,000 * 70%
자본금: 91,000주 * 5,000원(주당 액면가)
주식발행초과금: 대차 차액

제9장

제품(판매)보증충당부채

중급회계 교재와 회사 실무의 비교
중급회계 문제

익호㈜는 판매하는 제품에 대해 일정 기간 동안 품질을 보증하고 있으며, 보증 기간 안에 불량품이 발생하면 무상으로 교환해 주고 있다. 2023년 매출액은 1,000이며 2023년 말까지 불량으로 인해 제품을 교환해 준 원가는 30이 발생했고, 판매된 제품 중 보증기간 안에 추가로 불량이 발생하여 교환해 줘야 할 원가는 20으로 예상된다. 2023년 초 판매보증충당부채 장부 잔액은 20이 있었다. 2023년에 해야 할 판매보증비 및 판매보증충당부채 회계처리를 하시오.

중급회계	기말 결산일 현재 판매보증충당부채로 B/S에 설정되어야 할 금액을 알려 줌.
회사 실무	과거 거래처별(제품별) 판매보증비 발생 데이터를 입수하여 매출액 대비 판매보증비율 경험율을 직접 산정하고, 당기 말 현재 보증기간이 경과하지 아니한 매출액에 대해 경험률을 곱해 기말 B/S에 설정되어야 할 판매보증충당부채를 직접 계산해야 함.

중급회계 교재와 회사 실무의 비교
회사 실무

수진㈜는 자동차 엔진을 제조하여 국내와 해외 완성차 제조사에 판매를 하고 있다. 수진㈜는 제품에 대해 일정 기간 품질보증을 제공하고 있으며 불량품 등 클레임이 접수되면 불량품을 신제품으로 교환하여 주는 대신 완성차 업체에 대한 매월 매출채권에서 클레임 금액만큼 차감하고 있다. 제품별 품질보증조건과 제품별 불량률 산정을 위한 과거 경험치 자료는 아래와 같다.

품질보증조건

1. 현대자동차 납품 엔진

국내 매출분		해외 수출분	
제품	보증기간	제품	보증기간
아반떼 및 그 이하	2년	아반떼 및 그 이하	3년
소나타, 그랜저, 제네시스	3년	소나타, 그랜저, 제네시스	5년

2. 해외 완성차 제조사 납품 엔진

회사	포드	폭스바겐	벤츠	기타 업체
보증기간	3년	3년	5년	3년

과거 3년간 불량품 경험률 (단위: 십억 원)

회사	현대자동차	포드	폭스바겐	벤츠	기타 업체
2020	2,000	250	400	50	1,200
2021	2,500	300	200	40	1,300
2022	3,000	350	100	60	2,300
매출 합계	7,500	900	700	150	4,800
3년 불량	8	1	1	0.3	5

2022년 말 판매보증충당부채 설정 필요액을 계산하고 회계처리를 하시오.

가장 간단한 모형
판매보증충당부채 계산 절차

회사가 마케팅정책의 하나로 판매보증(제품보증, 품질보증)을 실시하는 경우가 많습니다. 제품 구매 후 일정 기간 안에 제품에 하자가 발생하는 경우 이를 무상으로 교환해 주거나 환불을 해 주는 등의 정책을 실시하는 것입니다. 이럴 경우 판매보증충당부채를 계산하는 방법을 공부하겠습니다.

사례

효식㈜는 제품에 대해 구매 후 3년간 품질을 보증하고, 불량이 발생하는 경우 무상으로 교환해 주고 있습니다.

1. 판매보증비 과거 경험률 계산

과거 연도별 매출액과 판매보증비(무상교환원가) 현황은 아래와 같습니다.

연도	2019년	2020년	2021년	2022년	2023년	합계
매출액	100	115	125	140	140	
판매보증비						
2019년 매출분	0.3	1.0	1.2	0.7		3.2
2020년 매출분		0.4	1.1	1.2	0.6	3.3
2021년 매출분			0.4	1.0	1.1	2.5
2022년 매출분				0.3	0.9	1.2

판매보증비 경험률 계산

연도	2019년	2020년	2021년	2022년	2023년	합계
매출액	100	115	125			340
판매보증비	3.2	3.3	2.5			9.0
경험률	3.2%	2.9%	2.0%			2.6%

위와 같이 각 연도별 매출분에 대응하는 불량품 원가를 추적하여 이를 해당연도의 매출액으로 나

누어 경험률을 구하는 것이 이론적으로 완벽하지만 연도별로 추적하여 집계하는 데는 실무적으로 노력이 많이 소요됩니다. 따라서 아래와 같이 간편법으로 경험률을 구하여 사용해도 무방합니다.

연도	2019년	2020년	2021년	2022년	2023년	합계
매출액	100	115	125	140	140	
판매보증비						
2019년 매출분	0.3	1.0	1.2	0.7		3.2
2020년 매출분		0.4	1.1	1.2	0.6	3.3
2021년 매출분			0.4	1.0	1.1	2.5
2022년 매출분				0.3	0.9	1.2
2023년 매출분					0.4	0.4
판매보증비 합계	0.3	1.4	2.7	3.2	3.0	
비용/매출액 비율				2.3%	2.1%	

2023년 기말 현재 과거 2년간(2022~2023년) 불량원가 경험률 평균:
(3.2+3.0)/(140+140) = 2.2%

2. 당기 말(2023년 말) 현재 판매보증충당부채 필요 잔액 계산

연도	2020년	2021년	2022년	2023년	합계
매출액	115	125	140	140	
보증비 경험률		2.2%	2.2%	2.2%	
충당부채 총필요액		2.75	3.08	3.08	
판매보증 경과기간	42개월	30개월	18개월	6개월	
판매보증 잔여기간	0	6개월	18개월	30개월	
충당부채 필요잔액		0.458	1.54	2.57	4.568

매출은 1월부터 12월까지 매월 발생하므로 2023년도 매출에 대한 판매 보증기간은 평균적으로는 6개월(1년의 50%)이 경과되었습니다. 즉, 1월 매출은 보증기간이 11개월 경과되었고, 12월 매출은 보증기간이 0개월 경과되었습니다.

3. 전기 말(2022년) 현재 판매보증충당부채 필요 잔액 계산

연도	2020년	2021년	2022년	2023년	합계
매출액	115	125	140		
보증비 경험률	2.2%	2.2%	2.2%		
충당부채 총 필요액	2.53	2.75	3.08		
판매보증 경과 기간	30개월	18개월	6개월		
판매보증 잔여 기간	6개월	18개월	30개월		
충당부채 필요 잔액	0.42	1.375	2.57		4.362

전기 말에도 보증비/매출액 경험률은 2.2%였다고 가정하였습니다.

4. 당기(2023년) 판매보증충당부채 증감(walk) 분석

기초잔액	당기 감소(판매보증비 발생)	기말 결산 전 잔액	당기 말 잔액 필요액	기말 결산 보충액
4.362	3.0	1.362	4.568	3.206

5. 회계처리

시점	차변	대변
기중 판매보증비 발생 시	판매보증충당부채 3.0	재고자산 3.0
기말 판매보증충당부채 설정 시	판매보증비 3.206	판매보증충당부채 3.206

모형의 확장
판매보증충당부채 계산 절차

계산 대상의 세분화: 회사 단일기준 → 제품별 또는 거래처별로 충당부채 계산

앞의 사례에서는 회사 전체에 대해 연도별 매출액 대비 품질보증 원가 비율을 계산했습니다. 이렇게 해도 회계감사 목적으로는 충분합니다. 회사에서는 제품별 불량률 수준을 파악하고 관리할 목적으로 제품별로 세분화하여 판매보증충당부채를 계산하는 프로세스를 구축할 수 있습니다. 또는 주요 거래처별로 매출액 대비 품질보증 원가 비율을 계산하는 프로세스를 구축할 수도 있습니다. 회사의 주요 거래처가 B2B인 경우 거래처별로 하는 것이 데이터 집계에 용이할 것이며, 주요 거래처가 B2C인 경우 제품별로 하는 것이 더 타당할 것입니다.

1단계: 판매보증비 과거 경험률 계산 – 거래처별로 세분화

거래처별 매출액

매출액	2020	2021	2022	합계
현대자동차	2,000	2,500	3,000	7,500
포드	250	300	350	900
폭스바겐	400	200	100	700
벤츠	50	40	60	150
기타 업체	1,200	1,300	2,300	4,800
합계	3,900	4,340	5,810	14,050

거래처별 판매보증 원가

판매보증비	2020	2021	2022	합계
현대자동차	2.5	2.6	2.7	7.8
포드	0.3	0.4	0.5	1.2
폭스바겐	0.4	0.3	0.3	1.0
벤츠	0.1	0.1	0.1	0.3
기타 업체	1.9	1.7	1.6	5.2
합계	5.2	5.1	5.2	15.5

거래처별 과거 3년간 판매보증 원가/매출액 비율

거래처	매출액	판매보증비	보증 비율
현대자동차	7,500	7.8	0.1%
포드	900	1.2	0.1%
폭스바겐	700	1.0	0.1%
벤츠	150	0.3	0.2%
기타 업체	4,800	5.2	0.1%
합계	14,050	15.5	0.1%

2단계: 당기 말(2023년 말) 현재 판매보증충당부채 필요 잔액 계산 – 거래처별

현대자동차

연도	2020년	2021년	2022년	2023년	합계
매출액	2,000	2,500	3,000	3,200	
보증비 경험률		0.1%	0.1%	0.1%	
충당부채 총 필요액		2.5	3.0	3.2	
판매보증 경과 기간	42개월	30개월	18개월	6개월	
판매보증 잔여 기간	0	6개월	18개월	30개월	
충당부채 필요 잔액		0.42	1.5	2.7	4.62

다른 거래처에 대해서도 현대자동차에 대한 충당부채 계산 절차와 동일하게 작성합니다.

3단계: 전기 말(2022년 말) 현재 판매보증충당부채 필요 잔액 계산 – 거래처별

전기 말 결산 시 이미 계산한 금액이 있을 것입니다. 현대차의 전기 말 잔액은 3.75이었습니다.

4단계: 당기(2023년) 판매보증충당부채 증감(walk) 분석

거래처	기초잔액	당기 감소	기말 설정 전 잔액	기말잔액 필요액	기말 결산 보충액
현대자동차	3.75	2.5	1.25	4.62	3.37
포드					
폭스바겐					
벤츠					
기타 업체					
합계					

5단계: 회계처리

현대자동차

시점	차변	대변
기중 판매보증비 발생 시	판매보증충당부채 2.5	재고자산 2.5
기말 판매보증충당부채 설정 시	판매보증비 3.37	판매보증충당부채 3.37

다른 거래처에 대해서도 현대자동차에 대한 충당부채 회계처리와 동일하게 회계처리합니다.

제10장

재고자산평가충당금

재고자산 기말 결산 업무

기말 결산 시 재고자산 관련 업무는 아래와 같습니다.

재고자산 기말 결산 업무 요약

단계	업무	세부 내용
1	제조원가계산	비용 마감: 모든 비용 분개(발생주의비용 포함) 입력 제조원가 계산: 비용 마감이 완료되어 당기 총제조원가가 결정되면 기초재고 원가와 당기 총제조원가의 합계를 재고자산 판매분(매출원가)과 기말재고분으로 배분
2	재고자산평가	재고자산 순실현가치 평가 및 평가손실 충당금 설정: 제조원가계산이 완료되면 제품 단위당 제조원가 및 판매직접비용 합계와 제품 단위당 판매가격을 비교하여 순실현가치 평가하고 평가손실충당금 설정

제조원가 계산은 그 내용이 매우 방대하여 중급회계 책자에서는 다루지 않고 별도로 원가회계 책자가 있을 정도입니다. 본 교재에서도 제조원가 계산은 다루지 않습니다.

재고자산 평가

구분	순실현가치 평가	장기체화재고 충당금 설정
절차	재고자산 순실현가능가액과 장부 가액을 비교하여 순실현가능가액이 낮을 경우 차액을 평가손실충당금으로 설정	Non moving 재고나 Slow moving 재고자산에 대해 연령구간별로 충당금을 설정
규정	IFRS 요구 사항이므로 강제 규정	기업회계기준에서 요구하는 사항이 아니므로 회사 자체적으로 관리회계 목적으로 선택적으로 설정

제품 순실현가치 평가 및 평가충당금 설정

제품	판매가격(A)	제조원가(B)	판매 부대비용(C)	비용 합계(D=B+C)	순실현가치(A-D)
A	200,000	120,000	10,000	130,000	70,000
B	150,000	100,000	10,000	110,000	40,000
C	80,000	90,000	5,000	95,000	(-)15,000
D	1,000	75,000	5,000	80,000	(-)79,000

위의 표의 모든 칼럼은 제품 단위당 숫자입니다. 안전재고수준을 2개월분을 보유한다고 가정하면, 재고자산의 평균 회전율은 연간 6회이고, 재고자산 회전 기간은 2개월입니다. 기말재고자산은 최근 2개월 이내에 매입/제조된 것으로 가정할 수 있습니다. 따라서 아래와 같이 계산할 수 있습니다.

제품단위당 판매가격: 최근 2개월 동안의 제품별 매출액을 이용하여 단위당 판매가격을 구합니다.
제품 단위당 제조원가: 기말 재고자산 장부 가액/기말재고수량
판매 부대비용: 운반비, 판매수수료 등 제품을 판매하기 위해 추가로 발생하는 직접 증분비용 연간 총액을 매출액으로 나누어 매출액 대비 판매 부대비용 비율을 구합니다. 제품 단위당 판매가격에 이 비율을 곱하면 됩니다.
평가손실충당금 설정: 단위당 순실현가치가 양수인 것은 정상이므로 아무런 절차를 취할 필요가 없습니다. 음수인 제품에 대해서만 단위당 음수 금액에 기말재고수량을 곱하여 총 평가손실충당금(기말 B/S 잔액)을 계산합니다. 이 금액이 기말 B/S 잔액으로 있어야 하므로 설정 전 B/S 잔액과의 차액(보충 필요액)을 아래 분개를 통해 추가로 설정합니다.
(차)매출원가 *** / (대)재고자산평가충당금 ***

재고자산 관리회계 정책

장기체화재고자산 평가충당금 설정

회계기준(IFRS, 일반기업회계기준)에서는 재고자산에 대해 순실현가치평가 및 평가손실충당금 설정 규정만이 있습니다. 따라서 장기체화재고자산에 대해서는 평가손실충당금을 설정해야 하는 근거가 되는 명시적 규정이 없으므로 충당금을 설정할 필요가 없다고 느낄 수 있습니다.
그러나 대부분의 글로벌 회사와 국내 유수 기업들은 재고자산에 대해 연령분석(경과 기간)에 따라 평가손실충당금을 설정하는 회사 자체 관리회계 정책을 수립하여 충당금을 설정하고 있습니다. 그 논리적 근거는 아래와 같습니다(제 생각입니다).

장기체화재고자산(Non-moving/Slow moving)에 대한 충당금 설정 근거:
회사마다 안전재고수준을 결정하고 그만큼만을 매입/생산하는 정책을 유지하므로, 안전재고수준인 1개월 또는 2개월을 초과하여 사용/판매되지 않는 재고자산은 미래에도 판매 가능성이 낮다는 것을 의미합니다. 이러한 확률은 시간이 지남에 따라 점점 증가할 것입니다. 예를 들어, 회사 재고자산의 정상적인 회전 기간이 2개월이라면 모든 재고자산이 거의 평균적으로 2개월 이내에 판매가 됩니다. 그런데 몇몇 제품이 생산한 지 1년 이상 또는 2년 이상이 경과되었다는 것은 그 제품은 미래에도 판매될 가능성이 거의 없다고 보는 것이 합리적입니다. 회사별로 자체 정책을 수립하여(예를 들어 1년 경과 시 50%, 2년 경과 시 100%) 충당금을 설정하고 이를 부문 성과 평가에 반영하는 것이 향후에 과잉 생산에 따른 재고자산폐기손실을 방지하는 데도 도움이 됩니다.

재고자산 aging schedule에 따른 평가충당금 설정 모형

산업에 따라 또는 회사의 마케팅 정책상 제품의 종류가 교체되는 주기가 있는 경우가 종종 있습니다. 예를 들어 현대자동차의 경우 소나타 차량은 EF소나타, NF소나타, YF소나타 등 새로운 모델로 주기적으로 교체가 됩니다. 구모델이 단종되고 신모델이 판매되는 경우 구모델에 대한 AS 부품을 일정 기간(예를 들어 5년) 유지해야 합니다. 이 AS 부품은 그 기간이 경과하면 사용할 수 없게 됩니다.
이처럼 판매/사용 기간이 정해져 있다고 가정하는 경우, 재고자산의 연령 경과에 따라 평가충당금을 설정률을 계산하는 모형을 아래와 같이 소개합니다.

총 사용 가능 기간이 5년인 경우

경과 기간	1	2	3	4	5
잔존 기간	4	3	2	1	0
폐기 확률	1/4=25%	1/3=33%	1/2=50%	1/1=100%	
충당금 설정률	4.2%	16.7%	50.0%	100.0%	100.0%

(충당금 설정률은 해당 기간부터 마지막 연도까지 각 구간의 폐기 확률을 모두 곱한 값임. 각 경과 기간의 구간에 있는 재고자산이 최종적으로 폐기된다는 것은 해당 구간부터 최종 구간까지 모두 통과되어야 끝까지 사용되지 못하고 폐기되는 것이므로 결합확률임.)

위의 설정률은 상품/제품에 대하여 회사가 자체 관리회계 정책(예를 들어 1년 경과 시 50%, 2년 경과 시 100%)이 없는 경우에 AS 부품은 물론 상품이나 제품 등에 대해서 충당금을 설정해야 할 최소한의 충당금 설정률로 활용할 수 있습니다.

재고자산 Aging schedule에 따른 평가충당금

경과 기간	0~1	1	2	3	4
재고 자산	1,000	100	50	30	120
충당금 설정률	0%	4.2%	16.7%	50.0%	100.0%
충당금	0	4.2	8.35	15	120

제11장

이연법인세 회계처리 및 법인세주석 작성

이연법인세 회계처리 항해 지도

1. 법인세비용은 쉽습니다. 연간 납부할 법인세를 세법에 의해 계산하고 그 금액을 그냥 법인세비용으로 회계처리합니다.

법인세비용 100	미지급법인세 100

2. 회계와 세법이 차이가 있습니다. 회계도 자존심이 있습니다. 법인세로 납부할 세액이야 세법에 의해 계산한다고 하더라도 그 금액이 손익계산서에 법인세비용으로 어느 해에 귀속될 것인지 귀속 시기만큼은 기업회계기준상 발생주의를 따라서 당기분과 미래분으로 나눕니다.

법인세비용(당기+미래) 100	미지급법인세(당기법인세) 70
	이연법인세(미래법인세) 30

3. 법인세는 손익거래에 대해서만 납부하는 것이 아니라 자본거래에 대해서도 납부합니다. 손익거래(법인세비용차감전순이익)에 대한 법인세납부세액은 법인세비용(I/S) 계정을 사용하지만, 자본거래로 인한 이익에 대해서는 해당 자본이익계정에 법인세율을 곱한 금액을 해당 자본이익계정에서 직접 차감합니다.

법인세비용(I/S) 100	미지급법인세(손익거래) 100
자기주식처분이익(B/S 기타자본잉여금) 26.4	미지급법인세(자본거래) 26.4

4. 자본거래이익은 실현이익(자기주식처분이익 등)과 평가이익(기타포괄손익-공정가치 측정 금융자산 등)으로 나뉩니다. 둘 다 해당 자본계정(실현이익/평가이익)을 직접 차감하고 실현이익은 이익이 실현되었으므로 당기에 법인세를 납부하지만, 평가이익은 미래에 실현되므로 미래법인세(이연법인세)로 회계처리합니다.

자기주식처분이익(B/S 자본계정) 26.4	미지급법인세 26.4
기타포괄손익-공정가치 측정 금융자산(B/S 자본계정) 26.4	이연법인세부채(미래법인세부채) 26.4

5. 손익거래와 자본거래를 모두 합해 정리하면 아래와 같습니다.

<table>
<tr><td rowspan="2">손익거래</td><td>일시적차이 제외 나머지 전부</td><td rowspan="2">법인세비용(당기+미래) 100</td><td>미지급법인세(당기법인세) 70</td></tr>
<tr><td>미래귀속 (일시적차이)</td><td>이연법인세(미래법인세) 30</td></tr>
<tr><td rowspan="2">자본거래</td><td>실현이익</td><td>자기주식처분이익(B/S 자본계정) 26.4</td><td>미지급법인세 26.4</td></tr>
<tr><td>평가이익</td><td>기타포괄손익-공정가치측정금융자산 (B/S 자본계정) 26.4</td><td>이연법인세부채(미래법인세부채) 26.4</td></tr>
</table>

6. 회사 실무에서는 법인세 신고를 위한 세무신고 서식을 작성하고 그 자료를 이용하므로, 법인세 회계처리 순서를 위와 같이 손익거래와 자본거래로 구분한 뒤 각각에 대해 계산을 하는 순서로 하지 않습니다. 손익거래와 자본거래 구분 없이 모든 거래에 대해 (1) 당기 납부할 법인세를 계산하고, (2) 손익거래와 자본거래를 합한 모든 일시적차이에 대해 이연법인세를 계산하고, (3) 자본거래이익에 대해서 법인세율을 곱한 법인세효과를 해당 자본이익계정에서 직접 차감한 후, (4) 법인세비용(I/S)은 대차차액((4)=(1)-(2)-(3))으로 구합니다(법인세 회계처리 4단계).

<table>
<tr><td>손익거래</td><td>(4) 법인세비용(1+2-3) 100</td><td rowspan="2">(1) 미지급법인세(70+26.4) 96.4</td></tr>
<tr><td rowspan="2">자본거래</td><td>(3) 자기주식처분이익(B/S 자본계정) 26.4</td></tr>
<tr><td>(3) 기타포괄손익-공정가치측정금융자산 (B/S 자본계정) 26.4</td><td>(2) 이연법인세부채(30+26.4) 56.4</td></tr>
</table>

제1절
법인세과세표준 및 산출세액 계산 구조

[법인세 정리 1] 모든 거래의 법인세효과는 "법인세비용"이라는 별도 계정 사용

매출, 비용 등 손익거래가 발생하면 법인세를 증가시키거나 감소시킵니다. 예를 들어 매출 100이 발생하면 법인세율이 24%일 경우 100 * 24% = 24만큼 법인세가 증가합니다. 급여 20이 발생하면 20 * 24% = 4.8만큼 법인세가 감소합니다. 그러나 손익거래 금액에 법인세율을 곱한 법인세효과를 해당 손익거래계정에서 직접 차감하지 않습니다. 즉, 매출이 발생해도 법인세효과를 매출에서 직접 차감하지 않습니다.

매출 발생 시 회계처리: (차)매출채권 100 / (대)매출 100
법인세효과 회계처리: (차)매출 24 / (대)미지급법인세 24

위의 2번째 줄에서 법인세효과를 매출에서 직접 차감하는 회계처리를 했는데 이렇게 하지 않습니다. 대신 1년 동안 발생한 모든 수익거래와 비용거래를 다 합산하여 법인세비용차감전순이익을 구하고 법인세비용차감전순이익에 대한 법인세효과를 계산하여 그 밑에 "법인세비용"이라는 단일의 별도 계정을 사용하여 회계처리합니다.

현대자동차 손익계산서

과목	주석	제54기
I. 매출액	24	55,605,120
II. 매출원가	28	46,539,009
III. 매출총이익		9,066,111
IV. 판매비와 관리비	25, 28	8,404,488
V. 영업이익		661,623
영업외손익	13	328,224
VI. 법인세비용차감전순이익		989,847
1. 법인세비용	30	344,321
VII. 당기순이익		645,526

[법인세 정리 2] 법인세비용은 회계상 세전이익 * 법인세율로 계산하지 않는다.
세법상으로 계산한 법인세 납부할 세액이 법인세비용이다.

법인세비용은 손익계산서상 세전이익(회계상 이익)에 법인세율을 곱하여 계산한 금액이 아닙니다. 세법상으로 구한 법인세과세표준에 세율을 곱하여 법인세산출세액을 구하고 여기에서 각종 세액공제를 차감하여 구한 최종 결정 세액을 법인세비용으로 회계처리합니다. 즉, 손익계산서상(회계상) 법인세비용을 손익계산서상(회계상) 세전이익을 이용하여 구하는 것이 아니라 법인세법에 의하여 결정된 최종 납부할 세액을 법인세비용으로 회계처리합니다.
예를 들어 회계상 세전이익이 100이고 법인세율이 24%이어서 법인세산출세액이 24가 나와도 연구인력 개발비 세액공제, 각종 투자세액공제, 고용증대세액공제 등 세액공제의 합계액이 24가 나와서 산출세액 24에서 세액공제합계액 24를 차감한 납부할 세액이 0인 경우, 그해의 회계상 법인세비용은 0이 됩니다.

따라서 법인세비용 회계처리를 위해서는 세법상으로 법인세과세표준, 산출세액, (세액공제 차감 후)법인세 납부할 세액을 계산하는 구조를 공부해야 합니다.

[법인세 정리 3] 법인세과세표준 및 산출세액 계산 구조

과목	회계상 금액	세무상 금액	차이
I. 매출액	55,605,120	53,605,120	2,000,000
II. 매출원가	46,539,009	45,039,009	1,500,000
III. 매출총이익	9,066,111	8,566,111	500,000
IV. 판매비와 관리비	8,404,488	7,605,488	799,000
판매비:			
수출비	30,008	30,008	0
해외시장개척비	472,631	472,631	0
광고선전비 및 판매활동 촉진비	336,195	266,195	70,000
관리비:			
급여	1,488,273	1,388,273	100,000
퇴직급여	124,047	120,047	4,000
계	8,404,488	7,605,488	799,000
V. 영업이익	661,623	960,623	-299,000
1. 종속기업 및 관계 기업 투자손익	-1,163,061	0	-1,163,061
2. 금융수익	1,329,888	1,320,888	9,000
VI. 법인세비용차감전순이익	989,847	2,447,908	-1,458,061

법인세과세표준을 구하는 방법에는 두 가지 대안이 있을 것입니다.
첫 번째 대안은 손익계산서상 모든 계정의 금액(회계상금액)에 대해 법인세법상 금액을 계산하고 이를 기준으로 법인세과세표준을 직접 구하는 것입니다(앞의 표 참조). 세무상 금액 칼럼에 있는 모든 숫자를 위에서부터 아래까지 모두 계산을 하면 세무상 금액 칼럼의 법인세비용차감전순이익(과세표준) 2,447,908이 나옵니다. 그러나 우리나라 법인세 신고 실무상으로 이러한 방법은 사용되지 않습니다.

세법상 법인세과세표준을 구하는 두 번째 대안은 다음과 같습니다. 위의 표에서 보는 바와 같이 각 계정별로 "회계상 금액 - 세무상 금액 = 차이"입니다. 따라서 모든 계정별로 회계상 금액과 세무상 금액의 차이를 구하고, 이러한 차이의 합계액을 회계상 세전이익에 가감하여 법인세과세표준을 구하는 것입니다. 이러한 방법이 현재 우리나라 법인세 신고 실무상 채택하고 있는 방법입니다.
회계상 금액 - 세무상 금액 = 차이
→ 회계상 금액(법인세비용차감전순이익) +/- 모든 계정별 차이 = 과세표준
989,847 +/- 모든 계정별 차이 = 2,447,908

세무조정:
각 계정별로 회계상 금액에 대응되는 세법상 금액(한도)을 계산한 후 회계상 금액에서 세무상 금액을 차감하여 차이를 구하는 것을 세무조정이라고 합니다.

세무조정의 4가지 유형

구분	상황(조건)	세무조정	과세표준
비용	회계상 비용 〉 세무상 한도	한도 초과액 손금불산입	증가
	회계상 비용 〈 세무상 한도	한도 부족액 손금산입	감소
수익	회계상 수익 〉 세무상 한도	한도 초과액 익금불산입	감소
	회계상 수익 〈 세무상 한도	한도 부족액 익금산입	증가

(회계상 수익을 세법상으로는 익금, 회계상 비용을 세법상 손금이라 부릅니다.)
계정과목별 세무조정을 모두 완료하면 이를 소득금액조정합계표라는 세무신고 서식을 이용하여 집계합니다.
앞에서 말씀드린 세무조정 4가지 유형을 소득금액조정합계표에 아래 2가지 기준으로 배열합니다.

1. 왼쪽: 법인세과세표준을 증가시키는 항목 = 익금산입, 손금불산입.
2. 오른쪽: 법인세과세표준을 감소시키는 항목 = 손금산입, 익금불산입.

사업연도	소득금액조정합계표		법인명
2023.01.01. ~ 2023.12.31			원경(주)
사업자등록번호		법인등록번호	

익금산입 및 손금불산입			손금산입 및 익금불산입		
과목	금액	소득처분	과목	금액	소득처분
기부금	100	기/사	미수수익	100	유보
대손충당금	100	유보			
합계	200		합계	100	

익금산입/손금불산입 합계액과 손금산입/익금불산입 합계액을 "법인세 과세표준 및 세액조정계산서"에 옮겨 적어서 법인세과세표준 및 산출세액을 계산합니다.

사업연도	법인세과세표준 및 세액조정계산서	법인명	원경
2023		사업자등록번호	123

각사업연도소득금액	결산서상 당기순이익	9,000
	익금산입	200
	손금산입	100
	차가감소득금액	
	기부금한도 초과액	
	각 사업연도 소득금액	9,100

법인세과세표준	각 사업연도 소득금액	9,100
	이월결손금	
	비과세소득	
	소득공제	
	법인세과세표준	9,100

산출세액	법인세과세표준	9,100
	세율	24.2
	산출세액	2,202

납부할 세액계산	산출세액	2,202
	최저한세 대상 공제세액	50
	차감세액	2,152
	최저한세 제외 공제세액	
	가감계	2,152
	기납부세액	600
	차감납부할 세액	

법인세과세표준 및 법인세 납부할 세액 계산이 끝났습니다.

소득처분

각 항목별(계정별)로 회계상 금액과 세무상 금액의 차이를 구하는 것을 세무조정 이라고 했습니다. 세무조정 결과로 나온 차이 금액은 (회계상 세전이익보다) 세무상 각 사업연도 소득금액(당기순이익 + 익금산입/손금불산입 + 손금산입/익금불산입 = 각 사업연도 소득금액)을 증가시키거나 감소시킵니다. 이때 세무상 각 사업연도 소득금액을 증가(감소)시키는 금액(세무조정 금액)이 누구에게로 귀속되었는지를 표시하는 것(earmark ― 소귀에 표시를 하여 구분하는 것처럼 표시 행위를 의미하며 처분이라고 해서 매각 등을 의미하지 않음)을 "소득처분"이라고 합니다.

소득처분의 종류

구분	종류	설명
유출	상여, 배당, 기타소득, 기타 사외유출	세무조정 결과 차이 금액은 아래와 같이 귀속됨 상여-회사 임직원 배당-주주 기타 사외유출-외부 회사 또는 개인사업자, 기타 세법상 나열된 항목 기타-위 외의 자에게 귀속
유보	유보	사외로 유출되지 않음

소득처분의 목적은 세무조정으로 회사의 각 사업연도 소득금액(과세표준)을 확정 짓는 것은 물론 세무조정 금액이 귀속된 개인 등에게 해당 소득에 대해 소득세를 부과하기 위함입니다.

제2절
거래 유형별 세무조정 및 법인세회계처리

제1절에서 법인세과세표준 및 산출세액을 구하기 위해 제일 먼저 각 계정별 잔액에 대해 회계상의 금액과 세무상 금액과의 차이를 구해야 하는데 이를 "세무조정"이라 한다고 배웠습니다. 회사의 거래는 법인세회계처리 목적상 크게 (1) 손익거래와 (2) 자본거래로 분류하며, 각각의 분류 내에서 손익거래는 일시적차이 거래, 비일시적차이 거래로 나누고, 자본거래는 실현이익거래와 평가이익거래로 나누어 아래와 같이 3단계를 거쳐 법인세 회계처리를 합니다.

1. 손익거래와 자본거래에 대한 회계처리
2. 회계처리에 대한 세무조정
3. 세무조정에 대한 법인세 회계처리

손익거래 - 영구적차이

정의: 각 계정별로(항목별로) 회계상 금액과 세무상 금액의 차이를 구하는 세무조정을 한 결과 차이가 발생하였을 때 그 차이가 발생한 연도 이후 연도에 영원히 해소되지 않는 차이입니다. 즉, 세법에서 회계에 대해 한번 인정하지 않으면 끝까지 인정하지 않는 것입니다. 이로 인해 해당 차이 * 법인세율만큼 법인세가 증가(감소)할 것입니다.
회사 실무에서 영구적차이를 구별하는 방법은 매우 간단합니다. 세무조정 사항 중 소득처분이 유보인 항목이 일시적차이이며, 일시적차이를 제외한 모든 세무조정 항목이 영구적차이입니다.
영구적차이 유형: 비지정기부금, 접대비 한도 초과액, 임원 상여 한도 초과액, 업무무관자산 관련 비용, 벌금, 기타 등등

예제: 유선㈜는 2023년 중 성균관대 연극 동아리에 연극반 발전 기부금으로 100을 기부하였습니다. 법인세율은 26.4%입니다.

기부금에 대한 회계처리

차변		대변	
과목	금액	과목	금액
기부금	100	현금	100

회계처리에 대한 세무조정

회계상 금액: 100
세무상 금액: 0
한도 초과액: 회계상 금액 - 세무상 금액 = 100

손금불산입			손금산입		
과목	금액	처분	과목	금액	처분
비지정기부금	100	기타 사외유출			

법인세법에서는 기부금에 대해 법정기부금, 지정기부금 등으로 구분하여 각 구분별로 해당되는 기부처와 용도를 열거하고 있으며, 그에 맞는 기부금에 대해서만 일정 한도 내에서 손금(비용)으로 인정하고 있습니다. 각 구분에 해당하지 않는 법인, 개인, 단체(기부처)에 기부하는 경우 비지정기부금이 되며, 회계상으로는 비록 기부금이라 하더라도 법인세 신고 목적상으로는 전액 부인합니다.

세무조정에 대한 법인세 회계처리

차변		대변	
과목	금액	과목	금액
법인세비용	26.4	미지급법인세	26.4

손익거래의 경우 세무조정은 왼쪽(익금산입/손금불산입)과 오른쪽(손금산입/익금불산입) 중 한쪽에만 나타납니다. 비지정기부금에 대해 세무조정이 손금불산입 한쪽에만 나타나므로 법인세과세표준을 증가시킵니다. 따라서 손금불산입 세무조정 금액 100 * 26.4%(법인세율)만큼 법인세 산출세액이 증가합니다. 이를 대변에 미지급법인세로 회계처리합니다.

손익거래 중 영구적차이로 인해 법인세산출세액(미지급법인세)이 증가하면 그 금액을 해당 손익거래 계정(여기에서는 기부금)에서 직접 차감하지 않고 차변에 법인세비용이라는 별도 계정으로 회계처리합니다.

만약 회사의 법인세비용차감전순이익(회계이익)이 100이고 세무조정 사항이 비지정기부금 100 하나만 있는 경우 법인세과세표준은 세전이익 100에 손금불산입 100을 더한 200이 됩니다. 산출세액은 200 * 26.4%인 52.8이 됩니다. 기말 법인세 회계처리는 (차)법인세비용 52.8, (대)미지급법인세 52.8이 됩니다. 여기서 반드시 기억해야 할 것은 손익계산서에 기재되는 법인세비용은 법인세비용차감전순이익에 법인세율을 곱하여 계산되지 않고 법인세비용차감전순이익에 세무조정 사항을 모두 가산/차감하여 구한 법인세과세표준에 법인세율을 곱하여 구한 산출세액이 손익계산서상 법인세비용이 된다는 점입니다.

[법인세 정리 2]

손익계산서상 법인세비용(회계상 법인세비용)은 법인세비용차감전순이익(회계상 이익)에 법인세율을 곱하여 결정되지 않는다. 법인세비용차감전순이익에 모든 세무조정 사항을 가산/차감하여 구한 법인세과세표준에 법인세율을 곱하여 계산한 법인세산출세액(법인세법상 금액)이 회계상 법인세비용으로 손익계산서에 기재된다.

[법인세 정리 4]

영구적차이(비일시적차이)는 세무조정이 익금산입 또는 손금산입 중 한쪽에만 나타난다. 따라서 법인세과세표준 및 법인세산출세액(미지급법인세)을 증가 또는 감소시킨다. 영구적차이로 인한 법인세산출세액의 증가(감소)는 손익계산서상 법인세비용의 증가(감소)로 회계처리한다.

유선㈜의 가결산 손익계산서는 아래와 같으며, 비지정기부금 세무조정 후 법인세회계처리를 가결산 손익계산서에 추가하여 최종 손익계산서를 확정합니다.

계정	가결산 I/S	세무조정 법인세회계처리	최종 I/S
매출액	200		200
기부금	100		100
세전이익	100		100
법인세비용	26.4	26.4	52.8
당기순이익	73.6		47.2

거래 유형: 법인세산출세액을 계산한 후 차감되는 모든 세액공제. 주로 조세특례제한법에서 많은 세액공제를 열거하고 있으며, 법인세법에서도 일부 세액공제가 있음.
예제: 유선㈜의 2023년 법인세비용차감전순이익과 법인세과세표준은 모두 100으로 동일하며 법인세율은 26.4%가 적용되어 법인세산출세액은 26.4입니다. 유선㈜는 2023년 고용증대세액공제로 10을 공제받아 공제 후 16.4를 법인세납부세액으로 납부하였습니다.

세액공제를 반영한 법인세 회계처리

차변		대변	
과목	금액	과목	금액
법인세비용	16.4	미지급법인세	16.4

회계상 법인세비용은 회계상 세전이익에 법인세율을 곱하여 계산한 금액이 아닙니다. 세법에 따라 계산한 법인세 납부할 세액을 회계상 법인세비용으로 손익계산서상 법인세비용차감전순이익 밑에 기재합니다. 따라서 회사가 법인세 신고 시 각종 세액공제가 적용되어 법인세산출세액에서 공제되어 법인세 납부할 세액이 감소하는 경우 그 감소한 법인세 납부할 세액을 회계상 법인세비용으로 기재합니다. 즉, 세액공제만큼 법인세비용이 감소합니다.

[법인세 정리 5]
세액공제는 산출세액에서 차감되어 법인세 납부할 세액(미지급법인세)를 감소시킨다. 따라서 세액공제는 손익계산서상 법인세비용의 감소로 회계처리한다.

유선㈜의 가결산 손익계산서는 아래와 같으며, 세액공제 법인세회계처리를 가결산 손익계산서에 추가하여 최종 손익계산서를 확정합니다.

계정	가결산 I/S	세액공제 법인세회계처리	최종 I/S
매출액	100		100
세전이익	100		100
법인세비용	26.4	(-)10	16.4
당기순이익	73.6		83.6

손익거래 - 일시적차이

정의: 어떤 항목이 전체 기간 동안 회계상 비용(수익)처리되는 금액과 세무상 비용(수익)처리되는 금액은 차이가 없이 동일하지만, 전체 기간 중 일부 기간에서는 일시적으로 회계상 금액과 세무상 금액이 차이가 나는 경우를 말합니다.

예시: 향옥㈜는 지분법투자주식을 보유하고 있으며, 피투자회사가 1년 차에 이익을 보고하고 2년 차에 배당을 선언하고 지급하였습니다.

연도	1년 말	2년 말	합계
회계상 금액	100	0	100
세무상 금액	0	100	100
차이	100	(-)100	0

지분법이익은 회계에서는 관계기업(지분법 피투자회사)이 당기순이익(손실)을 보고한 기간에 투자회사는 피투자회사 순이익에 투자회사의 지분율을 곱한 지분액을 지분법이익으로 인식합니다. 그러나 세법에서는 피투자회사가 배당을 선언하였을 때(투자회사가 배당금을 수취할 권리가 생겼을 때) 수익(익금)으로 인식(과세표준 증가)합니다. 따라서 각 기간 말에는 회계와 세무가 차이가 발생합니다. 하지만 장기적으로 봤을 때는 결국은 회계와 세무 모두 지분법이익으로 인정되는 금액은 동일하게 됩니다. 처음에는 차이가 발생하지만 결국에는 둘 다 금액이 동일하게 되어 차이가 사라지므로 일시적차이입니다.

일시적차이가 있는 경우 연도별 법인세비용 효과

피투자회사가 첫해에 이익을 보고하고 둘째 해에 전액 배당을 거래 이외에 다른 거래는 없는 경우 각 연도별 법인세비용/법인세산출세액은 아래와 같습니다(세율: 26.4%).

법인세비용 – 회계와 세무의 차이

연도	1년 말	2년 말	합계
회계(법인세비용)	26.4	0	26.4
세법(산출세액)	0	26.4	26.4
차이(일시적차이)	26.4	(-)26.4	0

일시적차이의 가장 중요한 특징은 차이가 일시적이므로 그 차이가 궁극적으로는 모두 해소되어야 하며, 그러기 위해서는 앞부분에서 발생하는 일시적차이가 뒤에 가면 그 숫자의 방향(부호)이 반대가 되어 앞부분에서 발생한 차이를 상쇄하여 없애준다는 것입니다. 위의 지분법이익 사례에

서 법인세효과를 보면 1년 말에 발생한 차이 26.4가 2년 말에 반대 방향으로 (-)26.4로 역전입되어 차이가 모두 해소되고 결국은 0이 됩니다.

손익계산서에 법인세비용 회계처리 시 영구적차이와 세액공제에 대해서는 회계상 세전이익 * 법인세율로 계산된 금액을 법인세비용으로 하는 것이 아니라, 법인세법에 따라 영구적차이를 반영한 과세표준과 세액공제를 차감하여 결정된 법인세납부세액을 법인세비용으로 회계처리합니다. 즉, 영구적차이와 세액공제에 대해서는 세법상 금액을 법인세비용으로 합니다.

일시적차이는 어떨까요? 일시적차이에 대해서는 법인세비용의 귀속 시기를 법인세법에 따르지 않고 회계기준에 따릅니다. 회계에서 손익의 귀속 시기는 수익/비용 대응원칙을 따릅니다. 일시적차이에 대한 법인세효과(법인세비용)도 일시적차이를 수익(비용)으로 인식하는 회계 기간에 대응하여 법인세비용으로 인식하는 것이 올바르기 때문입니다. 위의 사례에서도 지분법이익(일시적차이)이 인식되는 회계기간(첫해)에 지분법이익에 대한 법인세효과(법인세비용)를 대응하여 인식하는 것이 올바릅니다. 일시적차이는 궁극적으로는 회계와 세무가 차이가 없으므로 법인세비용으로 처리할 총액은 동일하며 단지 귀속시기만이 차이가 날 뿐입니다. 귀속 시기는 발생주의(회계기준)가 올바르며 법인세법에 의한 권리의무확정주의는 올바르지 않습니다.

영구적차이와 일시적차이 비교

구분	영구적차이	일시적차이
사례	비지정기부금	지분법이익
법인세금액 계산	세법규정에 따라 계산한 금액(세무조정으로 증가(감소)한 금액, 회계상 금액과 차이가 남)	회계와 세무가 결국에는 차이가 없으므로 회계상 금액(일시적차이 금액) * 법인세율로 계산
법인세자산(부채) 계정	전액 당기에 납부하므로 당기법인세부채(미지급법인세)	미래로 법인세 납부를 이연시키므로 미래법인세(이연법인세) 자산/부채
귀속시기	수익비용대응: 영구적차이가 인식될 때 법인세비용도 인식	수익비용대응: 일시적차이가 인식될 때 법인세비용도 인식

지분법이익에 대한 회계처리 – 1년 차 말

차변		대변	
과목	금액	과목	금액
지분법주식	100	지분법이익	100
법인세비용	26.4	미지급법인세	26.4

향옥㈜의 가결산 재무제표는 아래와 같습니다.

계정	금액
지분법이익	100
세전이익	100
법인세비용	26.4
당기순이익	73.6
미지급법인세	26.4
이연법인세부채	0

회계처리에 대한 세무조정

익금산입			익금불산입		
과목	금액	처분	과목	금액	처분
			지분법이익	100	유보

세무조정에 대한 법인세 회계처리

차변		대변	
과목	금액	과목	금액
미지급법인세	26.4	이연법인세부채	26.4

손익거래의 경우 세무조정은 왼쪽(익금산입/손금불산입)과 오른쪽(손금산입/익금불산입) 중 한쪽에만 나타납니다. 지분법이익에 대해 세무조정이 익금불산입 한쪽에만 나타나므로 법인세과세표준을 감소시킵니다. 따라서 익금불산입 세무조정금액 100 * 26.4%(법인세율)만큼 법인세 산출세액이 감소합니다. 이를 차변에 미지급법인세로 회계처리 합니다.

차변에 미지급법인세 26.4를 회계처리하면 대변에는 법인세비용으로 회계처리해야 할까요? 만약 영구적차이였다면 세무조정 결과 미지급법인세가 감소하면 영원히 납부할 필요가 없으므로 미지급법인세가 감소한 만큼 법인세비용도 감소합니다. 따라서 이를 대변에 법인세비용으로 회계처리할 것입니다. 그러나 영구적차이가 아닌 일시적차이인 경우 당기에 세무조정으로 인해 일시적차이가 발생하여 법인세가 감소한다고 해도 일시적차이이므로 미래에 반대방향으로 역전입되어 당기에 감소한 법인세만큼 미래에 법인세를 증가시킬 것입니다. 즉, 회사가 전체 기간 동안 납부해야 할 법인세는 달라지지 않고 단지 당기 수익(지분법이익)에 대한 법인세납부시기를 미래기간으로 이연한 것입니다. 따라서 법인세현금유출액의 변동이 없으므로 법인세비용을 감소시키지 않고, 납부시기만 당기에서 미래로 달라졌으므로 당기법인세(미지급법인세)를 미래법인세(이연법인세부채)로 계정 재분류합니다.

향옥㈜의 가결산 재무제표에 세무조정에 대한 법인세 회계처리를 반영한 최종 재무제표는 아래와 같습니다.

계정	가결산	최종
지분법이익	100	100
세전이익	100	100
법인세비용	26.4	26.4
당기순이익	73.6	73.6
미지급법인세	26.4	0
이연법인세부채	0	26.4

위의 표를 보면 일시적차이의 경우 세무조정 및 세무조정에 대한 회계처리로 인해 가결산 재무제표와 최종 재무제표에서 법인세비용(I/S)은 달라지지 않으며, 단지 미지급법인세가 이연법인세로 유동/비유동 재분류만 발생합니다.

차감할 일시적차이 vs 가산할 일시적차이

일시적차이는 차이가 일시적이므로 나중에 차이가 반드시 해소되어 사라진다고 말씀드렸습니다. 즉, 당기 말에 손금불산입(유보)으로 세무조정을 하면 미래에 반드시 동일한 금액을 손금산입(유보)으로 세무조정을 하게 되어 세무조정한 금액이 사라지게 되는 것이 일시적차이입니다.

차감할 일시적차이:

당기 말에 익금산입/손금불산입으로 세무조정하면 이를 차감할 일시적차이라고 합니다. 당기 말에 익금산입/손금불산입을 하면 과세표준이 증가하게 되어 미지급법인세가 증가합니다. 하지만 일시적차이이므로 미래에 반드시 손금산입/익금불산입으로 역전입될 것이고 과세표준을 줄여주어 미지급법인세를 감소시킬 것입니다. 미래에 법인세를 감소시켜 줄 일시적차이이므로 "차감할 일시적차이"라고 부릅니다. 미래에 법인세를 "차감할"것이라는 의미입니다. 차감할 일시적차이에 법인세율을 곱하여 계산한 법인세효과는 이연법인세자산이 됩니다. 미래에 법인세를 차감하는 데 사용될 것이기 때문에 자산입니다. 마치 미래법인세를 지금 선급한 개념입니다.

가산할 일시적차이:

당기 말에 손금산입/익금불산입으로 세무조정을 하면 이를 가산할 일시적차이라고 부릅니다. 당기 말에 손금산입하면 미래에 익금산입하게 되어 법인세를 가산할 것이기 때문입니다. 가산할 일시적차이에 법인세율을 곱하여 계산한 법인세효과는 이연법인세부채가 됩니다.

회사 실무 TIP

세무조정 시 일시적차이를 소득금액조정합계표의 왼쪽(익금산입/손금불산입)에 기재하면 이연법인세자산이 증가(이연법인세부채가 감소)합니다. 이는 마치 소득금액조정합계표의 왼쪽을 분개 시 차변으로 보아 차변에 기재하면 자산이 증가하는 것과 같습니다. 반대로 세무조정 시 일시적차이를 소득금액조정합계표의 오른쪽(손금산입/익금불산입)에 기재하면 이연법인세부채의 증가(이연법인세자산의 감소)입니다. 이는 마치 소득금액조정합계표의 오른쪽을 분개 시 대변으로 보아 대변에 기재하면 부채가 증가하는 것과 같습니다. 우연의 일치이지만 실무상 아주 유용합니다.

일시적차이 예시

일시적차이는 주로 자산 및 부채의 평가를 기업회계기준에 따라 발생주의로 회계처리하면, 법인세법에서는 권리의무확정주의(쉽게 말해 현금주의)로 인정하기 때문에 발생주의를 인정하지 않는 경우에 발생합니다. 또한 회계상으로 자산 및 부채의 평가를 공정가치로 하는 경우, 법인세법상으로는 처분하기 이전까지는 취득원가주의로 평가하는 것이 원칙이므로 공정가치 평가를 부인하는(인정하지 않는) 경우에 일시적차이가 발생합니다.

계정과목	회계상	세무상
대손충당금	발생주의(연령분석에 따라 설정률을 곱한 금액 설정)	권리의무확정주의(채권 소멸시효 등 손금산입요건)
재고자산평가충당금	순실현가능가액 평가하고 장부가액보다 낮은 경우 평가손실충당금 설정	재고자산 처분 전까지는 취득원가주의
임직원 성과급 미지급비용	매년 성과급 지급의 경우 과거 경험률에 따라 올해 지급예상액을 비용 처리	실제로 지급할 금액이 확정되기 전까지는 미지급비용 불인정
파생상품평가손익	공정가치로 평가하고 평가손익 회계처리	파생계약 만료(정산)전까지는 취득원가주의로 평가
기타포괄손익 공정가치 금융자산	타 회사 주식 취득하여 공정가치를 평가하고 손익을 회계처리	주식 처분 전까지는 취득원가주의로 평가

[법인세 정리 6]

일시적차이로 인해 전체기간 법인세납부액이 달라지지 않으므로 법인세비용도 달라지지 않는다. 일시적차이는 단지 연도별(기간간) 법인세납부액이 달라질 뿐이다. 일시적차이 세무조정으로 인한 당기 법인세 증가액(감소액)만큼 미래 법인세가 감소(증가)할 것이므로 이연법인세자산 증가(감소)로 회계처리한다.

자본거래 – 실현이익

거래 유형: 자기주식처분이익, 기타포괄손익-공정가치 측정 금융자산의 처분으로 인해 기타포괄손익을 이익잉여금으로 대체하는 경우.
예제: 유선㈜는 자기주식을 100원에 취득하여 200원에 처분함. 법인세율은 26.4%임.

자본거래에 대한 회계처리

차변		대변	
과목	금액	과목	금액
현금	200	자기주식	100
		기타자본잉여금	100

회계처리에 대한 세무조정

익금산입			손금산입		
과목	금액	처분	과목	금액	처분
기타자본잉여금	100	기타			

"법인세과세표준 및 세액조정계산서"에서 과세표준과 산출세액을 계산하는데, 그 출발점이 "결산서상 당기순이익"이고 여기에 세무조정 사항들의 합계인 익금산입을 더하고 손금산입을 차감하여 법인세과세표준을 계산합니다. 법인세법은 손익거래에 대해서만 법인세과세표준과 산출세액을 계산하는 것이 아니라 자본거래에서 발생한 이익에 대해서도 법인세를 계산하고 납부하게 합니다(순자산증가설). 출발점인 당기순이익에는 자본거래가 포함되어 있지 않으므로 자본거래이익을 과세표준에 포함시키기 위해 익금산입 세무조정합니다.

세무조정에 대한 법인세 회계처리

차변		대변	
과목	금액	과목	금액
기타자본잉여금	26.4	미지급법인세	26.4

세무조정이 익금산입 한쪽에만 나타나므로 법인세과세표준을 증가시킵니다. 따라서 익금산입 세무조정 금액 100 * 26.4%(법인세율)만큼 법인세 산출세액이 증가합니다. 이를 대변에 미지급법인세로 회계처리합니다.
손익거래에서는 법인세산출세액(미지급법인세)이 증가하면 그 금액을 해당 손익거래 계정에서 직접 차감하지 않고 차변에 법인세비용이라는 별도 계정으로 회계처리합니다. 그러나 자본거래는 법인세효과(산출세액 증가)를 해당 자본거래이익에서 직접 차감합니다. 자기주식처분으로 인해 기타자본잉여금이 100 증가하였으므로 법인세효과인 26.4를 기타자본잉여금에서 직접 차감하기 위해 차변에 기재합니다.

회사실무 TIP

자본거래로 자본계정이 증가하여 익금산입으로 왼쪽에 세무조정을 하면 해당 자본계정에 대한 회계처리도 왼쪽(차변)에 하게 됩니다. 반대로 손금산입으로 오른쪽에 세무조정을 하면 해당 자본계정에 대한 회계처리도 오른쪽(대변)에 하게 됩니다.
위의 사례에서 자기주식처분이익(기타자본잉여금)이 증가하여 익금산입으로 세무조정을 하였습니다. 이러한 세무조정으로 인해 법인세효과를 해당 자본계정인 기타자본잉여금에서 직접 차감하기 위한 회계처리도 차변에 기재하게 됩니다.

[법인세 정리 7]
손익거래와 달리, 자본거래의 경우 자본거래로 인한 법인세효과(자본거래이익 * 법인세율)만큼 해당 자본거래이익계정에서 직접 차감한다.
자본거래이익 중 실현이익은 이익이 실현되었으므로 법인세효과만큼 당기에 법인세를 납부하게 된다. 따라서 이를 미지급법인세로 회계처리한다.

자본거래 – 평가이익

거래 유형: 현금흐름위험회피 파생상품평가이익, 기타포괄손익 공정가치 평가 금융자산, 확정급여채무 보험수리적손익(이익잉여금).
사례: 유선㈜는 당기 중 삼성전자 주식 1주를 6만 원에 취득하였습니다(지분율 1% 미만). 유선㈜는 삼성전자 주식을 기타포괄손익 공정가치 평가 금융자산으로 분류하여 회계처리하고 있으며, 2023년 말 현재 취득원가 대비 3만원 평가증이 발생하였습니다. 법인세율은 26.4%입니다.

기타포괄 공정가치 측정 금융자산 회계처리

차변		대변	
과목	금액	과목	금액
기타포괄금융자산	30,000	기타포괄손익	30,000

회계처리에 대한 세무조정

익금산입			익금불산입		
과목	금액	처분	과목	금액	처분
기타포괄손익	30,000	기타	기타포괄금융자산	30,000	유보

"법인세과세표준 및 세액조정계산서"에서 과세표준과 산출세액을 계산하는데, 그 출발점이 "결산서상 당기순이익"이고 여기에 세무조정 사항들의 합계인 익금산입을 더하고 손금산입을 차감하여 법인세과세표준을 계산합니다. 법인세법은 손익거래에 대해서만 법인세과세표준과 산출세액을 계산하는 것이 아니라 자본거래에서 발생한 이익에 대해서도 법인세를 계산하고 납부하게 합니다(순자산증가설). 출발점인 당기순이익에는 자본거래가 포함되어 있지 않으므로 자본거래이익(기타포괄손익의 증가 30,000)을 과세표준에 포함시키기 위해 익금산입 세무조정을 합니다.

한편, 익금산입 세무조정을 하게 되면 주식의 장부가액이 취득원가에 익금산입 세무조정 금액만큼 증가하게 됩니다. 그러나 회계상으로는 주식을 공정가액으로 평가하는 것이 올바르다고 할지라도, 법인세법상으로는 주식의 평가는 취득원가주의를 채택하고 있으므로 평가증을 인정할 수 없습니다. 따라서 주식가액을 취득원가로 돌리기 위해 익금산입한 금액을 다시 익금불산입(유보)으로 세무조정을 합니다.

세무조정에 대한 법인세 회계처리

차변		대변	
과목	금액	과목	금액
기타포괄손익	7,920	이연법인세부채	7,920

익금산입으로 세무조정한 금액 30,000에 법인세율 26.4%를 곱한 7,920만큼 법인세효과가 있습니다. 손익거래에서는 해당 법인세효과 금액을 해당 손익거래 계정에서 직접 차감하지 않고 차변에 법인세비용이라는 별도 계정으로 회계처리합니다.

그러나 자본거래는 법인세효과를 해당 자본거래이익에서 직접 차감합니다. 기타포괄금융자산 평가증으로 인해 기타포괄손익이 30,000 증가하였으므로 법인세효과인 7,920을 기타포괄손익누계액에서 직접 차감하기 위해 차변에 기재합니다.

세무조정이 익금산입과 손금산입 양쪽에 모두 나타나므로 당기 과세표준을 증가시키지 못합니다. 따라서 회계처리에 당기법인세의 증가를 나타내는 미지급법인세는 나타나지 않습니다.

기타포괄손익 증가는 처분이익(실현이익)이 아니라 평가이익이므로 처분이익처럼 당기 법인세납부세액을 증가시키지는 못하며, 평가이익이 나중에 미래에 처분으로 실현되면 과세될 것입니다. 기타포괄손익만큼 익금산입한 금액을 익금불산입(유보)으로 세무조정하여 가산할 일시적차이를 증가시켰으므로 해당 일시적차이에 법인세율을 곱한 금액을 미래법인세인 이연법인세부채로 회계처리합니다.

[법인세 정리 8]

자본거래이익 중 평가이익은 손익거래가 아닌 자본거래이므로 평가이익에 대한 법인세효과만큼 자본거래평가이익 계정에서 직접 차감한다. 자본거래평가이익은 이익이 실현되지 않았으므로 법인세효과를 당기에 납부하지 않으며, 미래에 실현될 때 납부할 것이므로 미래법인세인 이연법인세부채로 회계처리한다.

제3절
법인세 회계처리 3단계 (회사 실무)

승희㈜의 2023년 손익계산서는 아래와 같습니다.

계정	금액	비고
매출액	1,000	
매출원가	600	
매출총이익	400	
판관비		
대손상각비	100	당기 중 대손충당금 증가
기부금	100	비지정기부금
기타판관비	100	
영업이익	100	
법인세비용	26.4	세무조정 반영전 가결산 금액
당기순이익	73.6	

2023년에 발생한 거래 중 세무조정이 필요한 거래는 아래와 같습니다.
대손상각비: 장기 미회수채권에 대해 연령 경과에 따라 충당금을 추가 설정한 금액

연도	2022	2023	2024
매출채권	300	300	300
대손충당금	(100)	(200)	(300)

비지정기부금 100: 성균관대 연극반에 기부한 연극 발전 기부금
자기주식처분이익 100: 전기 중 900에 취득한 자기주식을 당기 중 1,000에 매각
기타포괄손익-공정가치 측정 금융자산 200: 2021년에 삼성전자 주식 지분율 1% 이하의 금액을 취득하였으며 취득 후 시가변동은 아래와 같습니다.

연도	2021	2022	2023
취득원가	80,000	80,000	80,000
기말 시가	90,000	60,000	60,200

승희㈜는 2023년 기말 법인세 신고 시 고용증대세액공제 30을 받았습니다.

요구 사항

회계팀장이 여러분을 법인세담당자로 지정하고 기말 결산에 대해 세무조정을 하고 법인세 납부세액 계산, 법인세 회계처리, 법인세주석 작성을 할 것을 요청하였습니다.

해설

법인세 실무 1단계: 세무조정

사업연도	소득금액조정합계표		법인명
2023.01.01.~ 2023.12.31			승희㈜
사업자등록번호		법인등록번호	

익금산입 및 손금불산입			손금산입 및 익금불산입		
과목	금액	소득처분	과목	금액	소득처분
법인세비용	26.4	기/사			
기부금	100	기/사			
대손충당금	100	유보			
자기주식처분이익	100	기타			
기타포괄손익	200	기타	기타포괄금융자산	200	유보
합계	526.4		합계	200	

위의 모든 항목에 대해 개별적으로 법인세 회계처리를 하면 아래와 같이 됩니다.

항목	차변		대변	
	계정과목	금액	계정과목	금액
세전이익100	법인세비용	26.4	미지급법인세	26.4
기부금	법인세비용	26.4	미지급법인세	26.4
대손충당금	이연법인세자산	26.4	미지급법인세	26.4
자기주식처분이익	기타자본잉여금	26.4	미지급법인세	26.4
삼성전자주식	기타포괄손익	52.8	이연법인세자산	52.8
세액공제	미지급법인세	30	법인세비용	30

위의 표(이론적) : 회사의 법인세납부세액 계산 과정은 세전이익단계, 세무조정(손익거래, 자본거래), 세액공제의 단계를 거치는데 각 거래 유형별로 적용될 법인세회계처리 방법이 모두 다르다는 것을 나타내고 있습니다.

"회사 실무"에서는 법인세회계처리를 위와 같이 개별 항목별로 일일이 하지 않고 아래와 같이 4개 그룹으로 나누어 4단계 순서로 회계처리를 합니다.

항목	차변		대변	
	계정과목	금액	계정과목	금액
세전이익, 기부금, 세액공제	4. 법인세비용	22.8	1. 미지급법인세	75.6
대손충당금				
자기주식처분이익	3. 기타자본잉여금	26.4		
삼성전자 주식	3. 기타포괄손익	52.8	2. 이연법인세자산	26.4
	차변 합계	102	대변 합계	102

회사 실무: 손익거래인지 자본거래인지 등을 구분하지 않고, 법인세 관련 계정(미지급법인세, 이연법인세, 법인세비용)별로 묶는 것으로 재배열합니다.

[나팀장의 이연법인세 정리]

손익거래 및 자본거래 → 법인세 회계처리 4단계: 이론적으로는 모든 거래를 손익거래(영구적차이/일시적차이)와 자본거래(실현이익/평가이익)로 구분하여 세무조정 및 회계처리하여야 하나, 실무적으로는 법인세신고 서식을 이용하여 4단계로 회계처리한다.

[이론적: 거래 유형별(손익거래-영구적차이, 일시적차이, 자본거래-실현이익, 평가이익)로 구분하여 회계처리하는 경우]

그룹	하위 그룹	항목 예시	계정과목	계정과목
세전이익	세전이익	세전이익 100	법인세비용	미지급법인세
손익거래	영구적차이	비지정기부금	법인세비용	미지급법인세
	일시적차이	대손충당금	이연법인세자산	미지급법인세
자본거래	실현이익	자기주식처분이익	기타자본잉여금	미지급법인세
	평가이익	주식평가이익	기타포괄손익	이연법인세자산
세액공제	세액공제	세액공제	미지급법인세	법인세비용

회사에서 1년간 발생하는 거래가 너무 많으므로 개별 항목별로 법인세 회계처리를 하는 것은 매우 비효율적이고 가능하지도 않습니다. 또한 기말에 세무서에 법인세신고를 할 때 작성하는 법인세신고 서식 중 위의 법인세 회계처리에 필요한 4가지 그룹(아래 표 1~4) 중 2가지(1과 2)를 알려 주는 신고 서식이 있으므로 그것을 바로 이용하는 것이 효율적이고 오류 발생 가능성도 낮기 때문입니다.

[아래 표(회사 실무): 손익거래인지 자본거래인지 구분하지 않고, 법인세 관련 계정(미지급법인세, 이연법인세, 법인세비용)별로 묶는 것으로 재배열]

2. 이연법인세자산(부채): 손익거래 일시적차이 및 자본거래 평가이익	1. 미지급법인세: 세전이익 + 손익거래 영구적차이 + 자본거래 실현이익 + 세액공제
3. 자본거래평가이익(법인세효과 차감)	
3. 자본거래실현이익(법인세효과 차감)	
4. 법인세비용: 1-2-3	

1. 미지급법인세: 법인세과세표준 및 세액조정계산서(별지 제3호)상 왼쪽 하단의 납부할 세액 섹션의 가감계 칸에 있는 금액을 기재합니다.
2. 이연법인세자산(부채) 당기 증감: 자본금과적립금 조정명세서(을)표 상의 기말 유보 총계에 당기 말 법인세율을 곱한 금액(이연법인세 잔액)에서 기초 유보 총계에 전기 말 법인세율을 곱한 금액(이연인세 잔액)을 차감한 금액(증가액)입니다.
3. 자본거래이익: 당기 중 발생한 모든 자본거래에 대해 자본거래평가이익 및 자본거래실현이익의 (1) 세전 기준 증가액(감소액), (2) 세전 기준 증가액(감소액)에 법인세율을 곱한 법인세효과, (3) 세전 기준 증가액(감소액)에서 법인세효과를 차감한 세후 기준 증가액(감소액)을 요약한 표를 작성합니다. 그 표에서 (2) 세전 기준 증가액(감소액)에 법인세율을 곱한 법인세효과 금액을 해당 자본거래 평가이익과 실현이익 계정에서 직접 차감하는 분개를 입력하는 것이 "3. 자본거래이익" 단계입니다(다음 페이지에 나오는 "자본거래 계정의 이력 관리" 내용 참조).
4. 법인세비용: 1(미지급법인세), 2(이연법인세), 3(자본거래 평가이익과 실현이익)을 모두 회계처리하고 나면 4=1-2-3으로 계산하면 됩니다.

법인세 실무 2단계: 법인세납부세액 계산

사업연도	법인세과세표준 및 세액조정계산서	법인명	승희
2023		사업자등록번호	123

각사업연도소득금액	결산서상 당기순이익	73.6
	익금산입	526.4
	손금산입	200
	차가감소득금액	400
	기부금한도 초과액	0
	각 사업연도 소득금액	400

법인세과세표준	각 사업연도 소득금액	400
	이월결손금	0
	비과세소득	0
	소득공제	0
	법인세과세표준	400

산출세액	법인세과세표준	400
	세율	26.4
	산출세액	105.6

납부할 세액계산	산출세액	105.6
	최저한세 대상 공제세액	30
	차감세액	75.6
	최저한세 제외 공제세액	
	가감계	75.6
	기납부세액	
	차감납부할 세액	

법인세 실무 3단계: 이연법인세 계산

사업 연도	2023.1.1. ~2023.12.31	**자본금과 적립금 조정명세서(을)**	법인명

과목 또는 사항	기초잔액	당기 중 증감		기말잔액
		감소	증가	
대손충당금	100		100	200
기타포괄금융자산	20,000	200		19,800
합계	20,100	200	100	20,000
법인세율	26.4%			26.4%
이연법인세자산	5,306.4			5,280

이연법인세자산 당기 중 변동: 5,280 - 5,306.4 = (-)26.4

법인세 실무 4단계: 자본거래 관련 법인세 계산

자기주식처분이익: 실현이익이므로 세무조정이 한쪽에만 나타나서 과세표준 및 산출세액(미지급법인세)을 증가시킵니다.
(차)기타자본잉여금 26.4 / (대)미지급법인세 26.4

기타포괄손익-공정가치 측정 금융자산: 평가손실이므로 세무조정이 양쪽에 나타나서 과세표준 및 산출세액(미지급법인세)를 감소시키지 못합니다.
평가손실 당기 감소분 200 * 세율 26.4% = 법인세효과 52.8
평가손실이므로 미래에 실현될 때 법인세를 감소시킬 것이므로 미래법인세자산(이연법인세자산)으로 회계처리하고, 해당 법인세효과(미래법인세자산)를 해당 평가손실 계정에서 직접 차감합니다.
(차)기타포괄손익 52.8 / (대)이연법인세자산 52.8

당기 미지급법인세 관련 기타사항

앞에서 법인세회계처리 3단계를 설명드릴 때 "1. 미지급법인세" 금액은 **"법인세과세표준 및 세액조정계산서"의 납부할 세액 계산** 섹션의 "가감계"에 있는 금액을 이용하여 회계처리한다고 설명드렸습니다. 그런데 이 금액 이외에도 매 사업연도 말에 법인세 신고 시 추가로 납부하는 법인세가 있습니다.

지방소득세:
법인세과세표준의 1~2.5%를 법인세 납부할 세액 외에도 추가로 납부하여야 합니다. 이 금액도 "(차)법인세비용 ** / (대)미지급법인세 **"로 회계처리합니다.

감면분 추가납부세액:
당기 이전에 세액공제를 받았으나 당기 중 세액공제 요건을 충족하지 못한 경우 감면분에 대한 사후관리로 인해 당기에 법인세액을 추가로 납부하는 경우가 자주 발생합니다(예: 고용증대세액공제 사후관리). 감면분 추가납부세액도 납부하는 사업연도에 "(차)법인세비용 ** / (대)미지급법인세 **"로 회계처리합니다.

농어촌특별세:
마찬가지로 법인세납부 시 부가되는 세액이므로 납부하는 사업연도에 "(차)법인세비용 ** / (대)미지급법인세 **"로 회계처리합니다.

기납부세액(중간예납세액 및 원천징수세액):
앞에서 설명드린 법인세회계처리 3단계에서 1단계인 미지급법인세에 법인세과세표준 및 세액조정계산서상 납부할 법인세를 기재한다고 설명했습니다. 여기서 납부할 세액은 회사가 그해에 납부할 법인세 총부담세액을 의미합니다. 그런데 실무적으로는 매년 반기말에 전기 법인세 총부담액의 50%(당해연도 실적기준으로 계산할 수도 있음)를 법인세중간예납으로 미리 납부를 합니다. 또한 이자수익 등의 수령 시 세금을 원천징수 당하므로 법인세를 원천징수당하는 금액만큼 선납한 결과가 됩니다. 따라서 3월말에 그 전년도에 대한 법인세 신고납부시 납부할 법인세(미지급법인세)는 "법인세과세표준 및 세액조정계산서상 납부할 법인세"에서 기납부세액(중간예납과 원천징수)을 차감한 잔액이 됩니다.

구분	차변	대변	비고
중간예납	법인세비용 **	현금 **	3가지 금액(중간예납, 원천징수, 기말 결산)을 모두 합한 금액이 "납부할 세액" 가감계임
원천징수	법인세비용 ** 현금 **	이자수익 **	
기말 결산	법인세비용 **	미지급법인세 **	

전기분 추가납부세액 또는 환급세액:
당기가 아닌 전기 이전의 사업연도에 대해 법인세 추가납부세액 또는 환급세액이 종종 발생합니다. 이런 경우 전기 이전의 법인세비용을 수정하는 회계처리를 하는 것이 아니라 통보받아 납부하는 사업연도에 "(차)법인세비용 ** / (대)현금 **"으로 회계처리합니다.

자본거래 계정의 이력 관리

연간 법인세납부세액이나 이연법인세는 법인세세무신고 서식에서 찾거나 계산할 수 있지만, B/S상 자본계정들 증가액의 법인세효과를 계산할 수 있는 세무신고 서식은 없습니다. 따라서 회사 법인세 담당자가 엑셀로 아래와 같은 표를 작성합니다.

법인세효과 차감 전 기준(세전 기준)

과목	당기 말	전기 말	증감
자기주식처분이익(손실)	55,605	54,661	944
기타포괄손익-공정가치 측정 금융자산 관련 손익	46,539	41,007	5,532
현금흐름위험회피 파생상품평가손익	9,066	9,653	(587)
확정급여제도 재측정 요소	8,912	7,708	1,204
합계	120,122	113,029	7,093

법인세효과(24.2%)

과목	당기 말	전기 말	증감
자기주식처분이익(손실)	13,456	13,228	228
기타포괄손익-공정가치 측정 금융자산 관련 손익	11,262	9,924	1,339
현금흐름위험회피 파생상품평가손익	2,194	2,336	(142)
확정급여제도 재측정 요소	2,157	1,865	291
합계	29,070	27,353	1,716

법인세효과 차감 후 기준(세후 기준): 감사보고서 B/S 공시금액

과목	당기 말	전기 말	증감
자기주식처분이익(손실)	42,149	41,433	716
기타포괄손익-공정가치 측정 금융자산 관련 손익	35,277	31,083	4,193
현금흐름위험회피 파생상품평가손익	6,872	7,317	(445)
확정급여제도 재측정 요소	6,755	5,843	913
합계	91,052	85,676	5,377

포함 대상 자본계정: 기타포괄손익누계액(OCI) 모든 계정, 자본잉여금 중 자기주식처분이익(처분손실), 확정급여채무재측정 요소(보험수리적손익)(이익잉여금)

자본거래 법인세 회계처리

회사에서 1년 동안 발생하는 모든 거래는 법인세효과를 고려하지 않고 세전 기준으로 회계처리합니다. 법인세효과(납부할 법인세=미지급법인세, 이연법인세자산(부채))에 대해서는 기말 결산이 모두 종료되면 딱 한 번 할 뿐입니다. 자본거래도 마찬가지입니다.

1. 당기 중 자본계정 증감액을 법인세효과를 고려하지 않고 세전 기준으로 회계처리함(법인세효과 차감 전 기준(세전 기준) 테이블의 증감금액 회계처리).

차변		대변	
과목	금액	과목	금액
현금	6,000	자기주식처분이익	944
자기주식	5,056		
공정가치 측정 금융자산	5,532	기타포괄손익-공정가치 측정 금융자산 평가이익	5,532
파생상품평가손실(기타포괄손익)	587	파생상품부채	587
확정급여채무	1,204	이익잉여금	1,204

2. 당기 중 자본계정 증감액에 대한 법인세효과를 회계처리함.

차변		대변	
과목	금액	과목	금액
자기주식처분이익	228	미지급법인세	228
기타포괄손익-공정가치 측정 금융자산 평가이익	1,339	이연법인세부채	1,339
이연법인세자산	142	파생상품평가손실(기타포괄손익)	142
이익잉여금	291	이연법인세부채	291

손익계산서 계정의 법인세효과는 별도 계정인 "법인세비용"이라는 계정으로 회계처리하지만, 자본계정의 법인세효과는 해당 자본계정 과목으로 직접 처리합니다(증가하면 법인세효과만큼 직접 차감). 자기주식처분이익은 실현이익이므로 당기에 법인세를 납부할 것이므로 자기주식처분이익 * 법인세율에 대해서는 미지급법인세로, 나머지 모든 항목은 실현되기 이전의 평가손익이므로 당기에는 법인세를 납부하지 않고 실현되는 미래에 법인세를 납부하게 되므로 이연법인세자산(부채)로 회계처리합니다.

제4절
법인세주석 작성

우리나라의 모든 외부 회계감사대상(외감대상) 회사들이 감사보고서 법인세주석에서 작성하고 있는 주석 사항 4가지는 아래와 같습니다(KIFRS 및 일반기업회계기준 요구 사항).

1. 당기 법인세비용 구성 내역
2. 당기 법인세비용과 법인세비용차감전순이익 간의 조정 내용
3. 당기 중 이연법인세자산(부채)의 변동 내역
4. 당기 중 자본에 직접 가감되는 항목과 관련된 법인세비용 내역

법인세주석 4가지 중 1번, 3번 및 4번은 회사가 법인세 산출세액(납부할 세액) 계산, 이연법인세 계산 및 자본에 가감하는 법인세비용 계산을 거쳐서 법인세회계처리를 한 과정을 설명해 달라는 내용입니다. 제3절 법인세 회사 실무에서 설명드린 내용을 요약하기만 하면 됩니다. 법인세 실무 순서는 주석 중 3번과 4번을 먼저 한 후 주석 1번을 합니다만, 우리나라의 모든 회사가 IFRS 요구 사항에 따라 주석 1번을 제일 먼저 공시합니다.

주석 1 당기 법인세비용 구성 내역

주석 1번 법인세비용 구성 내역이라는 것은 법인세비용 회계처리(분개) 내역을 표로 요약한 것입니다. 법인세 회계처리가 차변과 대변으로 나뉘어 표시되던 것이 법인세주석 1번에서는 한 줄로 나열되어 있어서 눈에 익숙하지 않았을 뿐 알고 나면 매우 쉽습니다.

회사의 법인세비용 회계처리는 아래와 같으며, 아래의 회계처리를 이용하여 법인세주석 1번을 표로 작성합니다.

법인세비용 회계처리

차변		대변	
계정과목	금액	계정과목	금액
법인세비용	22.8	미지급법인세	75.6
기타자본잉여금(자기주식처분이익)	26.4		
기타포괄손익-공정가치 금융자산 손익	52.8	이연법인세자산	26.4
차변 합계	102	대변 합계	102

주석 1 법인세비용 구성 내역

구분	당기
법인세부담액	75.6
일시적차이로 인한 이연법인세 변동액	26.4
자본에 직접 가감되는 항목과 관련된 법인세비용	(79.2)
법인세비용	22.8

주석 3 당기 중 이연법인세자산(부채)의 변동 내역

법인세주석 3번은 이연법인세자산(부채)의 변동 내역을 기재하는 것인데, 일시적차이 * 법인세율 = 이연법인세자산(부채)입니다. 따라서 아래와 같이 작성하면 됩니다.

(1) 일시적차이 증감 내역 작성: 자본금과 적립금 조정명세서(을)표에 있는 금액은 세무조정 소득처분이 유보인 항목들로서 세무조정 중 일시적차이를 나타냅니다. 자본금과 적립금 조정명세서(을)표의 유보 금액 기초, 기말은 그대로 이용하고, 당기 중 감소 칼럼과 증가 칼럼을 합하여 변동 칼럼으로 작성합니다.

구분	기초	변동	기말
대손충당금	100	100	200
기타포괄금융자산	20,000	(200)	19,800
합계	20,100	(100)	20,000

(2) 이연법인세자산(부채)의 변동 내역: 일시적차이 * 법인세율 = 이연법인세자산(부채)입니다. 따라서 위의 자본금과 적립금 조정명세서(을)표에 있는 모든 금액에 회사가 적용받는 법인세율(여기서는 26.4%)을 곱하여 아래와 같이 이연법인세자산(부채)의 당기 중 변동 내역표를 작성합니다.

구분	기초	변동	기말
대손충당금	26.4	26.4	52.8
기타포괄금융자산	5,280	(52.8)	5,227.2
합계	5,306.4	(26.4)	5,280

주석 4 당기 중 자본에 직접 가감되는 항목과 관련된 법인세비용 내역

(1) 자본계정별로 법인세효과 차감 전(세전) 기준으로 당기 중 증감액 요약표를 작성합니다.

과목	당기 말	전기 말	증감
자기주식처분이익	100	0	100
기타포괄손익-공정가치 측정 금융자산 관련 손익	(19,800)	(20,000)	200
합계	(19,700)	(20,000)	300

(2) 표의 모든 금액에 회사가 적용받는 법인세율(여기서는 26.4%)을 곱하여 법인세효과 요약표를 작성합니다.

과목	당기 말	전기 말	증감
자기주식처분이익	26.4	0	26.4
기타포괄손익-공정가치 측정 금융자산 관련 손익	(5,227.2)	(5,280)	52.8
합계	(5,200.8)	(5,280)	79.2

위의 (2) 법인세효과 요약표의 증감 칼럼에 있는 금액들을 주석 4로 기재하면 됩니다.

주석 4 당기 중 자본에 직접 가감되는 항목과 관련된 법인세비용 내역

구분	당기
자기주식처분이익	26.4
기타포괄손익-공정가치 측정 금융자산 관련 손익	52.8
계	79.2

주석1, 주석3, 주석4 간의 관계

〈제3절 법인세 회계처리 3단계(법인세 실무)〉의 내용을 돌이켜 보면 실무 순서는 세무조정 → 과세표준 및 납부세액 계산 → 이연법인세 계산(주석 3) → 자본거래 관련 법인세비용 계산(주석 4) → 법인세 회계처리(주석 1)입니다. 즉, 주석 3과 주석 4가 주석 1 작성 시 사용되는 것입니다.

주석 3 이연법인세 변동

구분	기초	변동	기말
대손충당금	26.4	26.4	52.8
기타포괄금융자산	5,280	(52.8)	5,227.2
합계	5,306.4	(26.4)	5,280

주석 4 자본거래 관련 법인세비용

구분	당기
자기주식처분이익	26.4
기타포괄손익-공정가치 측정 금융자산 관련 손익	52.8
계	79.2

주석 1 법인세비용 구성 내역

구분	당기
법인세부담액	75.6
일시적차이로 인한 이연법인세 변동액	26.4
자본에 직접 가감되는 항목과 관련된 법인세비용	(79.2)
법인세비용	22.8

주석 2 당기 법인세비용과 법인세비용차감전순이익 간의 조정 내용

법인세주석 2에서 요구하는 것은 아래와 같습니다.

법인세회계를 잘 모르는 일반 재무제표 이용자들은, 손익계산서상 법인세비용차감전순이익 100에 회사가 적용받는 법인세율 26.4%를 곱하여 계산한 26.4가 손익계산서상 법인세비용으로 나올 것으로 기대합니다. 그런데 손익계산서상 법인세비용은 22.8로 기재되어 있습니다. 그 차이 원인이 무엇인지 설명해 달라는 것입니다(아래표는 주석 2를 작성한 최종 모습. 차이 원인이 기재되어 있음).

구분	금액/세율	비고
회계상 세전이익	100	
법인세율	26.4%	
적용세율 법인세	26.4	
조정 사항		

구분	금액/세율	비고
비공제비용	26.4	비지정기부금 100 * 세율 26.4%
세액공제	(-)30	
법인세비용(I/S)	22.8	

그런데 이는 법인세법상 법인세 납부할 세액 계산 구조를 보면 바로 이해할 수 있습니다.

법인세 납부할 세액 계산

구분	합계	자본 관련	손익 관련
법인세비용차감전순이익	100		100
익금산입/손금불산입	500	300	200
손금산입/익금불산입	200	200	0
과세표준	400	100	300
세율	26.4%		26.4%
산출세액	105.6		79.2
세액공제	30		30
법인세납부세액비용	75.6		49.2

일반인들의 기대: 손익계산서상 법인세비용차감전순이익 100 * 법인세율 26.4% = 26.4가 손익계산서상 법인세비용으로 나올 것으로 기대합니다. 그러나 법인세과세표준 및 납부할 세액 계산 구조를 보면 법인세비용차감전순이익에 곧바로 법인세율을 곱하여 납부할 세액을 구하지 않고 있습니다.

차이가 나는 원인은 크게 2가지 그룹입니다.

첫 번째 그룹은 회계상 세전이익에 익금산입/손금불산입과 손금산입/익금불산입 세무조정을 가감한다는 사실이고, 또한 세액공제를 차감한다는 사실입니다.

두 번째 그룹은 법인세과세표준 및 납부세액 계산에 손익거래는 물론 자본거래도 포함된다는 것입니다.

주석 2의 질문을 다시 한번 찬찬히 생각해 보세요. 회계상 세전이익에 법인세율을 곱한 금액이 손익계산서상 법인세비용과 다른 이유는 무엇인가? 즉, 질문의 모든 사항이 다 회계상 숫자, 즉 손익거래에 대해서만 묻고 있습니다. 그런데 앞에서 설명드린 바와 같이 회사의 모든 거래를 손익거래와 자본거래로 나누고, 손익거래는 법인세효과를 법인세비용이라는 계정으로 회계처리하지만 자본거래는 법인세효과를 해당 자본거래이익계정에서 직접 차감합니다(법인세비용으로 회계처리하지 않습니다). 따라서 주석 2의 질문에 답하기 위해서는 과세표준계산 시 손익거래는 물론 자본거래도 포함시켰던 것에서 자본거래 부분을 들어내야 합니다. 앞 페이지 표를 보면 과세표준 및 산출세액, 납부할 세액 계산표에서 자본거래 관련 익금산입 300과 손금산입 200을 걷어내고 있습니다. 이로써 차이 원인의 두 번째 그룹인 자본거래는 해결됩니다.

주석 2 회계상 세전이익 * 법인세율 금액과 손익계산서상 법인세비용의 차이 원인은 앞 페이지 표에서 손익거래 관련 세무조정(익금산입/손금불산입, 손금산입/익금불산입)과 세액공제를 기재하면 됩니다. 이때 주의해야 할 것은 **세무조정 중 일시적차이(유보) 항목들은 제외하고 나머지 항목들(영구적차이)에 대해서만 기재**를 해야 한다는 것입니다. 그 이유는 주석 2의 질문인 법인세비용 회계처리를 생각해 보면 됩니다. 아래 표에 나타난 것처럼 세무조정으로 인해 증가(감소)하는 모든 법인세효과가 전부 법인세비용을 증가(감소)시키는 것이 아니라 영구적차이만이 법인세비용의 증감으로 나타나고, 일시적차이에 대해서는 이연법인세자산(부채)으로 회계처리되므로 법인세비용으로 회계처리되지 않습니다. 법인세비용으로 처리되지 않으므로 주석 2의 질문인 법인세비용의 차이 원인 분석에 사용할 수 없습니다.

법인세비용 회계처리

<table>
<tr><td>이연법인세자산(부채):
일시적차이 * 법인세율</td><td rowspan="2">미지급법인세:
[회계상 세전이익 + 세무조정(익금산입, 손금산입)] * 법인세율 - 세액공제 = 납부할 세액</td></tr>
<tr><td>법인세비용 =
미지급법인세 - 이연법인세자산(부채) 증감액</td></tr>
</table>

주석 2 당기 법인세비용과 법인세비용차감전순이익 간의 조정 내용.

구분	금액/세율	비고
회계상 세전이익	100	
법인세율	26.4%	
적용세율 법인세	26.4	
조정 사항		
비공제비용	26.4	비지정기부금 100 * 세율 26.4%
세액공제	(-)30	
법인세비용(I/S)	22.8	

[법인세 정리 9] 법인세비용과 법인세비용차감전순이익 간의 조정 내용

1. 세전이익에 가산되는 세무조정 중 자본거래 관련 금액은 모두 제외한다.
2. 손익거래 관련 세무조정 중 일시적차이(유보)는 모두 제외하고 영구적차이 * 법인세율만 기재한다.
3. 세액공제를 기재한다.

제12장

현금흐름표

현대자동차가 전자공시시스템에 공시한
2021년 재무제표와 감사보고서 주석을 이용하여
현금흐름표를 작성하는 방법을 설명해 드립니다.

제1절
영업활동 현금흐름 작성 원리

1. 매출로부터의 현금유입액 계산

은정㈜의 2023년 연간 월별 매출액은 아래와 같습니다.

(단위: 십억 원)

1월	2월	3월	4~10월	11월	12월	합계
101	102	103	749	111	112	1,278

매출채권의 만기일이 한 달(다음 달)이라고 할 경우 매월 매출액(매출채권)은 그다음 달에 회수가 됩니다. 매출로부터의 현금흐름은 아래와 같습니다.

(단위: 십억 원)

월	1월	2월	3월	4~10월	11월	12월	합계
매출	101	102	103	749	111	112	1,278
현금	100	101	102	742	110	111	1,266

매출로부터의 현금유입액 = 연간 매출액(1,278) + 작년 12월 매출액을 올해 1월에 회수한 금액(100) - 올해 12월 매출액을 내년 1월에 회수하는 금액(112) = 1,266

다르게 표현하면 아래와 같습니다.

매출로부터의 현금유입액 = 연간 매출액(1,278) + 전기 말 매출채권(100) - 당기 말 매출채권(112) = 1,266

매출로부터의 현금유입액 = 연간 매출액(1,278) - 전기 말 대비 당기 말 매출채권의 증가(12) = 1,266

[현금흐름표 정리 1]
수익(매출, 이자수익 등) 금액만큼 현금유입이 발생한다. 수익과 관련된 자산(매출채권 등)이 증가하면 그 금액만큼 현금유입이 발생하지 않는다(감소한다).

2. 매출원가로 인한 현금유출액 계산

은정㈜는 상품매매업을 하며 2023년 연간 월별 매출원가는 아래와 같습니다(당월 매입액은 당월 매출되는 것으로 가정).

(단위: 십억 원)

1월	2월	3월	4~10월	11월	12월	합계
61	62	63	469	71	72	778

매입채무의 만기일이 한 달(다음 달)이라고 할 경우 매월 매출원가(매입채무)는 그다음 달에 지급이 됩니다. 매출원가로부터의 현금흐름은 아래와 같습니다.

(단위: 십억 원)

월	1월	2월	3월	4~10월	11월	12월	합계
매출원가	61	62	63	469	71	72	778
현금	60	61	62	462	70	71	766

매출원가로 인한 현금유출액 = 연간 매출원가(778) + 작년 12월 매출원가를 올해 1월에 지급한 금액(60) - 올해 12월 매출원가를 내년 1월에 지급하는 금액(72) = 766

다르게 표현하면 아래와 같습니다.

매출원가로 인한 현금유출액 = 연간 매출원가(778) + 전기 말 매입채무(60) - 당기 말 매입채무(72) = 766

매출원가로 인한 현금유출액 = (-)연간 매출원가(778) + 전기 말 대비 당기 말 매입채무의 증가(12) = (-)766

* (-)는 현금유출을 의미

3. 판매비와 관리비로 인한 현금유출액 계산

은정㈜의 판매비와 관리비 중 서울사무소 임차료는 아래와 같습니다.

(단위: 백만 원)

1월	2월	3월	4~10월	11월	12월	합계
51	52	53	399	61	62	678

임차료는 매월 말 세금계산서 수령 후 다음 달 초(1일)에 지급됩니다. 이런 경우 임차료로부터의 현금흐름은 아래와 같습니다.

(단위: 백만 원)

월	1월	2월	3월	4~10월	11월	12월	합계
임차료	51	52	53	399	61	62	678
현금	50	51	52	392	60	61	666

임차료로 인한 현금유출액 = 연간 임차료(678) + 작년 12월 임차료를 올해 1월에 지급한 금액(50) - 올해 12월 임차료를 내년 1월에 지급하는 금액(62) = 666

다르게 표현하면 아래와 같습니다.

임차료로 인한 현금유출액 = 연간 임차료(678) + 전기 말 미지급 비용(50) - 당기 말 미지급 비용(62) = 666

임차료로 인한 현금유출액 = (-) 연간 임차료(678) + 전기 말 대비 당기 말 미지급 비용의 증가(12) = (-)666

* (-)는 현금유출을 의미

판매비와 관리비의 다른 계정들(운송비, 지급수수료 등)에 대해서도 임차료와 동일한 방법으로 현금유출액을 계산할 수 있습니다.

[현금흐름표 정리 2]

비용(매출원가, 판관비, 이자비용 등) 금액만큼 현금유출이 발생한다. 비용과 관련된 부채(매입채무, 미지급비용 등)가 증가하면 그 금액만큼 현금유출이 발생하지 않는다(현금유출이 감소한다).

4. 직접법 현금흐름표 작성 vs 간접법 현금흐름표 작성

(1) 직접법 현금흐름표 작성 방법

현금흐름표를 작성할 때는 회사의 활동을 영업활동, 투자활동, 재무활동으로 구분합니다. 영업활동 현금흐름을 작성하는 방법에는 두 가지가 있는데, 직접법과 간접법이 있습니다. 먼저 손익계산서 계정별로 현금흐름을 구하는 것을 직접법이라고 합니다. 매출로부터의 현금유입, 매출원가로 인한 현금유출, 종업원에 대한 현금유출, 판매관리 활동으로 인한 현금유출, 이자수익 현금유입, 법인세비용 현금유출 등 현금흐름의 발생 원천별로 현금흐름을 직접 구하는 것입니다.

구분	계산	금액	현금흐름
매출로부터의 현금유입액			1,266,000
매출		1,278,000	
매출채권 증가	(-) (112,000 - 100,000)	(-)12,000	
매출원가로 인한 현금유출액			(-)766,000
매출원가		(-)778,000	
매입채무 증가	(72,000 -60,000)	12,000	
급여로 인한 현금 유출액			(-)24,000
임차료로 인한 현금유출액			(-)666
임차료		(-)678	
미지급비용	(62 - 50)	12	
지급수수료로 인한 현금유출액			(-)2,300
지급수수료		(-)2,400	
미지급비용	(300 - 200)	100	
이자수익 현금유입액			295
이자수익		300	
미수수익	(-) (25 - 20)	(-)5	
이자비용 현금유출액			(-)495
이자비용		(-)500	
미지급비용	(35 - 30)	5	
법인세비용 현금유출액			(-)2,600
법인세비용		(-)3,000	
미지급법인세	(3,000 - 2,600)	400	
영업활동현금흐름			470,234

(2) 간접법 현금흐름표 작성 방법

직접법으로 영업활동 현금흐름을 작성하는 방법이 각 계정별로 현금흐름을 각각 작성하는 방법인 반면에, 간접법의 경우 현금흐름 항목을 (1) 손익계산서 모든 계정과 (2) 영업활동 관련 자산부채계정들의 증가(감소) 두 그룹으로 분류하여 작성하는 것입니다. 직접법에서 작성한 것을 항목별로 배열만 다시 하면 쉽게 간접법으로 작성할 수 있습니다. 즉, 직접법에서 각 계정과목별 현금흐름을 계산한 항목 중 손익계산서 계정을 전부 위로 올리고, 각 계정과목별 자산부채의 증감 금액을 전부 밑으로 내려서 재배열하기만 하면 간접법 현금흐름표가 작성됩니다.

구분	계산	금액	현금흐름
매출		1,278,000	
매출원가		(-)778,000	
급여		(-)24,000	
임차료		(-)678	
지급수수료		(-)2,400	
이자수익		300	
이자비용		(-)500	
법인세비용		(-)3,000	
당기순이익			469,722
매출채권 증가	(-) (112,000 - 100,000)	(-)12,000	
매입채무 증가	(72,000 -60,000)	12,000	
미지급비용	(62 - 50)	12	
미지급비용	(300 - 200)	100	
미수수익	(-) (25 - 20)	(-)5	
미지급비용	(35 - 30)	5	
미지급법인세	(3,000 - 2,600)	400	
영업활동 관련 자산부채의 변동			512
		영업활동현금흐름	470,234

(3) 영업활동 현금흐름은 간접법으로만 작성한다

전 세계 거의 모든 회사(은행 등 금융업을 제외한 모든 회사)는 영업활동 현금흐름을 간접법으로 작성합니다. 삼성전자, 현대자동차 등 대한민국의 모든 상장회사는 물론 외부회계 감사대상 모든 회사도 다 영업활동 현금흐름을 간접법으로 작성합니다. 직접법으로 작성하려면 손익계산서 각 계정별(매출, 매출원가, 판관비, 영업외비용 등)로 구분하여 해당 손익계산서 계정에 대응되는(관련된) 자산 및 부채계정의 증가(감소)를 계산해야 하는데, 거의 모든 회사들이 손익계산서 계정은 비용 관리 목적으로 자세히 세분하므로 비용계정은 아주 많은 반면 자산 및 부채계정들은 대표 계정 하나씩만 가지고 있는 경우가 대부분입니다. 따라서 손익계산서 계정은 아주 많은데 자산 및 부채계정은 적어서(현금흐름표를 작성하기 위해) 손익계산서 계정별로 자산 및 부채계정들을 발라내어 증감을 계산하는 것은 매우 어렵습니다.

또한 미수금, 미지급금 등 많은 자산 및 부채계정들은 손익계산서 계정과 관련하여 사용되는 것은 물론 유형자산 및 무형자산 등의 증가(감소)에도 사용됩니다. 따라서 직접법으로 작성하려면 모든 활동별로 자산 및 부채를 발라내어 계산해야 하는데 실무적으로는 너무 시간이 오래 걸리는 비효율적인 과정이거나 불가능할 수도 있습니다. 간접법으로 작성하면 활동별로 작성할 필요 없이 손익계산서 부분은 단순히 당기순이익 한 줄, 재무상태표(B/S) 부분은 자산 및 부채계정을 활동별로 구분하여 발라낼 필요 없이 단순히 각 계정별 증가(감소) 금액만을 계산하면 되므로 간편하게 작성할 수 있습니다.

[현금흐름표 정리 3]

영업활동 현금흐름은 직접법으로 작성하지 않고 간접법으로 작성한다. 따라서 매출, 매출원가, 판관비 등 계정과목별로 세부 현금흐름을 알 수 없으며, 당기순이익 한 줄만으로 영업활동 현금흐름의 전반적인 수준만을 나타낸다.

5. 간접법 영업활동 현금흐름 작성 방법

(1) 회사의 활동 분류

현금흐름표를 작성할 때는 회사의 활동을 영업활동, 투자활동, 재무활동으로 구분합니다.

활동	사례 및 계정명
영업활동	회사 본래 목적사업인 제품과 용역의 매출과 제조활동, 판매관리와 관련된 활동(투자활동과 재무활동이 아닌 모든 활동)
투자활동	금융상품, 유형자산, 무형자산의 취득 및 처분활동
재무활동	차입금(사채, 리스부채 포함)의 차입 및 상환활동, 배당금 지급

손익계산서의 현금흐름표 활동별 분류

계정	현금흐름표 활동 분류
매출	영업활동
매출원가	
매출총이익	
판관비	
영업이익	
영업외수익	"영업외"이므로 투자활동 및 재무활동 관련 수익이 포함되어 있음. 그러나 투자활동 및 재무활동으로 분류되는 항목 외에는 모두 영업활동으로 간주됨.
영업외비용	투자활동: 금융상품, 유형자산, 무형자산의 취득과 처분이 투자활동이므로 관련 처분 손익은 투자활동으로 분류. 재무활동: 차입금(사채, 리스부채 포함)의 차입 및 상환활동, 배당금 지급이 재무활동이므로 관련 손익은 재무활동으로 분류(예: 사채상환손실)
금융수익	차입금에 대한 이자비용은 이론적으로는 재무활동이지만 회계에서 현금흐름표 작성 시에는 영업활동으로 분류. 이자수익과 배당금수익도 투자활동이 아닌 영업활동으로 분류.
금융비용	
법인세차감전이익	
법인세비용	세전이익에는 영업활동 이익뿐만 아니라 유형자산 처분이익(투자활동), 사채상환이익(재무활동)도 포함되어 있으나 법인세비용은 모두 영업활동으로 분류
당기순이익	

손익계산서에도 영업활동으로 인한 손익, 투자활동 손익, 재무활동 손익이 있습니다. 매출액부터 영업이익까지는 모두 영업활동이고, 영업이익 하단의 영업외수익과 영업외비용, 금융수익 및 금융비용 부분에는 주로 투자활동 및 재무활동 관련 손익으로 구성되어 있습니다. 물론 영업외손익, 금융손익 부분에서 투자활동, 재무활동으로 분류되는 항목 이외의 나머지 항목은 영업활동으로 분류합니다.

(2) 간접법 영업활동 현금흐름: 당기순이익에 포함된 투자활동손익 및 재무활동손익 제거

영업활동으로 인한 현금흐름은 직접법이 아니라 간접법으로 작성하므로 매출, 매출원가, 판관비 등 각 계정과목별로 현금흐름을 세분하여 작성(직접법)하지 않고, 영업활동 현금흐름을 나타내는 단 한 줄의 이익계정으로 작성(간접법)합니다. 그런데 영업활동 현금흐름을 나타내는 단 한 줄의 이익은 영업이익이 아니라 당기순이익에서 출발합니다. 회계에서 현금흐름표를 작성할 때 투자활동과 재무활동으로 분류되는 항목 외에는 모두 영업활동으로 분류하므로 모든 항목을 포함하는 당기순이익에서 출발하여 출발점인 당기순이익에 포함된 투자활동 및 재무활동 관련 손익을 덜어 내어 주면 영업활동 관련 손익만 남게 되어 영업활동 현금흐름을 작성할 수 있습니다.

[현금흐름표 정리 4]
간접법 영업활동 현금흐름을 작성하는 출발점은 영업이익이 아니라 당기순이익이며 출발점인 당기순이익에 포함된 투자활동 및 재무활동 관련 이익(손실)을 덜어 내야 한다.

현금흐름표 정리 4 사례

유한킴벌리 주식회사는 외국계 비상장회사이며, 전자공시시스템에 공시된 2023년 말 감사보고서에 첨부된 손익계산서는 아래와 같습니다.

과목	제54기	
매출액		1,444,040,243,329
매출원가		913,358,753,579
매출총이익		530,681,489,750
판매비와관리비		328,226,514,125
영업이익		202,454,975,625
영업외수익		32,222,143,698
이자수익	18,216,661,121	
외환차익	5,065,480,535	
외화환산이익	1,385,925,862	
파생상품거래이익	5,935,667,846	
파생상품평가이익	77,153,539	
유형자산처분이익	1,156,863,349	
잡이익	384,391,446	
영업외비용		15,392,714,813
이자비용	2,028,475	
외환차손	7,651,957,180	
외화환산손실	640,447,247	
파생상품거래손실	3,422,103,700	
파생상품평가손실	386,886,520	
유형자산처분손실	258,782,409	
기부금	3,025,997,978	
잡손실	4,511,304	
법인세비용차감전순이익		219,284,404,510
법인세비용		48,972,327,822
당기순이익		170,312,076,688

위의 손익계산서를 보면 영업이익과 당기순이익 사이에 영업외수익과 영업외비용이 있습니다. 이렇게 손익계산서는 영업이익과 영업외손익 두 가지 그룹으로 나뉩니다. 반면, 현금흐름표는 영업활동, 투자활동, 재무활동 세 가지 그룹으로 나뉩니다. 따라서 손익계산서상 영업이익(매출액에서부터 영업이익까지)은 현금흐름표상 영업활동 현금흐름이 되지만, 손익계산서상 영업외수익과 영업외비용은 각각의 항목별로 투자활동, 재무활동, 또는 영업활동(투자활동이나 재무활동에 속하지 않는 모든 항목들) 세 가지 그룹으로 분류됩니다.

현금흐름표에서 영업활동 현금흐름을 작성할 때 출발점이 영업이익이 아니라 당기순이익에서 출발합니다(현금흐름표 정리 4). 당기순이익은 영업이익뿐만이 아니라 영업외수익과 영업외비용도 포함되어 있으므로 투자활동손익 및 재무활동손익도 포함되어 있습니다. 따라서 영업활동 현금흐름을 작성하기 위해서는 출발점인 당기순이익에 포함되어 있는 투자활동손익과 재무활동손익을 덜어내야 합니다.

유한킴벌리 주식회사의 2023년 말 감사보고서에 첨부된 현금흐름표 중 영업활동 현금흐름 부분은 아래와 같습니다.

Ⅰ. 영업활동으로 인한 현금흐름		219,078,887,452
1. 당기순이익	170,312,076,688	
2. 투자활동 및 재무활동과 관련된 비용 가산		
유형자산처분손실	258,782,409	
3. 투자활동 및 재무활동과 관련된 수익 차감		
유형자산처분이익	(1,156,863,349)	
4. 영업활동으로 인한 자산부채의 변동	(18,430,061,566)	

위의 영업활동 현금흐름을 작성하는 방식을 보면 당기순이익에 투자활동 관련 비용인 유형자산처분손실은 가산하고, 투자활동 관련 수익인 유형자산처분이익은 차감하여 영업활동 현금흐름을 구하고 있습니다. 손익계산서에서 영업이익 + 투자활동 관련 수익 - 투자활동 관련 비용 = 당기순이익이므로, 현금흐름표 작성 시 출발점을 영업이익이 아닌 당기순이익에서 출발하면 앞의 등식의 왼쪽에 있는 투자활동 관련 수익과 투자활동 관련 비용을 오른쪽으로 옮겨서 아래와 같이 됩니다.

영업이익 + 투자활동 관련 수익 - 투자활동 관련 비용 = 당기순이익
당기순이익 - 투자활동 관련 수익 + 투자활동 관련 비용 = 영업이익

(3) 당기순이익(발생주의)을 현금주의이익으로 전환

영업활동으로 인한 현금흐름은 간접법으로 작성하는데, 간접법은 당기순이익에서 출발하여 영업활동 관련 자산부채의 변동을 조정하여 영업활동 현금흐름을 구합니다. 그런데 당기순이익에는 매출, 급여, 운반비, 이자수익 등 거의 대부분의 계정이 현금의 유입이나 유출이 있는 계정이지만, 감가상각비, 외화환산이익처럼 현금의 유입이나 유출이 없는 수익/비용 항목들도 있습니다. 우리는 지금 현금흐름표를 작성하고 있으므로 현금흐름이 있는 항목만을 남겨 놓기 위해 당기순이익에서 현금의 유출이 없는 비용 및 현금의 유입이 없는 수익을 덜어 내야 합니다.

[현금흐름표 정리 5]
간접법 영업활동 현금흐름을 구하기 위해서는 출발점인 당기순이익에 포함된 현금의 유출이 없는 비용 및 현금의 유입이 없는 수익을 덜어 내야 한다.

유한킴벌리 주식회사의 2023년 말 감사보고서에 첨부된 현금흐름표 중 영업활동 부분은 아래와 같습니다.

I. 영업활동으로 인한 현금흐름		219,078,887,452
1. 당기순이익	170,312,076,688	
2. 투자활동 및 재무활동과 관련된 비용 가산		
유형자산처분손실	258,782,409	
3. 투자활동 및 재무활동과 관련된 수익 차감		
유형자산처분이익	(1,156,863,349)	
4. 현금의 유출이 없는 비용의 가산	69,558,032,671	
퇴직급여	19,855,761,831	
감가상각비	41,133,819,023	
무형자산상각비	561,262,978	
대손상각비	202,947,723	
외화환산손실	640,447,247	
파생상품평가손실	386,886,520	
재고자산평가손실(환입)	588,180,145	
재고자산폐기손실	3,855,782,003	
기타장기충당부채전입액	2,085,001,580	
기부금	247,943,621	
5. 현금의 유입이 없는 수익의 차감	(1,463,079,401)	
외화환산이익	1,385,925,862	
파생상품평가이익	77,153,539	
6. 영업활동으로 인한 자산부채의 변동	(18,430,061,566)	

위의 현금흐름표 정리 5에서 설명드린 것처럼 영업활동으로 인한 현금흐름은 간접법으로 작성하는데, 간접법은 당기순이익에서 출발합니다. 당기순이익은 발생주의 순이익이므로 손익계산서에서 매출액에서 출발하여 매출원가, 판관비, 영업외수익, 영업외비용 등을 거쳐서 당기순이익에 도달하는 데에는 감가상각비, 외화환산이익처럼 현금의 유입이나 유출이 없는 수익/비용 항목들도 포함되어 있습니다. 우리는 지금 현금흐름표를 작성하고 있으므로 현금흐름이 있는 항목만을 남겨 놓기 위해 당기순이익에서 현금의 유출이 없는 비용 및 현금의 유입이 없는 수익을 덜어 내야 합니다.

위의 유한킴벌리 영업활동 현금흐름 작성 과정을 보면 당기순이익 밑에 손익계산서에 포함된 모든 현금의 유출이 없는 비용을 가산하고, 현금의 유입이 없는 수익을 차감하고 있습니다. 이때 유의하여야 할 것은 현금의 유출(유입)이 없는 손익항목이기만 하면 영업외수익 그룹이나 영업외비용 그룹에 속한 항목들만 덜어 내는 것이 아니라 매출원가와 판매비와관리비에 속한 비용들도 모두 덜어내야 한다는 것입니다.

영업외수익과 영업외비용에서 현금의 유입이 없는 수익과 현금의 유출이 없는 비용은 계정과목만 봐도 쉽게 알 수 있으며, 금액도 해당 계정과목 금액 전체를 기재하면 됩니다. 예를 들어 외화환산이익은 환산이익이므로 현금 유입이 아직 일어나지 않은 이익이며, 금액은 전체 금액을 기재하면 됩니다. 영업외손익에 비해 매출원가와 판관비는 비현금 항목 금액을 파악하기가 상대적으로 어렵습니다. 동일한 계정과목(예: 감가상각비)이 매출원가와 판관비에 모두 포함되어 있는데, 판관비는 모든 계정과목과 금액이 다 표시되지만 매출원가는 한 줄로 나오기 때문에 손익계산서만 봐서는 비현금항목의 계정과목과 금액을 알 수 없기 때문입니다. 그러나 매출원가의 경우에도 제조원가명세서를 보면 모든 계정과목이 나오므로 제조원가명세서상 비현금유출 비용 항목과 금액을 찾아서 기재하면 됩니다.

간접법 영업활동 현금흐름: 영업활동 관련 자산부채 변동 가감

제1절 영업활동 현금흐름작성원리의 "5. 직접법 현금흐름표 작성 vs 간접법 현금흐름표 작성"의 "(1) 직접법 현금흐름표 작성 방법"에서 작성한 현금흐름표를 "(2) 간접법 현금흐름표 작성 방법"에서 손익계산서 항목 부분과 영업활동 관련 자산 및 부채의 배열 순서만을 달리하여 간접법으로 영업활동 현금흐름표를 작성할 수 있다는 것을 살펴보았습니다. 실무적으로 현금흐름표를 작성할 때 영업활동 관련 자산 및 부채의 증감 부분을 작성할 때 유의하여야 할 사항이 2가지 있습니다. 아래에서 차례로 설명드리겠습니다.

1) 자산 및 부채 증감계산 시 투자활동 및 재무활동 관련 금액 제거

B/S상 자산, 부채 계정들은 현금흐름표 활동 분류 측면에서 영업활동, 투자활동, 재무활동 단 한 가지만으로 분류되는 경우가 대부분이지만 일부 계정들의 경우 두 가지 활동 이상에서 공통적으로 사용되는 경우도 있습니다. 예를 들어 매출채권, 재고자산은 영업활동으로만 분류되는 항목들이지만, 미지급금의 경우 투자활동(유형자산의 취득)에도 사용되고 영업활동에도 사용되는 등 공통적으로 사용되는 대표적인 계정입니다. 따라서 현금흐름표 작성 시 이렇게 공통적으로 사용되는 계정들은 영업활동 부분과 투자활동 등 기타 부분으로 나누어 줘야 합니다. 현금흐름표 작성 시 이러한 **공통계정의 증감은 처음에는 모두 영업활동으로 분류**한 후 투자활동현금흐름 작성 시, 그리고 재무활동 현금흐름 작성 시 투자 및 재무활동 관련 금액을 파악하여 해당 금액만큼을 영업활동으로 분류된 금액에서 덜어 내어 투자활동 및 재무활동으로 옮겨 주면 됩니다.

[현금흐름표 정리 6]

간접법 영업활동 현금흐름 작성 시 당기순이익에 영업활동 관련 자산 및 부채의 변동을 가감하여 구한다. 이때 영업활동 관련 자산 및 부채의 변동금액 계산 시 당기 중 증가(감소) 총금액에서 투자활동 및 재무활동 관련 변동금액을 덜어 내야 한다.

2) 영업활동 관련 비현금 수익(비용)만큼 영업활동 관련 자산(부채) 증감에 조정

이 챕터(제1장 현금흐름표)의 맨 앞부분에서 살펴본 것처럼 영업활동 현금흐름은 손익계산서의 맨 위(매출액)부터 시작하여 매출원가, 판관비의 수많은 계정, 영업외손익계정, 법인세비용까지 손익계산서의 거의 모든 계정이 영업활동에 속합니다. 수익 또는 비용은 두 가지로 구성되는데 현금으로 유입(유출)된 부분과 아직 현금유입(유출)이 없는 부분입니다. 예를 들어 매월 매출이 100이고, 1년간(12개월 동안) 매출이 1,200이며 모두 현금으로 회수된 경우 영업활동 현금흐름은 아래와 같이 구합니다.

① 매출액(당기순이익) 1,200
② 영업활동 관련 자산 및 부채의 변동: 매출채권 증가(기말 0 – 기초 0) 0
③ 영업활동 현금흐름: ① 1,200 + ② 0 = 1,200

그런데 동일한 사례에서 매월 매출 100이 그다음 달에 회수된다고 하면, 12월 매출 100은 기말 현재 회수되지 않고 매출채권으로 남아 있게 됩니다. 이때 영업활동 현금흐름을 구하면 아래와 같습니다.

① 매출액(당기순이익) 1,200
② 영업활동 관련 자산(부채)의 변동: 매출채권 증가(기말 100 – 기초 0) (–)100
③ 영업활동 현금흐름: ① 1,200 + ② (–)100 = 1,100

그런데 12월 매출 100은 현금으로 회수되지 않았으므로 수익(매출)의 종류를 현금의 유입이 있는 수익과 현금의 유입이 없는 수익으로 나누면 후자입니다. 따라서 영업활동 현금흐름을 아래와 같이 작성할 수도 있습니다.

① 매출액(당기순이익) 1,200
② 현금의 유입이 없는 수익(매출) (–)100
③ 영업활동 현금흐름: ① 1,200 + ② (–)100 = 1,100

즉, 수익이 현금으로 회수되지 않으면 현금이 아닌 자산(매출채권)이 증가하므로 영업활동 현금흐름표를 작성하는 방법은 2가지가 있는데, 첫 번째 방법은 수익 총액(매출액 1,200)에서 현금으로 유입되지 않아서 영업활동 관련 자산이 증가한 부분(매출채권 증가 100)을 차감하는 방법이며, 두 번째 방법은 수익 총액(매출액 1,200)에서 현금으로 유입되지 않은 수익(12월 매출액 100)을 차감하는 방법입니다. 12월 매출 분개를 생각해 보면 (차)매출채권 100/(대)매출 100이므로 결국 수익 전체금액에서 왼쪽(매출채권 100)을 차감하느냐, 오른쪽(매출 100)을 차감하느냐 방법론의 선택일 뿐 사실은 같은 것을 조정하는 것입니다. 중요한 것은 둘 중 하나만을 선택해서 조정해야 합니다(매우 중요). 가장 일반적으로 사용되는 방법은 당기순이익에 영업활동 관련 자산 및 부채의 변동을 가감하는 방법입니다.

그런데 한국에서 회사 실무에서 현금흐름표를 작성할 때에는 문제가 있습니다. 우리나라가 2011년에 KIFRS를 도입하기 이전에는 기업회계기준(현재의 일반기업회계기준)을 적용했었는데, 당시 기업회계기준에서 재무제표 표준양식을 별지로 공시했으며, 현금흐름표 양식 사례에 영업활동으로 인한 현금흐름 부분에 당기순이익 밑에 현금의 유출이 없는 비용 등의 가산 항목에 제일 먼저 "대손상각비"를 예시로 기재해 놨습니다. 위에서 설명한 것처럼 영업활동 현금흐름 작성 시 현금의 유출이 없는 비용이나 현금의 유입이 없는 수익의 경우 해당 금액과 동일한 금액만큼 영업활동 관련 자산부채의 증가(감소)가 있을 것이므로 당기순이익에 영업활동 관련 자산(부채)의 변동을 가감하면 자동적으로 조정이 됩니다. 즉, 비현금 수익(비용)이나 영업활동 관련 자산 및 부채의 변동이나 둘 중 한쪽만으로 조정해야 합니다(위에서 매우 중요라고 말씀드렸습니다). 그런데 금감원이 공시한 현금흐름표 표준양식에서처럼 현금의 유입이 없는 비용 등의 가산에 대손상각비를 기재해야 한다면 해당 금액은 이미 조정이 되었으므로 매출채권 증가(감소) 조정금액에서 대손상각비만큼은 덜어 내야 합니다. 이해를 쉽게 하기 위해 사례를 들어서 설명드리겠습니다.

당기 중 매월 매출 100이 발생하여 1년간 총 1,200이 발생하였으며 이 중 1,100이 회수되고 100이 기말 매출채권으로 남아 있습니다. 기초 매출채권이 100이 있었는데 당기 중 회수가능성이 없다고 보아 장부에서 제각하고 대손상각비 100으로 반영하였습니다. 당기 중 거래는 위에서 설명한 거래만 발생했으며, 따라서 당기순이익은 매출 1,200 - 대손상각비 100 = 1,100이며, 기초 매출채권 100은 제각되어서 없으며 기말 매출채권은 100입니다. 영업활동으로 인한 현금흐름을 작성하는 방법은 아래와 같습니다.

① 당기순이익 1,100
② 영업활동 관련 자산 변동: 매출채권 증가(기말 100 – 기초 100) 0
③ 영업활동 현금흐름: ① 1,100 + ② 0 = 1,100

그런데 금융감독원이 공표한 현금흐름표 표준양식에는 당기순이익에 대손상각비를 현금의 유출이 없는 비용으로 가산하게 되어 있으므로 이를 따르면 아래와 같습니다.

① 당기순이익 1,100
② 현금의 유출이 없는 비용 가산: 대손상각비 100
③ 영업활동 관련 자산 변동: 매출채권 증가(기말 100 – 기초 100) 0
④ 영업활동 현금흐름: ① 1,100 + ② 100 + ③ 0 = 1,200

즉, 위에서 구한 영업활동 현금흐름 1,200은 당기 중 실제현금흐름인 1,100과 차이가 나게 되는데 차이 금액은 대손상각비로 더한 100과 일치합니다. 출발점인 당기순이익 계산에 포함된 모든 수익(매출)과 비용(대손상각비) 중 현금의 유출과 유입이 없는 금액만큼은 영업활동 관련 자산(매출채권)에 반영이 되므로, 영업활동 관련 자산 및 부채의 증가(감소)만 반영하면 되며, 현금의 유출이 없는 비용(대손상각비)을 다시 가감하면 이중으로 조정하는 것이 되어 현금흐름표 작성에 오류가 생기는 것입니다. 하지만 금감원이 발표한 표준양식에 대손상각비가 기재되어 있으므로 한국 회사들은 이를 충실히 따라서 아래와 같이 작성했습니다.

① 당기순이익 1,100
② 현금의 유출이 없는 비용 가산: 대손상각비 100
③ 영업활동 관련 자산 변동: 매출채권 증가(기말 100 – 기초 100) 0 – 대손상각비 100 = (–)100
④ 영업활동 현금흐름: ① 1,100 + ② 100 + ③ (–)100 = 1,100

즉, 영업활동 관련 자산 및 부채의 변동을 계산할 때 단순히 기말잔액과 기초잔액과의 차액이 아니라 관련 자산 및 부채에 대해 현금의 유출이 없는 비용에 가산한 금액을 파악하여 해당 금액만큼을 반대 방향으로 덜어 내 주어야 합니다.

[현금흐름표 정리 7]

간접법 영업활동 현금흐름 작성 시 당기순이익에 영업활동 관련 자산 및 부채의 변동을 가감하여 구한다. 영업활동 관련 수익(비용)계정 중 현금의 유입(유출)이 없는 계정은 현금 대신 영업활동 관련 자산(부채)이 증가하므로 당기순이익에 영업활동 관련 자산 및 부채의 변동을 가감하면 현금의 유출(유입)이 없는 수익(비용)을 당기순이익에 조정할 필요는 없다. 다만 한국에서의 관습에 따라 영업활동 관련 수익(비용) 중 현금의 유입(유출)이 없는 계정을 당기순이익에 조정하면 이 금액만큼 반드시 영업활동 관련 자산 및 부채의 변동금액 계산 시 당기 중 증가(감소) 총금액에서 반대 방향으로 덜어 내야 한다.

그런데 과거 기업회계기준에서 왜 이렇게 해야 하는지에 대한 설명도 없고, 어떤 항목에 대해 이와 같이 작성해야 하는지에 대한 설명도 없다 보니 우리나라 회사들은 각자의 판단에 따라 영업활동 현금흐름표를 작성해 왔으며, 따라서 상장회사 내에서도 일관성(비교가능성)이 매우 낮은 것이 사실입니다.

아래는 우리나라를 대표하는 두 기업의 감사보고서 주석 중 영업활동 현금흐름표 부분입니다. 현금의 유출이 없는 비용 가산 섹션에 포함된 항목들이 두 회사 간에 일관성이 없습니다(대손상각비와 재고자산 평가손실이 삼성전자에는 있으나 현대자동차에는 없음).

삼성전자		현대자동차	
과목	현금흐름	과목	현금흐름
당기순이익		**당기순이익**	645,526
주석27		**주석32**	
현금의 유출이 없는 비용 가산		**현금의 유출이 없는 비용 가산**	
퇴직급여	898,132	퇴직급여	516,686
대손상각비	19,235	판매보증충당부채 전입	2,020,262
재고자산평가손실	696,536		
영업활동으로 인한 자산부채의 변동		**영업활동으로 인한 자산부채의 변동**	
매출채권 감소(증가)			
재고자산 감소(증가)		퇴직금의 지급	
퇴직금의 지급		판매보증충당부채	

영업활동 현금흐름 작성 원리 요약

[정리 1]
수익(매출, 이자수익 등) 금액만큼 현금유입이 발생한다. 수익과 관련된 자산(매출채권 등)이 증가하면 그 금액만큼 현금유입이 발생하지 않는다(감소한다).

[정리 2]
비용(매출원가, 판관비, 이자비용 등) 금액만큼 현금유출이 발생한다. 비용과 관련된 부채(매입채무, 미지급비용 등)이 증가하면 그 금액만큼 현금유출이 발생하지 않는다(현금유출이 감소한다).

[정리 3]
영업활동 현금흐름은 직접법으로 작성하지 않고 간접법으로 작성한다. 따라서 매출, 매출원가, 판관비 등 계정과목별로 세부 현금흐름을 알 수 없으며, 당기순이익 한 줄만으로 영업활동 현금흐름의 전반적인 수준만을 나타낸다.

[정리 4]
간접법 영업활동 현금흐름을 작성하는 출발점은 영업이익이 아니라 당기순이익이며 출발점인 당기순이익에 포함된 투자활동 및 재무활동 관련 이익(손실)을 덜어 내야 한다.

[정리 5]
간접법 영업활동 현금흐름을 구하기 위해서는 출발점인 당기순이익에 포함된 현금의 유출이 없는 비용 및 현금의 유입이 없는 수익을 덜어 내야 한다.

[정리 6]
간접법 영업활동 현금흐름 작성 시 당기순이익에 영업활동 관련 자산 및 부채의 변동을 가감하여 구한다. 이때 영업활동 관련 자산 및 부채의 변동금액 계산 시 당기 중 증가(감소) 총금액에서 투자활동 및 재무활동 관련 변동금액을 덜어 내야 한다.

[정리 7]
간접법 영업활동 현금흐름 작성 시 당기순이익에 영업활동 관련 자산 및 부채의 변동을 가감하여 구한다. 영업활동 관련 수익(비용)계정 중 현금의 유입(유출)이 없는 계정은 현금 대신 영업활동 관련 자산(부채)가 증가하므로 당기순이익에 영업활동 관련 자산 및 부채의 변동을 가감하면 현금의 유출(유입)이 없는 수익(비용)을 당기순이익에 조정할 필요는 없다. 다만 한국에서의 관습에 따라 영업활동 관련 수익(비용) 중 현금의 유입(유출)이 없는 계정을 당기순이익에 조정하면 이 금액만큼 반드시 영업활동 관련 자산 및 부채의 변동금액 계산 시 당기 중 증가(감소) 총금액에서 반대 방향으로 덜어 내야 한다.

제2절
투자활동 현금흐름 작성 원리

영업활동은 주로 손익계정으로 기록되므로 영업활동 현금흐름은 당기순이익에 손익계산서 계정들의 조정(현금의 유출이 없는 비용 등의 가산, 현금의 유입이 없는 수익 등의 차감)을 통해 작성됩니다. 반면 투자활동은 주로 자산의 취득과 처분 활동이므로 B/S 계정의 증가(자산 취득)와 감소(자산 처분) 계산을 통해 투자활동 현금흐름표를 작성하게 됩니다. 투자활동은 유형자산, 무형자산 및 금융자산의 취득과 처분이므로 각 유형별로 현금흐름을 작성하는 방법을 아래에서 살펴보겠습니다.

1. 유형자산 현금흐름

[1단계] 유형자산 주석 작성

매년 기말 결산을 완료하고 재무제표를 작성한 후 회계감사를 받기 위해 감사보고서 주석을 작성합니다. 유형자산 주석에는 유형자산의 당기 중 증감 세부내역이 나와 있으므로 현금흐름표를 작성하는 데 유용합니다. 현대자동차의 2023년 말 별도 재무제표 감사보고서 유형자산 주석은 아래와 같습니다.

현대자동차 유형자산주석

구분	기초	취득	대체	처분	감가상각비	기타(*)	기말
토지	10,718,357	-	39,243	-1,099	-	-587	10,755,914
건물	4,264,403	-	496,812	-2,512	-210,455	588	4,548,836
구축물	454,309	-	35,385	-292	-31,116	8	458,294
기계장치	4,480,653	-	431,643	-21,738	-648,483	-146	4,241,929
차량 운반구	123,050	-	51,004	-27,625	-27,628	-36	118,765
공구기구금형	2,257,501	-	960,257	-2,544	-679,258	-515	2,535,441
집기비품	194,192	-	73,032	-123	-68,686	-23	198,392
건설 중인 자산	2,333,121	2,281,228	-2,087,376	-	-	-120,184	2,406,789
계	24,825,586	2,281,228	-	-55,933	-1,665,626	-120,895	25,264,360

[2단계] 유형자산 취득: 현금유출

유형자산을 취득하면 현금이 유출되므로 당기 중 유형자산 취득금액을 파악하여 투자활동 중 유형자산 현금유출을 작성합니다. 유형자산 취득의 경우 거래처로부터 세금계산서를 수령(미지급금)하고 지급조건에 따라 일정 기일(30일 등) 후 지급합니다. 따라서 당기 중 유형자산 취득 금액 중 기말 현재 미지급금으로 남아 있는 잔액은 현금을 지급하지 않은 것이므로 유형자산 현금유출 계산 시 차감하며, 전기 말 유형자산 취득 관련 미지급금 잔액은 당기 초에 지급되었을 것이므로 현금유출 계산 시 가산하여 현금흐름을 작성합니다.

구분	금액
당기 중 유형자산 취득원가 증가액	2,281,228
차감: 당기 말 미지급금 잔액 - 전기 말 미지급금 잔액	(-)156,517
유형자산취득 현금유출	2,124,711

유형자산 현금유출 계산 시 유의할 점은 아래와 같습니다.

(가) 유형자산 증가액은 취득원가 기준으로 파악해야 하며, 취득원가에서 감가상각누계액을 차감한 장부가액 기준으로 증가한 금액을 파악하면 안 됩니다. 현금을 지급해야 할 금액은 취득원가 기준이기 때문입니다.

(나) 현대자동차 유형자산 주석을 보면 모든 유형자산 계정의 증가는 일단 건설 중인 자산의 증가로 시작한 후 건설(제작, 구매) 완료 시 본계정(토지, 건물, 기계장치 등 각 계정)으로 대체하고 있습니다. 이럴 경우 건설 중인 자산의 증가만이 유형자산 취득 현금유출로 계산되어야 하며, 본계정 대체로 인해 각 계정별 취득원가가 증가하는 부분은 유형자산 취득 현금유출 계산 시 포함하면 안 됩니다.

[3단계] 유형자산 처분: 현금유입

유형자산을 처분하면 현금이 유입됩니다. 그런데 유형자산 취득의 경우 취득원가 자체가 현금지급액이 되지만, 처분의 경우 회계처리가 "현금 수령액 - 유형자산 장부가액(취득원가-감가상각누계액) = 유형자산 처분이익(손실)"이 되므로 현금수령액을 계산하려면 처분한 유형자산 장부가액에 유형자산 처분이익을 가산해 주어야 합니다. 또한 유형자산 처분대금 중 기말 현재 미수금으로 남아 있는 부분은 현금으로 유입된 것이 아니므로 현금유입액에서 차감해 주어야 합니다. 전기 말 현재 유형자산 처분 미수금은 당기 중 회수되었을 것이므로 현금유입액에 가산합니다.

유형자산 현금유입 = 당기 중 유형자산 장부가액 감소액 + 유형자산 처분이익 - 유형자산 처분손실 - 당기말 미수금 잔액 + 전기말 미수금 잔액

구분	금액
당기 중 유형자산 처분 장부가액 감소액	55,933
가산: 유형자산 처분이익(차감: 유형자산 처분손실)	(-)10,531
유형자산 처분 현금유입	45,402

[4단계] 유형자산 관련 기타 계정

유형자산 관련 현금흐름은 유형자산의 취득과 처분에서만 나타납니다. 취득으로 현금이 유출되고 처분으로 현금이 유입됩니다. 취득과 처분 이외의 다른 회계처리들은 현금흐름을 수반하지 않습니다. 감가상각비, 손상차손, (유형자산에서 무형자산으로의) 타 계정 대체 등은 현금흐름을 수반하지 않습니다. 따라서 이러한 계정들은 유형자산 현금흐름(투자활동 현금흐름) 섹션에 나타나서는 안 됩니다. 다만 회사 실무에서 현금흐름표를 작성할 때는 B/S와 I/S의 모든 계정의 당기 중 증감액을 이용하여 현금흐름표를 작성하므로 유형자산 취득 및 처분 이외의 다른 계정들(감가상각비, 손상차손, 타 계정 대체 등)도 현금흐름표의 투자활동이 아닌 다른 활동 섹션에 나타납니다. 이러한 계정들에 대해 어떻게 고려해야 하는지는 〈4절 회사 실무 사례〉에서 자세히 설명드리겠습니다.

2. 무형자산 현금흐름

감사보고서 무형자산 주석을 보면 유형자산 주석과 거의 유사합니다. 즉, 무형자산도 유형자산과 계정과목만 다를 뿐 취득, 건설 중인 자산으로 증가하고 본계정으로 대체되는 점, 상각, 손상차손, 처분, 타 계정 대체 등 거의 모든 회계처리가 유사합니다. 따라서 무형자산의 경우에도 취득과 처분에서만 현금유출과 유입이 발생하며 다른 회계처리에서는 현금흐름이 발생하지 않는다는 점도 유형자산과 같습니다. 무형자산 취득과 처분에서 발생하는 현금유출과 현금유입을 계산하는 방법도 동일합니다.

3. 기타포괄손익 공정가치측정금융자산

회사 실무에서 현금흐름표 작성 시 가장 어려운 분야가 기타포괄손익이 발생하는 자산 및 부채 항목들입니다. 기타포괄손익 공정가치측정금융자산, 선물환 헷지거래(현금흐름 위험회피 파생상품 평가손익), 확정급여채무 보험수리적손익(이익잉여금)이 대표적입니다. 이러한 거래들은 당기 중 취득 및 처분으로 증가(감소)한 부분과 공정가치 평가로 인해 증가(감소)한 부분으로 나누어 주어야 함은 물론이고, 공정가치 평가로 인해 발생하는 기타포괄손익에 대해 이연법인세 회계처리 효과까지 고려하여 당기 중 증가(감소)를 파악하고 현금흐름표 정산표를 작성해야 합니다. 그런데 우리나라 중급 회계교재들 중 현금흐름표 작성 챕터에서 기타포괄손익 발생 자산 및 부채에 대해 이연법인세 효과까지 고려하여 현금흐름표를 작성하는 방법을 설명하는 교재가 없으므로 회사 실무에서 가장 어려운 분야입니다.

[사례] 미연㈜는 당기 중 삼성전자 주식을 70,000원에 취득하였으며 기말에 시가가 90,000원이 되었다. 미연㈜는 삼성전자 주식을 기타포괄 손익공정가치측정 금융자산으로 회계처리하고 있다.
(1) 중급회계 현금흐름표 작성
당기 중 취득한 금액을 투자활동 현금유출로 현금흐름표에 표시합니다.
(2) 회사 실무
미연㈜에 적용되는 법인세율이 20%라고 가정합니다. 미연㈜의 회계처리는 다음과 같습니다.

취득 시	(차)기타포괄손익 금융자산 70,000	(대)현금 70,000
기말 평가	(차)기타포괄손익 금융자산 20,000	(대)기타포괄손익 20,000
이연법인세	(차)기타포괄손익 4,000	(대)이연법인세부채 4,000

(기타포괄손익에 대한 이연법인세 회계처리에 대한 자세한 설명은 제12장 이연법인세 회계처리 및 법인세주석 작성을 참조하세요.)

부분 B/S

자산			부채와 자본		
계정과목	당기 말	전기 말	계정과목	당기 말	전기 말
기타포괄금융자산	90,000	0	이연법인세부채	4,000	0
			기타포괄손익	16,000	0

현금흐름표 정산표

과목	1단계	2단계		3단계
	증감	현금거래	비현금거래	계정 간 상쇄
기타포괄금융자산	90,000	(70,000)	(20,000)	(20,000)
이연법인세부채	4,000	0	4,000	4,000
기타포괄손익	16,000	0	16,000	20,000
기타포괄손익(법인세효과)				(4,000)

제3절
재무활동 현금흐름 작성 원리

재무활동은 주로 차입금의 차입과 상환활동이므로 B/S에서 차입금 계정의 증가(차입금 차입)와 감소(차입금 상환) 계산을 통해 재무활동 현금흐름표를 작성하게 됩니다.

1. 차입금 현금흐름

(1) 차입금 증감 요약표 작성

[1단계] 차입금 증감요약표 양식 작성

계정과목	전기 말	증가		감소			당기 말
		차입	환산손실	상환	환산이익	유동성대체	
3. 단기차입금	3,164,607						3,308,280
4. 유동성장기부채	526,632						1,228,442
장기차입금 및 사채	2,946,873						2,551,836

차입금 종류가 많지 않은 회사의 경우 차입금 차입과 상환을 직접 계산해도 되지만 차입금 종류가 많은 회사의 경우 장기차입금에서 유동성장기부채로의 대체 계산, 외화차입금의 외화환산손익 반영, 사채할인발행차금 상각 반영 등 고려해야 할 사항이 많아서 복잡하므로 차입금 증감요약표를 작성하는 것이 현금흐름표 작성에 도움이 됩니다. 차입금 증감요약표 양식을 위와 같이 작성한 후 회사의 차입금 종류별로 당기 말 잔액과 전기 말 잔액을 기입합니다(위의 표는 현대자동차의 2021년 B/S상 차입금 계정잔액을 사용).

[2단계] 유동성장기부채 증감

계정과목	전기 말	증가		감소			당기 말
		차입	환산손실	상환	환산이익	유동성대체	
3. 단기차입금	3,164,607						3,308,280
4. 유동성장기부채	526,632			526,632		1,228,442	1,228,442
장기차입금 및 사채	2,946,873					(1,228,442)	2,551,836

유동성장기부채는 계정과목이 말해 주듯이 장기부채 중 당기 말 현재 유동성인 부분(즉, 1년 이내에 상환해야 하는 부분)을 나타냅니다. 따라서 전기 말 잔액은 당기에 상환되었을 것이며, 당기 말 잔액은 장기차입금에서 당기 말 현재 1년 이내에 상환되어야 하는 부분을 파악하여 유동성장기부채로 계정 대체 되었을 것입니다. 기초잔액 526,632를 감소 섹션의 상환 칼럼에 기재합니다. 당기 말 잔액 1,228,442만큼 유동성대체 칼럼에 기재한 후 그 아래 장기차입금 및 사채 라인에 금액은 같고 부호는 (-)로 반대인 금액을 기재합니다. 즉, 당기 말 잔액만큼 장기차입금에서 빠져서 유동성장기부채 쪽으로 이동한 것입니다.

[3단계] 단기차입금 및 장기차입금, 사채의 계정별 원장을 검색하여 당기 중 차입액, 상환액을 파악하여 차입 칼럼과 상환 칼럼에 기재

계정과목	전기 말	증가		감소			당기 말
		차입	환산손실	상환	환산이익	유동성대체	
3. 단기차입금	3,164,607	145,571					3,308,280
4. 유동성장기부채	526,632			526,632		1,228,442	1,228,442
장기차입금 및 사채	2,946,873	1,023,316		200,000		(1,228,442)	2,551,836

[4단계] 외화환산손익 작성

계정과목	전기 말	증가		감소			당기 말
		차입	환산 손실	상환	환산 이익	유동성대체	
3. 단기차입금	3,164,607	145,571			1,898		3,308,280
4. 유동성장기부채	526,632			526,632		1,228,442	1,228,442
장기차입금 및 사채	2,946,873	1,023,316	10,089	200,000		(1,228,442)	2,551,836

다 기재한 후 증감 walk(와꾸)에 대한 계산 검증을 합니다.

전기 말 잔액 + 증가(차입) - 감소(상환, 유동성대체)) = 당기말 잔액 등식이 맞아야 합니다. 등식이 성립하지 않고 과부족액이 있는 경우 이는 해당 차입금에 대해 당기 중 환산손실(환산이익)이 있다는 알람입니다. 외화환산이익(환산손실)의 계정별 원장을 검색하여 각 차입금에 대한 환산이익(환산손실) 금액을 파악하여 차입금 증감요약표에 기재하여 walk를 완성합니다.

(2) 차입금 차입: 현금유입

현금흐름표 작성 시 재무활동 부분은 재무활동으로 인한 현금유입과 재무활동으로 인한 현금유출로 나누어 작성합니다. 재무활동으로 인한 현금유입의 첫 번째 항목은 차입금의 차입입니다. 위에서 작성한 차입금 증감요약표상 차입 칼럼에 기재된 금액을 그냥 그대로 기재하면 됩니다.

(부분 현금흐름표: 재무활동 현금흐름)

재무활동으로 인한 현금유입:
- 단기차입금 차입: 145,571
- 장기차입금 및 사채의 차입: 1,023,316

(3) 차입금 상환: 현금유출

차입금을 상환하면 현금이 유출됩니다. 그런데 차입금의 차입 시에는 차입금 자체가 현금의 유입액이 되지만, 차입금의 상환 시에는 외화차입금의 경우 외환차손, 사채의 경우 조기상환 시 사채상환손실 등이 자주 발생하며, 상환하는 차입금의 장부가액과 현금유출액은 일치하지 않습니다. 상환하는 차입금 장부가액에 외환차익(외환차손), 사채상환손익 등을 조정해 주어야 차입금 상환으로 인한 현금유출 금액을 계산할 수 있습니다.

(부분 현금흐름표: 재무활동 현금흐름)

재무활동 현금유출		
과목	계정금액	현금흐름
유동성장기부채 상환		526,632
장기차입금 및 사채 상환		214,801
- 장기차입금 및 사채 장부가액 감소	200,000	
- 외환차손	14,801	

(4) 차입금 관련 기타 계정

차입금 관련 현금흐름은 차입금의 차입과 상환에서만 나타납니다. 차입으로 현금이 유입되고 상환으로 현금이 유출됩니다. 장기차입금의 유동성장기부채로의 계정 대체, 외화차입금 외화환산이익(손실), 사채할인발행차금 상각 등 차입금의 차입 및 상환 이외의 회계처리는 현금흐름을 수반하지 않습니다. 따라서 이러한 계정들은 차입금 현금흐름(재무활동 현금흐름) 섹션에 나타나서는 안 됩니다. 다만 회사 실무에서 현금흐름표를 작성할 때는 B/S와 I/S의 모든 계정의 당기 중 증감액을 이용하여 현금흐름표를 작성하므로 차입금의 차입 및 상환 이외의 다른 계정들(유동성장기부채로의 대체, 외화환산손실 등)도 현금흐름표의 재무활동이 아닌 다른 활동 섹션에 나타납니다. 이러한 계정들에 대해 어떻게 고려해야 하는지에 대해서는 〈4절 회사 실무 사례〉에서 자세히 설명드리겠습니다.

제4절
회사 실무 사례

현대자동차 B/S로 현금흐름표를 작성해 보겠습니다.

현금흐름표 1단계: B/S 계정과목별 증가(감소) 계산

과목	제54기말	제53기말	증가(감소)
I. 유동자산	23,330,493	24,612,104	(1,281,611)
1. 현금및현금성자산	653,462	469,990	183,472
2. 단기금융상품	4,267,467	5,293,455	(1,025,988)
3. 기타금융자산	9,033,909	9,512,741	(478,832)
4. 매출채권	5,154,923	4,670,346	484,577
5. 기타채권	1,270,699	1,292,828	(22,129)
6. 재고자산	2,680,332	3,043,468	(363,136)
7. 기타자산	269,701	255,878	13,823
8. 매각예정 비유동자산	0	73,398	(73,398)
II. 비유동자산	56,427,807	53,640,185	2,787,622
1. 장기금융상품	150,561	1,123	149,438
2. 기타금융자산	2,422,152	2,194,803	227,349
3. 장기성매출채권	57,464	28,064	29,400
4. 기타채권	503,455	486,250	17,205
5. 유형자산	25,264,360	24,825,586	438,774
6. 투자부동산	134,017	137,879	(3,862)
7. 무형자산	4,410,003	4,513,565	(103,562)
8. 종속기업 및 관계기업투자	22,048,228	20,332,009	1,716,219
9. 순확정급여자산	195,520	0	195,520
10. 이연법인세자산	1,055,717	943,953	111,764
11. 사용권자산	154,246	139,709	14,537
12. 기타자산	32,084	37,244	(5,160)
자산 총계	79,758,300	78,252,289	1,506,011
I. 유동부채	20,043,791	17,709,438	2,334,353
1. 매입채무	5,292,925	4,624,880	668,045
2. 미지급금	3,630,407	3,386,033	244,374
3. 단기차입금	3,308,280	3,164,607	143,673
4. 유동성장기부채	1,228,442	526,632	701,810

5. 당기법인세부채	432,188	405,304	26,884
6. 충당부채	4,495,538	3,831,184	664,354
7. 기타금융부채	53,567	14,957	38,610
8. 리스부채	54,625	50,786	3,839
9. 기타부채	1,547,819	1,705,055	(157,236)
II. 비유동부채	7,039,497	7,354,342	(314,845)
1. 장기성미지급금	765,307	797,478	(32,171)
2. 사채	997,700	598,275	399,425
3. 장기차입금	1,554,136	2,348,598	(794,462)
4. 순확정급여부채	0	140,704	(140,704)
5. 충당부채	2,944,751	2,921,723	23,028
6. 기타금융부채	57,680	10,931	46,749
7. 리스부채	93,403	82,734	10,669
8. 기타부채	626,520	453,899	172,621
부채 총계	27,083,288	25,063,780	2,019,508
1. 자본금	1,488,993	1,488,993	0
2. 자본잉여금	4,034,765	4,009,850	24,915
3. 기타자본항목	(1,968,385)	(1,700,592)	(267,793)
4. 기타포괄손익누계액	25,369	157,539	(132,170)
5. 이익잉여금	49,094,270	49,232,719	(138,449)
자본 총계	52,675,012	53,188,509	(513,497)
부채와 자본 총계	79,758,300	78,252,289	1,506,011

계정과목별로 당기 말 잔액에서 전기 말 잔액을 차감하여 계정과목별 증가(감소)액을 계산합니다.

현금흐름표 2단계: B/S 계정과목별 증감액 → 현금흐름으로 변환

과목	제54기말	제53기말	현금흐름
I. 유동자산	23,330,493	24,612,104	1,281,611
1. 현금및현금성자산	653,462	469,990	(183,472)
2. 단기금융상품	4,267,467	5,293,455	1,025,988
3. 기타금융자산	9,033,909	9,512,741	478,832
4. 매출채권	5,154,923	4,670,346	(484,577)
5. 기타채권	1,270,699	1,292,828	22,129
6. 재고자산	2,680,332	3,043,468	363,136
7. 기타자산	269,701	255,878	(13,823)
8. 매각예정비유동자산	0	73,398	73,398
II. 비유동자산	56,427,807	53,640,185	(2,787,622)
1. 장기금융상품	150,561	1,123	(149,438)
2. 기타금융자산	2,422,152	2,194,803	(227,349)
3. 장기성매출채권	57,464	28,064	(29,400)
4. 기타채권	503,455	486,250	(17,205)

5. 유형자산	25,264,360	24,825,586	(438,774)
6. 투자부동산	134,017	137,879	3,862
7. 무형자산	4,410,003	4,513,565	103,562
8. 종속기업 및 관계기업투자	22,048,228	20,332,009	(1,716,219)
9. 순확정급여자산	195,520	0	(195,520)
10. 이연법인세자산	1,055,717	943,953	(111,764)
11. 사용권자산	154,246	139,709	(14,537)
12. 기타자산	32,084	37,244	5,160
자산 총계	79,758,300	78,252,289	(1,506,011)
I. 유동부채	20,043,791	17,709,438	2,334,353
1. 매입채무	5,292,925	4,624,880	668,045
2. 미지급금	3,630,407	3,386,033	244,374
3. 단기차입금	3,308,280	3,164,607	143,673
4. 유동성장기부채	1,228,442	526,632	701,810
5. 당기법인세부채	432,188	405,304	26,884
6. 충당부채	4,495,538	3,831,184	664,354
7. 기타금융부채	53,567	14,957	38,610
8. 리스부채	54,625	50,786	3,839
9. 기타부채	1,547,819	1,705,055	(157,236)
II. 비유동부채	7,039,497	7,354,342	(314,845)
1. 장기성미지급금	765,307	797,478	(32,171)
2. 사채	997,700	598,275	399,425
3. 장기차입금	1,554,136	2,348,598	(794,462)
4. 순확정급여부채	0	140,704	(140,704)
5. 충당부채	2,944,751	2,921,723	23,028
6. 기타금융부채	57,680	10,931	46,749
7. 리스부채	93,403	82,734	10,669
8. 기타부채	626,520	453,899	172,621
부채 총계	27,083,288	25,063,780	2,019,508
1. 자본금	1,488,993	1,488,993	0
2. 자본잉여금	4,034,765	4,009,850	24,915
3. 기타자본항목	(1,968,385)	(1,700,592)	(267,793)
4. 기타포괄손익누계액	25,369	157,539	(132,170)
5. 이익잉여금	49,094,270	49,232,719	(138,449)
자본 총계	52,675,012	53,188,509	(513,497)
부채와 자본 총계	79,758,300	78,252,289	1,506,011

현금흐름표 작성 원칙은 너무나도 간단하고 명확합니다.

- B/S의 차변(자산)의 증가는 현금유출(감소는 현금유입)이다.
- B/S의 대변(부채와 자본)의 증가는 현금유입(감소는 현금유출)이다.

B/S의 차변(자산)의 증가는 현금유출입니다. 따라서 자산에 대해서는 자산계정과목별 증가(감소) 금액을 구한 것을 부호를 반대로 하면(양수를 음수로/음수를 양수로) 현금흐름이 됩니다. 부채와 자본의 증가는 현금유입입니다. 따라서 부채와 자본계정에 대해서는 증감금액을 부호 변경 없이 그대로 현금흐름 금액으로 사용합니다.

현금흐름표 3단계: 현금흐름만 표시(당기 말 및 전기 말 잔액 삭제)

각 계정과목별 당기 말 잔액 칼럼, 전기 말 잔액 칼럼을 삭제하여 현금흐름 금액만 표시합니다.

B/S의 차변(자산)의 증가: 현금유출

과목	현금흐름
1. 현금및현금성자산	(183,472)
2. 단기금융상품	1,025,988
3. 기타금융자산	478,832
4. 매출채권	(484,577)
5. 기타채권	22,129
6. 재고자산	363,136
7. 기타자산	(13,823)
8. 매각예정 비유동자산	73,398
1. 장기금융상품	(149,438)
2. 기타금융자산	(227,349)
3. 장기성매출채권	(29,400)
4. 기타채권	(17,205)
5. 유형자산	(438,774)
6. 투자부동산	3,862
7. 무형자산	103,562
8. 종속기업 및 관계기업투자	(1,716,219)
9. 순확정급여자산	(195,520)
10. 이연법인세자산	(111,764)
11. 사용권자산	(14,537)
12. 기타자산	5,160
합계	(1,506,011)

B/S의 대변(부채 및 자본)의 증가: 현금유입

과목	현금흐름
1. 매입채무	668,045
2. 미지급금	244,374
3. 단기차입금	143,673
4. 유동성장기부채	701,810
5. 당기법인세부채	26,884
6. 충당부채	664,354
7. 기타금융부채	38,610
8. 리스부채	3,839
9. 기타부채	(157,236)
1. 장기성미지급금	(32,171)
2. 사채	399,425
3. 장기차입금	(794,462)
4. 순확정급여부채	(140,704)
5. 충당부채	23,028
6. 기타금융부채	46,749
7. 리스부채	10,669
8. 기타부채	172,621
1. 자본금	0
2. 자본잉여금	24,915
3. 기타자본항목	(267,793)
4. 기타포괄손익누계액	(132,170)
5. 이익잉여금	(138,449)
합계	1,506,011

우리는 지금 현금흐름표를 작성하고 있습니다. "현금유입 - 현금유출 = 현금흐름"입니다. 위에서 설명드린 바와 같이 B/S상 대변(부채와 자본)의 증가 = 현금유입, B/S상 차변(자산)의 증가 = 현금유출이므로 "현금유입 - 현금유출 = B/S상 대변(부채와 자본)의 증가 - B/S상 차변(자산)의 증가"로 구할 수 있습니다. 즉, 위의 두 표의 순서를 B/S상 대변(부채와 자본)의 증가표를 위로, B/S상 차변(자산)의 증가를 아래로 배열한 후 합하면 아래와 같은 현금흐름표가 됩니다.

B/S 대변(부채 및 자본)과 차변(자산) 순서로 배열된 현금흐름표

B/S 대변 증가	현금유입
1. 매입채무	668,045
2. 미지급금	244,374
3. 단기차입금	143,673
4. 유동성장기부채	701,810
5. 당기법인세부채	26,884
6. 충당부채	664,354
7. 기타금융부채	38,610
8. 리스부채	3,839
9. 기타부채	(157,236)
1. 장기성미지급금	(32,171)
2. 사채	399,425
3. 장기차입금	(794,462)
4. 순확정급여부채	(140,704)
5. 충당부채	23,028
6. 기타금융부채	46,749
7. 리스부채	10,669
8. 기타부채	172,621
1. 자본금	0
2. 자본잉여금	24,915
3. 기타자본항목	(267,793)
4. 기타포괄손익누계액	(132,170)
5. 이익잉여금	(138,449)
B/S 차변 증가	**현금유출**
1. 현금및현금성자산	(183,472)
2. 단기금융상품	1,025,988
3. 기타금융자산	478,832
4. 매출채권	(484,577)
5. 기타채권	22,129
6. 재고자산	363,136
7. 기타자산	(13,823)
8. 매각예정비 유동자산	73,398

1. 장기금융상품	(149,438)
2. 기타금융자산	(227,349)
3. 장기성매출채권	(29,400)
4. 기타채권	(17,205)
5. 유형자산	(438,774)
6. 투자부동산	3,862
7. 무형자산	103,562
8. 종속기업 및 관계기업투자	(1,716,219)
9. 순확정급여자산	(195,520)
10. 이연법인세자산	(111,764)
11. 사용권자산	(14,537)
12. 기타자산	5,160
합계	0

B/S는 항상 차변 총계와 대변 총계가 같습니다(위의 현대자동차 사례에서는 1,506,011로 동일). 현금흐름으로 표시하기 위해 차변 총계 숫자의 부호를 반대로 한 후 대변 총계와 (부호가 반대로 된) 차변 총계를 합하면 당연히 "0"이 됩니다.

현금흐름표 4단계: 영업활동, 투자활동, 재무활동 순으로 계정 재배열

과목	현금흐름	활동
5. 이익잉여금	(138,449)	영업활동
4. 매출채권	(484,577)	
5. 기타채권	22,129	
6. 재고자산	363,136	
7. 기타자산	(13,823)	
3. 장기성매출채권	(29,400)	
4. 기타채권	(17,205)	
9. 순확정급여자산	(195,520)	
10. 이연법인세자산	(111,764)	
1. 매입채무	668,045	
2. 미지급금	244,374	
5. 당기법인세부채	26,884	
6. 충당부채	664,354	
9. 기타부채	(157,236)	
1. 장기성미지급금	(32,171)	
4. 순확정급여부채	(140,704)	
5. 충당부채	23,028	
8. 기타부채	172,621	

2. 단기금융상품	1,025,988	투자활동
3. 기타금융자산	478,832	
8. 매각예정 비유동자산	73,398	
1. 장기금융상품	(149,438)	
2. 기타금융자산	(227,349)	
5. 유형자산	(438,774)	
6. 투자부동산	3,862	
7. 무형자산	103,562	
8. 종속기업 및 관계기업투자	(1,716,219)	
11. 사용권자산	(14,537)	
12. 기타자산	5,160	
3. 단기차입금	143,673	재무활동
4. 유동성장기부채	701,810	
7. 기타금융부채	38,610	
8. 리스부채	3,839	
2. 사채	399,425	
3. 장기차입금	(794,462)	
6. 기타금융부채	46,749	
7. 리스부채	10,669	
1. 자본금	0	
2. 자본잉여금	24,915	
3. 기타자본항목	(267,793)	
4. 기타포괄손익누계액	(132,170)	
1. 현금및현금성자산	(183,472)	
합계	0	

B/S 계정의 배열 순서를 공시용 재무상태표 순서(유동자산, 비유동자산, 유동부채, 비유동부채 등등)에서 영업활동, 투자활동, 재무활동 순으로 재배열합니다.

활동	사례 및 계정명
영업활동	회사 본래 목적 사업인 제품과 용역의 매출과 제조 활동, 판매관리와 관련된 활동(투자활동과 재무활동이 아닌 모든 활동)
투자활동	금융상품, 유형자산, 무형자산의 취득 및 처분활동
재무활동	차입금(사채, 리스부채 포함)의 차입 및 상환활동, 배당금 지급

영업활동 현금흐름은 당기순이익 +/- 영업활동 관련 자산(부채)의 증감으로 구합니다. 따라서 당기순이익이 맨 먼저 와야 하므로 B/S상 맨 마지막 항목인 이익잉여금 증감을 현금흐름표의 맨 위로 이동시킵니다. 현금및현금성자산의 증감을 B/S상 맨 위에서 현금흐름표상 맨 아래로 이동시킵니다. 이렇게 이동을 완료하면, **B/S 계정만으로 작성된 약식 현금흐름표(초안)이 완성됩니다.** 위에서부터 영업활동 현금흐름 + 투자활동 현금흐름 + 재무활동 현금흐름 - 현금및현금성자산 증감 = 0이 됩니다.

현금흐름표 5단계: 현금및현금성자산 증감을 표의 맨 밑으로 이동

위의 4단계에서는 표의 위에서부터 영업활동 현금흐름 + 투자활동 현금흐름 + 재무활동 현금흐름 - 현금및현금성자산 증감 = 0으로 표시되어 있습니다. 현금및현금성자산 증감 ((-)183,472)를 표의 맨 밑줄(합계 라인)로 옮깁니다. 옮길 때는 숫자의 부호를 반대로 바꾸어 줍니다. 왜냐하면 현재 표의 상태는 등식의 좌변과 우변이 아래와 같은데 좌변의 맨 마지막 항목인 현금및현금성자산 증감을 등식의 우변으로 옮기는 것이기 때문입니다.
[4단계]의 "영업활동 현금흐름 + 투자활동 현금흐름 + 재무활동 현금흐름 - 현금및현금성자산 증감 = 0"에서 현금성자산(183,472)을 등식의 오른쪽으로 옮기면 [5단계] 영업활동 + 투자활동 + 재무활동 = 현금의 증가(183,472)가 됩니다.

[현금흐름표 작성 기본 원칙]
한 회계 기간(과거 기간)의 현금흐름(현금의 변동)은 기말잔액과 기초잔액의 차이로 정해진 사실이며 변할 수 없습니다. 이러한 현금흐름은 재무회계에서 현금흐름표 작성 목적상 영업활동 현금흐름 + 투자활동 현금흐름 + 재무활동 현금흐름 = 현금의 증가(감소) 형태로 3가지 활동으로 분류됩니다. 위의 5단계에서 B/S 계정만으로 작성된 현금흐름표 초안이 작성되었는데, 이후 6단계에서부터 각 계정별로 자세한 분석을 통해 3가지 활동 그룹의 현금흐름이 조금씩 달라질 수 있습니다.
그러나 현금흐름 총액은 이미 정해진 사실이라서 변할 수 없으므로 **어느 한 그룹의 현금흐름을 조정하면 그 금액만큼 반드시 다른 그룹의 현금흐름에서 반대 방향으로 조정해 주어야 합니다.** 예를 들어 투자활동 현금흐름 섹션에 유형자산 처분이익(+100)을 가산하면, 그 금액만큼 영업활동 현금흐름 섹션에서 당기순이익 밑에 현금의 유출이 없는 수익 등의 차감 섹션에 동일한 항목인 유형자산 처분이익을 반대 부호인 (-)100으로 하여 당기순이익을 차감하는 조정을 해 주어야 전체 현금흐름 총액에 변동이 없게 됩니다.

제4-1절
영업활동 현금흐름

현금흐름표 6단계: 이익잉여금 증감 세분화

과목	현금흐름
당기순이익	645,526
4. 매출채권	(484,577)
5. 기타채권	22,129
6. 재고자산	363,136
7. 기타자산	(13,823)
다른 계정과목들은 숨겨서 표시 안 됨	
1. 자본금	0
2. 자본잉여금	24,915
3. 기타자본항목	(267,793)
4. 기타포괄손익누계액	(132,170)
이익잉여금 증가(감소)	(783,975)
1. 현금및현금성자산	183,472

영업활동 현금흐름의 맨 앞에는 당기순이익이 와야 하므로, 표의 맨 위의 이익잉여금 증감을 "이익잉여금 증감 = 당기순이익 + 기타 이익잉여금 증감"으로 나눕니다. 이익잉여금 증감 (-)138,449 = 당기순이익 645,526 + 이익잉여금 기타증가 (-)783,975입니다. 당기순이익은 손익계산서에서 쉽게 찾을 수 있습니다.

당기순이익을 맨 위에 남기고 이익잉여금 기타증가 (-)783,975는 표의 맨 아래 자본항목들이 있는 곳으로 옮깁니다.

※ 현금흐름표를 작성할 때 영업활동 현금흐름을 맨 먼저 작성하는 것은 시행착오를 거듭할 확률이 높습니다. (1) 투자활동 및 재무활동을 먼저 작성하면서 투자활동/재무활동과 관련된 손익을 (2) 당기순이익에서 발라내는 작업(영업활동 부분도 동시 작성)을 먼저 해야 합니다. 회사 실무에서는 반드시 그렇게 하는 것이 오류를 방지할 수 있습니다(뒤에 나오는 내용을 보시면 이해가 됩니다).

현금흐름표 7단계: 영업활동 현금흐름 조정 사항 이해

B/S 계정 현금흐름표	조정 사항	현금흐름표
순이익(발생주의)	투자활동 관련 비용/수익 제거(-) 현금유출(유입)없는 비용(수익)제거	영업이익(현금주의)
영업활동 자산부채계정 증감		영업활동 자산부채계정 증감
투자활동 자산부채계정 순액 증감	투자활동 관련 비용/수익 가산(+) 현금유출(유입)없는 비용(수익)가산	투자활동 자산부채계정 증감내역 세분화
재무활동 자산부채 및 자본 증감		재무활동 자산부채 및 자본 증감
현금의 증감	조정 사항 합계: 0	현금의 증감

위의 6단계까지 작성된 현금흐름표는 위의 표 'B/S 계정 현금흐름표' 부분과 같습니다. 맨 왼쪽 B/S 계정 현금흐름표의 영업활동 현금흐름은 현재는 "당기순이익 +/- 영업활동 관련 자산부채계정의 순증감"으로 되어 있습니다. 이것을 올바른 영업활동 현금흐름표로 작성하려면 2가지 사항을 수정해야 합니다.

1. 영업활동으로 수정: 당기순이익은 영업이익이 아니므로 투자활동과 재무활동 관련 손익(영업외손익)도 포함되어 있습니다. 이를 제거해야 영업이익이 되어 "영업활동" 현금흐름이 될 것입니다(현금흐름표 정리 4).

2. 현금주의로 수정: 당기순이익은 발생주의이므로 현금의 유출이 없는 비용과 현금의 유입이 없는 수익이 포함되어 있습니다. 이를 제거해야 영업활동 "현금흐름"이 될 것입니다(현금흐름표 정리 5).

이렇게 제거(조정)할 때는 반드시 제거하는 숫자만큼 다른 곳에 있는 해당 계정(또는 해당 계정과 관련된 계정)에 가산해야 한다는 것입니다. 그래야 조정사항의 합계가 0(제거+가산=0)이 되어 현금흐름표 맨 밑의 합계가 "0"으로 계속 유지될 수 있습니다(현금흐름표 작성 기본 원칙).

제4-2절
투자활동 현금흐름

현금흐름표 8단계: 유형자산 증감 세분화

투자활동 중 먼저 유형자산 증감을 유형자산주석을 이용해 세분화합니다.

구분	기초	취득	대체	처분	감가상각비	기타(*)	기말
토지	10,718,357	-	39,243	-1,099	-	-587	10,755,914
건물	4,264,403	-	496,812	-2,512	-210,455	588	4,548,836
구축물	454,309	-	35,385	-292	-31,116	8	458,294
기계장치	4,480,653	-	431,643	-21,738	-648,483	-146	4,241,929
차량 운반구	123,050	-	51,004	-27,625	-27,628	-36	118,765
공구기구금형	2,257,501	-	960,257	-2,544	-679,258	-515	2,535,441
집기비품	194,192	-	73,032	-123	-68,686	-23	198,392
건설 중인 자산	2,333,121	2,281,228	-2,087,376	-	-	-120,184	2,406,789
계	24,825,586	2,281,228	-	-55,933	-1,665,626	-120,895	25,264,360

조정 전		조정 후	
과목	현금흐름	과목	현금흐름
당기순이익	645,526	당기순이익	645,526
5. 유형자산	(438,774)	유형자산 취득	-2,281,228
		유형자산 처분	55,933
		유형자산 감가상각비	1,665,626
		유형자산 기타증감	120,895

유형자산 총액의 순증감 (-)438,774를 유형자산 주석을 이용하여 취득, 처분, 감가상각비, 기타 증감으로 세분화하여 주석의 금액을 기재합니다. 금액을 기재할 때 유의할 것은 부호를 전부 반대로 해야 한다는 것입니다. 유형자산은 자산이므로 증가는 현금흐름표 작성 시 부호가 (-)이기 때문입니다(현금흐름표 2단계 설명).

현금흐름표 9단계: 유형자산 취득 현금유출

조정 전		조정 후	
과목	현금흐름	과목	현금흐름
당기순이익	645,526	당기순이익	645,526
영업활동 관련 자산부채 변동		영업활동 관련 자산부채 변동	
2. 미지급금	244,374	2. 미지급금	87,857
유형자산 취득	-2,281,228	유형자산 취득	-2,281,228
		유형자산 취득 미지급금	156,517
유형자산 처분	55,933	유형자산 처분	55,933
유형자산 감가상각비	1,665,626	유형자산 감가상각비	1,665,626
유형자산 기타증감	120,895	유형자산 기타증감	120,895
현금및현금성자산 증가	183,472	현금및현금성자산 증가	183,472

유형자산 취득대금은 지급기일이 보통 1개월 또는 2개월이므로 당기 유형자산 취득액 중 기말에 취득한 것은 미지급되었을 것이며, 전기 말 미지급금 잔액은 당기 초에 지급되었을 것입니다. 따라서 유형자산 취득으로 인한 현금유출액은 '당기 중 유형자산 취득원가 증가액 - 당기말 유형자산취득 미지급금 잔액 + 전기말 미지급금 잔액'으로 구합니다. 미지급금 원장을 검색하여 '미지급금 당기 말 잔액 - 전기 말 잔액 = 당기 증가액 156,517'을 계산합니다. 4단계에서 미지급금 당기 중 증감액을 일단 전부 영업활동으로 분류했습니다. 따라서 이 중 유형자산 취득 관련 미지급금 증감액을 투자활동 섹션으로 이동시켜야 합니다. 영업활동 현금흐름 섹션의 영업활동 관련 자산부채의 증감에 있는 미지급금 증가액 244,374에서 차감하고(244,374 - 156,517 = 87,857), 그 금액을 투자활동 현금흐름 섹션 유형자산 취득 밑에 유형자산 취득 미지급금으로 가산합니다(현금흐름표 작성 기본 원칙: 어느 곳에서 금액을 제거하면, 반드시 동일한 금액을 다른 곳에서 가산한다).

이렇게 하면 유형자산 취득으로 인한 현금유출액은 (-)2,281,228 + 156,517 = (-)2,124,711이 됩니다.

현금흐름표 10단계: 유형자산 처분 현금유입

조정 전		조정 후	
과목	현금흐름	과목	현금흐름
당기순이익	645,526	당기순이익	645,526
현금의 유출이 없는 비용 가산		현금의 유출이 없는 비용 가산	
		유형자산 처분손실	10,531
유형자산 취득	-2,281,228	유형자산 취득	-2,281,228
유형자산 취득 미지급금	156,517	유형자산 취득 미지급금	156,517
유형자산 처분	55,933	유형자산 처분	55,933
		유형자산 처분손실	-10,531
유형자산 감가상각비	1,665,626	유형자산 감가상각비	1,665,626
유형자산 기타증감	120,895	유형자산 기타증감	120,895
현금및현금성자산 증가	183,472	현금및현금성자산 증가	183,472

유형자산 처분으로 인한 '현금유입액 = 유형자산 처분 장부가액 + 유형자산 처분이익'입니다. 9단계 표에서는 유형자산 처분 장부가액만이 기재되어 있으므로 손익계산서 영업외손익에서 유형자산 처분이익(손실)을 검색하여 유형자산 처분 장부가액 밑에 기재합니다. 이렇게 하면 유형자산 처분으로 인한 현금유입은 처분액 55,933 + 처분손실(-)10,531 = 45,402가 됩니다.

현금흐름표 정산표에 유형자산 처분이익(손실) (-)10,531이 없었는데 기재를 했으므로, 반드시 다른 곳에서 동일한 금액을 반대 부호로 기재해야 현금흐름 총액이 유지됩니다(현금흐름표 작성 기본원칙). 이 금액은 영업활동 현금흐름 섹션의 당기순이익 밑에 수익/비용 조정 항목으로 기재합니다. 7단계에서 설명드린 바와 같이 당기순이익에서 조정하는 수익/비용 조정 항목에는 2가지 종류가 있습니다. 투자활동 및 재무활동과 관련된 손익을 제거하는 것과 현금의 유출입이 없는 손익을 제거하는 것입니다. 유형자산 처분손실은 현금의 유출입이 있는 비용이지만 투자활동과 관련된 손익이며 당기순이익에 포함되어 있으므로 당기순이익에 가산(당기순이익에서 제거)하여야 영업활동 현금흐름이 구해집니다.

현금흐름표 11단계: 유형자산 감가상각비 이동

조정 전		조정 후	
과목	현금흐름	과목	현금흐름
당기순이익	645,526	당기순이익	645,526
현금의 유출이 없는 비용 가산		현금의 유출이 없는 비용 가산	
유형자산 처분손실	10,531	유형자산 처분손실	10,531
		유형자산 감가상각비	1,665,626
유형자산 취득	−2,281,228	유형자산 취득	−2,281,228
유형자산 취득 미지급금	156,517	유형자산 취득 미지급금	156,517
유형자산 처분	55,933	유형자산 처분	55,933
		유형자산 처분손실	−10,531
유형자산 감가상각비	1,665,626		
유형자산 기타증감	120,895	유형자산 기타증감	120,895
현금및현금성자산 증가	183,472	현금및현금성자산 증가	183,472

투자활동 현금흐름 섹션에서 유형자산 관련 현금흐름은 유형자산 취득으로 인한 현금유출과 처분으로 인한 현금유입만으로 발생하며 취득과 처분 이외의 다른 것으로부터는 현금흐름이 발생할 수 없습니다. 따라서 취득과 처분 이외의 항목은 다른 곳으로 옮겨야 합니다. 감가상각비는 영업활동 섹션의 현금의 유출이 없는 비용 등의 가산으로 옮깁니다.

7단계에서 설명드린 바와 같이 당기순이익에서 조정하는 수익/비용 조정 항목에는 2가지 종류가 있습니다. 투자활동 및 재무활동과 관련된 손익을 제거하는 것과 현금의 유출입이 없는 손익을 제거하는 것입니다. 유형자산 감가상각비는 현금의 유출이 없는 비용이며 당기순이익에 포함되어 있습니다. 따라서 당기순이익에 유형자산 감가상각비를 가산(당기순이익에서 제거)하면 현재 영업활동 현금흐름 섹션이 발생주의 상태(당기순이익만 있는)에서 현금주의로 전환됩니다.

현금흐름표 12단계: 무형자산 현금흐름 작성

구분	기초	개발	처분	상각	기타	기말
개발비	3,971,922	1,258,003	−	−1,330,157	19,846	3,798,308
산업재산권	101,388	−	−	−21,313	673	106,427
소프트웨어	215,087	−	−25	−80,605	102,146	236,603
기타무형자산	148,918	−	−5,981	−873	5	143,295
건설 중인 자산	76,250	80,057	−	−	−4,032	125,370
계	4,513,565	1,338,060	−6,006	−1,432,948	118,638	4,410,003

무형자산도 유형자산과 동일한 절차를 거쳐서 현금흐름표를 작성합니다.

1. 무형자산 주석에서 증감 세부 내역을 파악하여 현금흐름표 정산표의 투자활동 현금흐름 섹션에 무형자산 순증감액이 한 줄로 기재되어 있는 것을 취득(개발), 처분, 상각, 손상, 기타로 세분하여 금액 기재. 이때 주석의 숫자를 현금흐름표에 기재할 때는 숫자의 부호를 반대로 변경(양수는 음수로, 음수는 양수로). 이유: 자산의 증가는 현금유출이므로.

2. 취득 현금유출 = 당기 중 취득원가 증가액 - 당기 말 미지급금 잔액 + 전기 말 미지급금 잔액으로 계산. 따라서 투자활동 섹션의 무형자산 취득원가 증가 밑에 전기 말 대비 당기 말 미지급금 증가를 가산하고, 동일한 금액을 영업활동 섹션 자산부채변동의 미지급금 증가에서 반대 부호로 차감.

3. 처분 현금유입 = 당기 중 처분가액 + 무형자산 처분이익으로 계산. 따라서 투자활동 섹션의 무형자산 처분가액 밑에 무형자산 처분이익을 가산하고, 동일한 금액을 영업활동 섹션 당기순이익 밑의 수익/비용 조정 항목(투자활동 이익의 차감)으로 차감.

4. 무형자산 현금흐름은 취득과 처분에서만 발생하므로 그 외의 항목인 무형자산 감가상각비, 손상차손을 투자활동 섹션에서 영업활동 섹션의 당기순이익 밑에 현금의 유출이 없는 비용의 가산 항목으로 옮김.

조정 전		조정 후	
과목	현금흐름	과목	현금흐름
당기순이익	645,526	당기순이익	645,526
현금의 유출이 없는 비용 가산		현금의 유출이 없는 비용 가산	
유형자산 감가상각비	1,665,626	유형자산 감가상각비	1,665,626
		유형자산 처분손실	10,531
		무형자산 감가상각비	1,432,948
		무형자산 손상차손	121,306
		무형자산 처분이익	(3,306)
유형자산 기타증감	120,895		
7. 무형자산	103,562	무형자산 취득	(1,338,060)
		무형자산 취득 미지급금	
		무형자산 처분	6,006
		무형자산 처분이익	3,306
		무형자산 기타증감	(118,638)
현금및현금성자산 증가	183,472	현금및현금성자산 증가	183,472

현금흐름표 정산표상 왼쪽의 조정 전에는 무형자산 증감액(+103,562)이 순액으로, 한 줄로 표시되어 있습니다. 무형자산 주석을 작성하여 당기 중 취득(개발), 처분, 상각, 손상차손, 기타증감 내역을 파악하고 이를 이용하여 현금흐름표 정산표상 오른쪽의 조정 후와 같이 각 항목을 기재합니다.
무형자산 취득 밑에 무형자산 취득 관련 미지급금 당기 증가(본 사례는 해당 없음)를 가산하여 현금유출 금액을 계산합니다.
무형자산 처분 밑에 손익계산서에서 무형자산 처분이익을 파악하여 가산하여 처분 현금유입을 계산합니다. 가산한 처분이익과 동일한 금액을 영업활동 현금흐름 섹션의 현금유입 없는 수익 등(투자활동 관련 이익) 차감에 기재합니다.
무형자산 취득과 처분 이외의 항목은 현금흐름이 발생하지 않으므로 무형자산 감가상각비, 손상차손은 투자활동 섹션에서 영업활동 현금흐름 섹션의 현금유출 없는 비용 등으로 옮깁니다.

현금흐름표 13단계: 유형자산 기타증감과 무형자산 기타증감 상쇄

조정 전		조정 후	
과목	현금흐름	과목	현금흐름
당기순이익	645,526	당기순이익	645,526
현금의 유출이 없는 비용 가산		현금의 유출이 없는 비용 가산	
유형자산 감가상각비	1,665,626	유형자산 감가상각비	1,665,626
		유형자산 처분손실	10,531
		무형자산 감가상각비	1,432,948
		무형자산 손상차손	121,306
		무형자산 처분이익	(3,306)
유형자산 기타증감	120,895		
6. 투자부동산	3,862	6. 투자부동산	3,862
		유형자산 기타증감	2,257
7. 무형자산	103,562	무형자산 취득	(1,338,060)
		무형자산 취득 미지급금	
		무형자산 처분	6,006
		무형자산 처분이익	3,306
		무형자산 기타증감	(118,638)
		유형자산 기타증감	118,638
현금및현금성자산 증가	183,472	현금및현금성자산 증가	183,472

투자활동의 현금흐름은 취득, 처분에서만 발생합니다. 감가상각, 손상, 평가이익(손실)이나 타 계정 대체로부터는 현금흐름이 발생할 수 없습니다. 따라서 취득과 처분만 투자활동 현금흐름 섹션에 남겨 두고 감가상각비, 손상차손 등 손익항목은 모두 영업활동 섹션의 현금의 유출(유입)이 없

는 비용(수익) 섹션으로 옮깁니다.

유형자산 증감항목 중 기타증감이 있는데, 주석에 기재된 내용을 보면 유형자산 기타증감은 무형자산과 투자부동산으로 계정 대체된 금액입니다. 따라서 위의 표에서와 같이 유형자산 기타증감을 유형자산 섹션에서 무형자산 섹션의 맨 아래 무형자산 기타증감 밑으로 옮기고, 투자부동산 밑으로도 옮깁니다. 이렇게 한 계정에서 다른 계정으로 대체되면, 한 계정은 증가, 다른 계정은 감소가 되어 서로 상쇄되므로 대체 항목이 정산표에는 표시되나 공시용 현금흐름표에는 나타나지 않습니다.

현금흐름표 14단계: 주식(종속기업투자주식 등) 관련 현금흐름

조정 전		조정 후	
과목	현금흐름	과목	현금흐름
8. 종속기업 및 관계기업투자	(1,716,219)	8. 종속기업 등 취득	(2,888,153)
		8. 종속기업 등 처분	938
		종속기업 등 손상차손	1,170,996
현금및현금성자산 증가	183,472	현금및현금성자산 증가	183,472

종속기업투자주식 등의 증감금액이 현재는 순액으로, 한 줄로 되어 있습니다. 이를 종속기업계정별 원장을 검색하여 취득, 처분, 손상차손으로 세분화합니다.

조정 전		조정 후	
과목	현금흐름	과목	현금흐름
당기순이익	645,526	당기순이익	645,526
현금의 유출이 없는 비용 가산		현금의 유출이 없는 비용 가산	
		종속기업 등 손상차손	1,170,996
		현금의 유입이 없는 수익 차감	
		종속기업 등 처분이익	(7,935)
2. 미지급금	87,857	2. 미지급금	87,857
		종속기업투자주식 미지급금	(348,186)
8. 종속기업 및 관계기업투자	(1,716,219)	8. 종속기업 등 취득	(2,888,153)
		종속기업투자주식 미지급금	348,186
		8. 종속기업 등 처분	938
		종속기업 등 처분이익	7,935
		종속기업 등 손상차손	
현금및현금성자산 증가	183,472	현금및현금성자산 증가	183,472

종속기업 등 취득: 미지급금 계정별 원장을 검색하여 당기 중 종속기업투자 취득으로 인한 미지급금 증가금액 중 기말 현재 지급되지 않고 남아 있는 잔액 348,186을 파악합니다. 이 금액만큼은 종속기업투자주식 취득으로 인해 현금유출이 아직 발생하지 않았습니다. 따라서 이 금액을 투자활동 종속기업 등 취득 (-)2,888,153 밑에 (+)로 기재하여 투자활동 현금유출을 감소시킵니다. "현금흐름표 작성 기본 원칙"에 따라 어떤 금액을 한 곳에 더해 주면, 반드시 그 금액을 다른 곳에서 차감해 주어야 합니다(표의 맨 마지막 줄 현금및현금성자산 증가 183,472가 유지되려면). 종속기업투자 취득 관련 미지급금 348,186을 영업활동 자산부채 변동 섹션의 미지급금 증감금액 밑에 (-)로 기재하여 영업활동 현금흐름을 감소시킵니다(4단계에서 미지급금 당기 중 증감액을 일단 전부 영업활동으로 분류했습니다. 따라서 이 중 종속기업주식 취득 관련 미지급금 증가액을 투자활동 섹션으로 이동시킨 것입니다).

종속기업 등 처분: 종속기업투자 처분이익 7,935를 손익계산서에서 파악하여 이 금액을 투자활동 종속기업투자 처분 938 밑에 (+)로 기재합니다. 처분이익만큼 현금유입이 증가했을 것이므로 더해 줍니다. "현금흐름표 작성 기본 원칙"에 따라 동일한 금액을 다른 곳에서 차감해 주어야 합니다. 영업활동 현금흐름 섹션의 당기순이익 밑에 현금의 유입이 없는 수익(& 투자활동 및 재무활동 관련 수익)의 차감 섹션에 종속기업투자 처분이익 7,935를 (-)로 기재합니다. 당기순이익에 포함된 종속기업투자 처분이익은 영업활동이 아니므로 이를 차감해야 영업활동 현금흐름이 올바르게 나오기 때문입니다.

종속기업투자주식 손상차손: 손상차손 1,170,996을 투자활동 섹션 종속기업투자주식 증감분석 영역에 기재했던 것을 영업활동 섹션 당기순이익 밑의 현금의 유출이 없는 비용 등의 가산 영역으로 옮깁니다. 투자활동(유형자산, 무형자산, 종속기업투자주식 등)에서 현금흐름은 취득, 처분에서만 발생합니다. 따라서 손상차손으로부터는 현금유출이 발생하지 않으므로 이를 투자활동 영역에서 걷어 냅니다. 영업활동 섹션 당기순이익에는 해당 손상차손이 이미 반영되어 있어서 당기순이익이 줄어들어 있습니다(=영업활동 현금흐름이 줄어들어 있습니다). 이를 당기순이익에 가산해 주어야 올바른 영업활동 현금흐름이 나옵니다.

현금흐름표 15단계: 투자활동 현금흐름 기타 계정

조정 전		조정 후	
과목	현금흐름	과목	현금흐름
당기순이익	645,526	당기순이익	645,526
		무형자산 처분이익	(3,306)
		종속기업 등 처분이익	(7,935)
2. 단기금융상품	1,025,988	2. 단기금융상품 감소	1,026,302
		외화환산이익	(314)
3. 기타금융자산	478,832	3. 기타금융자산	478,832
1. 장기금융상품	(149,438)	1. 장기금융상품 증가	(150,978)
		1. 장기금융상품 감소	1,540
2. 기타금융자산	(227,349)	2. 기타금융자산	(227,349)
현금및현금성자산 증가	183,472	현금및현금성자산 증가	183,472

유형자산, 무형자산, 종속기업투자주식 이외에도 투자활동 현금흐름을 구성하는 항목은 단기/장기 금융상품, 기타금융자산(유동성, 비유동성)이 있습니다.

증가/감소: 이러한 계정들에 대해서 단기금융상품 같은 유동자산은 순증감액을 현금흐름으로 나타내며, 장기금융상품 등 비유동자산은 증가, 감소로 세분화합니다.

평가손익/처분손익: 증가는 취득으로 인한 증가와 평가이익으로 인한 증가로 구성되어 있을 것입니다. 감소는 처분으로 인한 감소와 평가손실로 인한 감소로 구성되어 있을 것입니다. 계정별 원장의 분개를 검색하면 파악할 수 있습니다.

평가손익(외화환산손익): 평가손익은 투자활동 장단기금융상품 증감 영역에서 영업활동 섹션 당기순이익 밑에 현금의 유출이 없는 비용의 가산(현금의 유입이 없는 수익의 차감) 항목으로 옮깁니다.

처분이익(손실): 처분이익(외환차익)은 투자활동 섹션 장단기금융상품 처분(감소) 밑에 (+)로 기재하고, 동일한 금액을 영업활동 섹션 당기순이익 밑에 현금의 유입이 없는 수익 차감 영역에 (-)로 기재합니다.

제4-3절
재무활동 현금흐름

현금흐름표 16단계: 차입금 증감요약표 작성

전자공시시스템에 공시된 현대자동차 현금흐름표 중 재무활동부분은 아래와 같습니다.

III. 재무활동으로 인한 현금흐름		(989,369)
단기차입금의 순증감	145,571	
장기차입금 및 사채의 차입	1,023,316	
유동성장기부채의 상환	(541,433)	
장기차입금 및 사채의 상환	(200,000)	
리스부채의 상환	(65,725)	
자기주식의 취득	(305,337)	
배당금의 지급	(1,045,761)	

투자활동현금흐름 작성 시 유형자산주석과 무형자산주석을 작성하여 활용한 것처럼 재무활동현금흐름 작성 시에도 차입금 종류가 많고 서로 연관되어 있으므로 아래와 같이 차입금 증감요약표를 작성한 후 이를 재무활동현금흐름 정산표 작성 시 활용합니다.

차입금 증감요약표

계정과목	전기 말	증가		감소			당기 말
		차입	환산손실	상환	환산이익	유동성대체	
3. 단기차입금	3,164,607						3,308,280
4. 유동성장기부채	526,632			526,632		1,228,442	1,228,442
장기차입금 및 사채	2,946,873					(1,228,442)	2,551,836

16-1단계: 차입금 종류별 전기 말 잔액과 당기 말 잔액을 기재합니다.

16-2단계: 유동성장기부채 증감 파악-유동성장기부채는 계정과목이 말해 주듯이 장기부채 중 당기 말 현재 유동성인 부분(즉, 1년 이내에 상환해야 하는 부분)을 나타냅니다. 따라서 전기 말 잔액은 당기에 상환되었을 것이며, 당기 말 잔액은 장기차입금에서 당기 말 현재 1년 이내에 상환되

어야 하는 부분을 파악하여 유동성장기부채로 계정 대체 되었을 것입니다. 기초 잔액 526,632를 감소 섹션의 상환 칼럼에 기재합니다. 당기 말 잔액 1,228,442만큼 유동성대체 칼럼에 기재한 후 그 아래 장기차입금 및 사채 라인에 금액은 같고 부호는 (-)로 반대인 금액을 기재합니다. 즉, 당기 말 잔액만큼 장기차입금에서 빠져서 유동성장기부채 쪽으로 이동한 것입니다.

계정과목	전기 말	증가		감소			당기 말
		차입	환산손실	상환	환산이익	유동성대체	
3. 단기차입금	3,164,607	145,571					3,308,280
4. 유동성장기부채	526,632			526,632		1,228,442	1,228,442
장기차입금 및 사채	2,946,873	1,023,316		200,000		(1,228,442)	2,551,836

16-3단계: 단기차입금, 장기차입금 및 사채의 계정별 원장을 검색하여 당기 중 차입액, 상환액을 파악합니다. 이를 차입금 증감요약표에 기재합니다.

계정과목	전기 말	증가		감소			당기 말
		차입	환산손실	상환	환산이익	유동성대체	
3. 단기차입금	3,164,607	145,571			1,898		3,308,280
4. 유동성장기부채	526,632			526,632		1,228,442	1,228,442
장기차입금 및 사채	2,946,873	1,023,316	10,089	200,000		(1,228,442)	2,551,836

16-4단계: 다 기재한 후 증감 walk(와꾸)에 대한 계산 검증을 합니다.

전기 말 잔액 + 증가(차입, 환산손실) - 감소(상환, 환산이익, 유동성대체) = 당기 말 잔액이 되어야 합니다. 등식이 성립하지 않고 과부족액이 있는 경우 이는 해당 차입금에 대해 당기 중 환산손실(환산이익)이 있다는 뜻입니다.

외화환산이익(환산손실)의 계정별 원장을 검색하여 각 차입금에 대한 환산이익(환산손실) 금액을 파악하여 차입금 증감요약표에 기재하여 walk를 완성합니다.

현금흐름표 17단계: 차입금 증감 세분화

조정 전		조정 후	
과목	현금흐름	과목	현금흐름
3. 단기차입금	143,673	3. 단기차입금 차입	145,571
		외화환산이익	(1,898)
3. 장기차입금	(794,462)	장기차입금 및 사채 차입	1,023,316
2. 사채	399,425	장기차입금 및 사채 상환	(200,000)
		유동성대체	(1,228,442)
		외화환산손실	10,089
4. 유동성장기부채	701,810	4. 유동성장기부채 대체	1,228,442
		4. 유동성장기부채상환	(526,632)

16단계의 현금흐름표 정산표에는 차입금 계정별 B/S잔액의 전기 대비 순증감액이 한 줄로 기재되어 있습니다. 이를 위의 차입금 증감요약표를 이용하여 (+)증가(차입, 환산손실), (-)감소(상환, 환산이익, 유동성대체)으로 세분화하여 기재합니다.

현금흐름표 18단계: 외화차입금 외화환산손익 영업활동으로 이동

환산이익/환산손실: 언제나 그렇듯 환산이익과 환산손실은 재무활동 섹션에서 영업활동 섹션으로 옮깁니다. 재무활동 섹션에서 현금의 유입과 유출은 오로지 차입금의 차입과 상환에서만 발생하므로 차입과 상환 이외의 항목인 외화환산이익(손실)은 재무활동 섹션에 있으면 안 됩니다. 따라서 외화환산이익(손실)을 재무활동 섹션에서 영업활동 섹션의 당기순이익 밑에 현금의 유출이 없는 비용 등의 가산(현금의 유입이 없는 수익 등의 차감) 영역으로 옮기면 됩니다.

7단계에서 설명드린 바와 같이 당기순이익에서 조정하는 수익/비용 조정 항목에는 2가지 종류가 있습니다. 투자활동 및 재무활동과 관련된 손익을 제거하는 것과 현금의 유출입이 없는 손익을 제거하는 것입니다. 외화환산손실은 현금의 유출이 없는 비용이며 당기순이익에 포함되어 있습니다. 따라서 당기순이익에 외화환산손실을 가산(당기순이익에서 제거)하여야 현재 영업활동 현금흐름 섹션이 발생주의 상태(당기순이익만 있는)에서 현금주의로 전환됩니다.

조정 전		조정 후	
과목	현금흐름	과목	현금흐름
당기순이익	645,526	당기순이익	645,526
현금의 유출이 없는 비용 가산		현금의 유출이 없는 비용 가산	
		외화환산손실	10,089
		현금의 유입이 없는 수익 차감	
		외화환산이익	(1,898)
3. 단기차입금 차입	145,571	3. 단기차입금 차입	145,571
외화환산이익	(1,898)		
장기차입금 및 사채 차입	1,023,316	장기차입금 및 사채 차입	1,023,316
장기차입금 및 사채 상환	(200,000)	장기차입금 및 사채 상환	(200,000)
유동성대체	(1,228,442)	유동성대체	(1,228,442)
외화환산손실	10,089		
4. 유동성장기부채 대체	1,228,442	4. 유동성장기부채 대체	1,228,442
4. 유동성장기부채 상환	(526,632)	4. 유동성장기부채 상환	(526,632)

현금흐름표 19단계: 외환차익(차손)의 재무활동 및 영업활동 동시 조정

외환차익/외환차손: 언제나 그렇듯 외환차익과 외환차손은 재무활동 섹션에 **가산하고** 동일한 금액을 영업활동 섹션 당기순이익 밑에 수익비용 조정 영역에서 반대 방향으로(부호를 반대로 하여) **제거합니다.**

외화차입금 상환으로 인한 현금유출액 = 상환 외화차입금 장부가액 + 외환차손입니다. 18단계 표에서는 상환된 외화차입금의 장부가액만이 기재되어 있으므로 외환차손 계정별 원장을 검색하여 외환차손 중 외화차입금의 상환 시 발생한 외환차손을 파악하여 상환 외화차입금 장부가액 밑에 기재합니다(당기 중 유동성장기부채 상환 시 외환차손 (-)14,801이 발생한 것으로 파악됨). 이렇게 하면 외화차입금 상환으로 인한 현금유출은 상환된 유동성장기부채 장부가액 526,632 + 외환차손 14,801 = 541,433이 됩니다.

18단계 현금흐름표 정산표에 외환차손 (-)14,801이 없었는데 19단계에서 기재를 했으므로, 반드시 다른 곳에서 동일한 금액을 반대 부호로 기재해야 현금흐름 총액이 유지됩니다(현금흐름표 작성 기본 원칙). 이 금액은 영업활동 현금흐름 섹션의 당기순이익 밑에 수익/비용 조정 항목으로 기재합니다. 7단계에서 설명드린 바와 같이 당기순이익에서 조정하는 수익/비용 조정 항목에는 2가지 종류가 있습니다. 투자활동 및 재무활동과 관련된 손익을 제거하는 것과 현금의 유출입이 없는 손익을 제거하는 것입니다. 외환차손은 현금의 유출이 있는 비용이지만 재무활동과 관련된 비용이며 당기순이익에 포함되어 있으므로 당기순이익에 가산(당기순이익에서 제거)하여야 올바른 영업활동 현금흐름이 구해집니다.

조정 전		조정 후	
과목	현금흐름	과목	현금흐름
당기순이익	645,526	당기순이익	645,526
현금의 유출이 없는 비용 가산		현금의 유출이 없는 비용 가산	
외화환산손실	10,089	외화환산손실	10,089
		외환차손	14,801
현금의 유입이 없는 수익 차감		현금의 유입이 없는 수익 차감	
외화환산이익	(1,898)	외화환산이익	(1,898)
3. 단기차입금 차입	145,571	3. 단기차입금 차입	145,571
장기차입금 및 사채 차입	1,023,316	장기차입금 및 사채 차입	1,023,316
장기차입금 및 사채 상환	(200,000)	장기차입금 및 사채 상환	(200,000)
유동성대체	(1,228,442)	유동성대체	(1,228,442)
4. 유동성장기부채 대체	1,228,442	4. 유동성장기부채 대체	1,228,442
4. 유동성장기부채 상환	(526,632)	4. 유동성장기부채 상환	(526,632)
		외환차손	(14,801)

현금흐름표 20단계: 장기차입금 유동성대체 상쇄

기말에 장기차입금 중 1년 이내에 상환될 부분을 유동성장기부채로 유동성대체합니다. 이 결과 장기차입금 감소액과 유동성장기부채 증가액은 금액은 같고 부호는 반대가 되어 현금흐름표 정산표에서 서로 상쇄시켜서 제거합니다(현금의 유출이 없는 거래 중 중요한 거래).

조정 전		조정 후	
과목	현금흐름	과목	현금흐름
3. 단기차입금 차입	145,571	3. 단기차입금 차입	145,571
장기차입금 및 사채 차입	1,023,316	장기차입금 및 사채 차입	1,023,316
장기차입금 및 사채 상환	(200,000)	장기차입금 및 사채 상환	(200,000)
장기차입금 유동성대체	(1,228,442)		
4. 유동성장기부채 대체	1,228,442		
4. 유동성장기부채 상환	(526,632)	4. 유동성장기부채 상환	(526,632)

현금흐름표 21단계: 재무활동 현금흐름 – 자기주식

자기주식의 취득은 자본조달(주식발행)의 반대 개념(상환)이므로 재무활동입니다. 자기주식은 취득원가로 기재하고 기말에 평가를 하지 않으므로 당기 중 증가한 금액이 취득액이 됩니다. 재무활동으로 인한 현금유출로 현금흐름표에 표시합니다.

현금흐름표 22단계: 재무활동 현금흐름 – 배당금 지급

이익잉여금 증감 파악

조정 전		조정 후	
과목	현금흐름	과목	현금흐름
당기순이익	645,526	당기순이익	645,526
이익잉여금 증가(감소)	(783,975)	배당금지급	(1,045,761)
		이익잉여금 증가(감소)	261,786
현금및현금성자산 증가	183,472	현금및현금성자산 증가	183,472

재무활동 현금흐름은 B/S상 주로 부채영역의 차입금과 자본영역에서 발생합니다. 자본 영역에서는 유상증자가 발생하면 자본금과 주발초가 증가하고, 앞에서 살펴본 자기주식 취득/처분이 발생하면 자기주식(기타자본 항목)이 증가(감소)하게 됩니다. 자본영역의 이익잉여금 증감을 파악하면

재무활동 현금흐름 항목을 하나 더 발견하게 됩니다. 바로 주주에게 배당을 지급하는 것입니다. 배당지급은 회사 설립 후 누적된 이익(이익잉여금)을 재원으로 하는 것이므로 (차)이익잉여금으로 감소시키고, (대)현금으로 지급됩니다. 따라서 배당금 지급액을 파악하기 위해 이익잉여금 원장을 분석하여 이익잉여금의 당기 중 증감 내역 요약표를 작성합니다.

이익잉여금 당기 증감(4단계 표의 맨 위 (-)138,449)은 3가지 항목으로 구성됩니다. 당기순이익으로 증가한 부분은 영업활동으로 분류되며(6단계 표 맨 위 645,526), 배당금지급으로 감소한 부분은 재무활동으로 분류됩니다(22단계 (-)1,045,761). 나머지 변동액(261,786)은 확정급여채무(퇴직급여충당부채)의 보험수리적가정 변동에 의한 재측정 요소에 해당되는 금액이며, 이 재측정 요소를 확정급여채무 증가(감소)와 이익잉여금의 감소(손익계산서 항목인 비용계정이 아니라)로 회계처리하므로 이익잉여금이 변동된 것입니다. 해당 변동액(261,786)은 영업활동 현금흐름 섹션에서 영업활동 관련 자산부채의 변동 섹션의 순확정급여채무 증감 밑으로 옮겨서 조정합니다.

제4-4절
자본 부분 현금흐름

회사 실무에서 현금흐름표 작성 시 가장 어려운 분야가 자본 부분 현금흐름표 작성입니다. 그 이유는 손익거래(수익, 비용)의 경우 대응되는 자산 및 부채의 증가(감소)금액이 서로 일치하지만 자본거래(기타포괄손익누계액, 기타자본 항목 등)는 대응되는 자산 및 부채의 증가(감소) 금액과 일치하지 않기 때문입니다. 손익거래는 항상 법인세효과를 고려하지 않고 세전 기준으로 회계처리되는 반면 자본거래는 거의 대부분 법인세효과가 있어서 세후 기준으로 증가(감소)되어 B/S에 나타납니다. 따라서 자본계정 증감분석은 1단계 분석으로 끝나지 못하고 **(1) 세전기준 자산(부채) 및 대응되는 자본계정 증감분석, (2) 자본계정 증가(감소)액에 대한 법인세효과 회계처리 분석 두 단계**를 반드시 거쳐야 합니다.

그러나 우리나라 중급 회계교재들 중 현금흐름표 챕터에서 투자활동 또는 재무활동 현금흐름표 작성 시 기타포괄손익누계액 등 자본 항목에 대해 이연법인세효과를 발라내서 증감분석을 하는 교재는 아무도 없습니다.

상장회사나 대기업에서 흔히 볼 수 있는 자본거래계정은 아래와 같습니다.

- 기타포괄손익 거래: 선물환 헷지(현금흐름 위험회피 회계),
  기타포괄손익 공정가치측정금융자산, 확정급여채무 보험수리적손익(이익잉여금)

기타포괄손익 현금흐름표 작성 절차 예시

송희㈜는 전기 말에 삼성전자 주식을 70,000원에 취득하였다. 당기 말에 삼성전자 주가는 90,000원이 되었으며 송희㈜는 삼성전자 주식을 기타포괄손익 공정가치측정금융자산으로 분류하여 회계처리하고 있다. 송희㈜에 적용되는 법인세율이 20%이며 이연법인세부채 잔액이 전기 말 10,000 당기 말 20,000일 때 당기 말에 주식과 관련된 투자활동 현금흐름표 정산표 부분을 작성하세요.

1. 회계처리

당기 중 평가증	(차)기타포괄금융자산 20,000	(대)기타포괄손익(OCI) 20,000
법인세효과	(차)기타포괄손익(OCI) 4,000	(대)이연법인세부채 4,000

2. 부분 B/S

계정과목	당기	전기	계정과목	당기	전기
기타포괄금융자산	90,000	70,000	이연법인세부채	20,000	10,000
			기타포괄손익	16,000	0

3. 현금흐름표 정산표

(1) 기타포괄손익 증감분석

계정과목	당기 말	전기 말	증가(감소)
기타포괄금융자산	90,000	70,000	20,000
기타포괄손익(세전) 계산	20,000	0	20,000
기타포괄손익(세후)-B/S	16,000	0	16,000
이연법인세부채(기타포괄)	4,000	0	4,000

1단계로 기타포괄손익에 대응되는 자산(기타포괄금융자산)의 당기 중 증감액을 계산하고, 이 금액이 세전 기준으로 기타포괄손익 증가(감소) 금액이 되어야 하므로 두 번째 라인에 기재합니다. 3단계로 B/S상 잔액을 그대로 기재합니다. 이 금액은 세후 금액이므로 두 번째 라인 세전 금액과 세 번째 라인 세후 금액의 차이가 이연법인세부채(마지막 라인)입니다.

(2) 현금흐름표 정산표 작성

조정 전		조정 후	
과목	현금흐름	과목	현금흐름
영업활동으로 인한 자산부채의 변동		**영업활동으로 인한 자산부채의 변동**	
이연법인세부채	10,000	이연법인세부채	10,000
투자활동		**투자활동**	
기타포괄금융자산	(20,000)	기타포괄금융자산	(20,000)
자본 부분		**자본 부분**	
기타포괄손익(OCI)	16,000	기타포괄손익(OCI)-세전	20,000
		기타포괄손익(OCI)-법인세효과	(4,000)

현금흐름표 정산표 첫 단계(조정 전)에서는 B/S 계정잔액 기준으로 전기 말 대비 당기 말 잔액의 증가(감소)로 계산되어 있습니다. 기타포괄손익(OCI) 계정에 대응되는 자산인 기타포괄금융자산

의 당기 중 증감을 분석하여 취득, 처분이 아닌 평가증 금액(여기서는 20,000)을 파악합니다. 기타포괄손익(OCI)의 당기 중 증가 금액 16,000은 세후 기준 순액이므로, 대응되는 기타포괄금융자산의 증가금액 20,000(세전 기준)과 이연법인세효과 (-)4,000으로 나누어 기재합니다.

조정 전		조정 후	
과목	현금흐름	과목	현금흐름
영업활동으로 인한 자산부채의 변동		**영업활동으로 인한 자산부채의 변동**	
이연법인세부채	10,000	이연법인세부채	10,000
		기타포괄손익(OCI)-법인세효과	(4,000)
투자활동		**투자활동**	
기타포괄금융자산	(20,000)	~~기타포괄금융자산~~	(20,000)
		~~기타포괄손익(OCI)-세전~~	20,000
자본 부분		**자본 부분**	
기타포괄손익(OCI)-세전	20,000		
기타포괄손익(OCI)-법인세효과	(4,000)		

자산의 평가로 인해서는 현금흐름이 발생할 수 없습니다. 오로지 취득이나 처분으로만 현금흐름이 발생합니다. 따라서 기타포괄금융자산의 평가로 인해 당기 중 증가한 기타포괄손익(OCI)계정은 전부 자본계정 부분에서 다른 곳(영업활동, 투자활동)으로 옮깁니다. 세전 금액 20,000은 투자활동의 기타포괄금융자산 증가 (20,000) 아래로 옮기고 서로 상쇄하므로 지웁니다. 즉, 비록 자산이 증가했지만 현금유출이 없으므로 상쇄하여 지워서 (현금흐름표 정산표에는 표시되지만) 최종 공시용 현금흐름표에는 나타나지 않습니다. 조정 전 단계에 있는 기타포괄손익-법인세효과 (-)4,000은 영업활동으로 인한 자산부채의 변동 섹션의 이연법인세부채 아래로 옮깁니다. 이연법인세부채 당기 중 증가금액 10,000은 최초 단계에서 전부 영업활동으로 몰아서 분류했지만, 이 중 투자활동 그룹 자산인 기타포괄금융자산의 평가와 관련한 부분 (-)4,000이 포함되어 있으므로 이를 제외한 나머지 부분(두 금액의 합계인 순액 6,000)만이 영업활동 자산부채(대손충당금, 재고자산 평가충당금 등)로부터의 이연법인세부채에 해당되는 것입니다.

이러한 조정이 모두 완료되면 정산표의 최초 단계에서는 투자활동과 재무활동(자본 부분)에 현금흐름 숫자가 있었으나, 최종 단계에서는 재무활동(자본 부분)에는 아무런 계정도 금액도 남지 않게 됩니다. 또한 투자활동 섹션에서도 숫자가 상쇄되어 사라지게 됩니다. 영업활동 섹션에서는 기타포괄손익 이연법인세 효과만큼 조정 전 영업활동 현금흐름보다 조정 후 영업활동 현금흐름이 증가(또는 감소)하게 됩니다.

현금흐름표 23단계: 기타포괄손익누계액

현대자동차 2021년 별도 재무제표 주석22 기타포괄손익누계액은 아래와 같습니다.

구분	당기 말	전기 말	증가
기타포괄손익-공정가치측정금융자산 평가이익	406,895	415,427	(8,532)
기타포괄손익-공정가치측정금융자산 평가손실	(366,381)	(350,685)	(15,696)
현금흐름 위험회피 파생상품 평가이익	22,154	92,797	(70,643)
현금흐름 위험회피 파생상품 평가손실	(37,299)	0	(37,299)
계	25,369	157,539	(132,170)

당기 중 감소액 (-)132,170은 '현금흐름표 4단계'의 재무활동 섹션 4 기타포괄손익누계액 (132,170)과 일치합니다. 앞의 "4-4절 자본 부분 현금흐름" 도입부에서 공부한 내용을 바탕으로 기타포괄손익 계정에 대한 현금흐름표 작성 방법을 아래에서 설명드리겠습니다.

구분	당기 말	전기 말	증가
기타포괄손익-공정가치자산(순액)-세후	40,514(*1)	64,742	(24,228)
기타포괄손익-공정가치자산(순액)-세전	55,881	89,299	(33,418)
기타포괄손익-공정가치자산-법인세효과	15,367	24,557	(9,190)

(*1) 이익 406,895 + 손실 (366,381) = 40,514

기타포괄손익의 B/S상 잔액(주석22 표)은 세후 금액이므로 (1-27.5%)로 나누어 세전 기준의 증감금액을 계산하고, 세전 기준과 세후 기준의 차이로 이연법인세 효과를 계산합니다(법인세율 27.5% 가정).

현금흐름표 정산표-기타포괄손익 부분

조정 전		조정 후	
과목	현금흐름	과목	현금흐름
영업활동으로 인한 자산부채의 변동		**영업활동으로 인한 자산부채의 변동**	
이연법인세자산 증가	(111,764)	이연법인세자산 증가	(111,764)
투자활동		**투자활동**	
기타포괄금융자산	(398,410)	기타포괄금융자산	(398,410)
자본 부분		**자본 부분**	
기타포괄손익(OCI)	(24,228)	기타포괄손익(OCI)-세전	(33,418)
		기타포괄손익(OCI)-법인세효과	9,190

자본 부분: 기타포괄손익 세후 기준 증감 (-)24,228을 앞에서 요약한 표에 나오는 세전 기준 (-)33,418과 법인세효과 9,190으로 나눕니다.
투자활동: 기타포괄금융자산-계정별 원장에서 취득, 처분(장부가), 평가증 금액 정보를 파악하여 아래와 같이 당기 중 증감 요약표를 작성합니다(유형자산의 경우 감사보고서 주석에 증감 상세 내역이 모두 공개되어 있으나 기타포괄손익금융자산의 경우 주석에 증감 내역이 일부만 공개되어 있습니다. 따라서 아래 표의 숫자는 제가 임의로 기재한 것입니다).

기타포괄금융자산 증감 요약표

계정과목	전기 말	당기 취득	평가증(감)	당기 처분	당기 말
기타포괄금융자산	1,891,604	444,966	(33,418)	(13,138)	2,290,014
기타포괄손익(세전)	89,299	-	(33,418)	0	55,881
기타포괄손익(세후)	64,742	-	(24,228)		40,514

조정 전		조정 후	
과목	현금흐름	과목	현금흐름
영업활동으로 인한 자산부채의 변동		**영업활동으로 인한 자산부채의 변동**	
이연법인세자산 증가	(111,764)	이연법인세자산 증가	(111,764)
투자활동		**투자활동**	
기타포괄금융자산 증가	(398,410)	기타포괄금융자산 증가(취득)	(444,966)
		기타포괄금융자산 감소(처분(장부가))	13,138
		기타포괄금융자산 감소(평가)	33,418
자본 부분		**자본 부분**	
기타포괄손익(OCI)-세전	(33,418)	기타포괄손익(OCI)-세전	(33,418)
기타포괄손익(OCI)-법인세효과	9,190	기타포괄손익(OCI)-법인세효과	9,190

기타포괄금융자산 증감 요약표를 이용하여 현금흐름표 정산표의 투자활동 섹션의 기타포괄금융자산 증가 순액 (398,410)을 취득, 처분, 평가로 인한 증가(감소)로 세분화합니다.

기타포괄금융자산 취득

조정 전		조정 후	
과목	현금흐름	과목	현금흐름
영업활동으로 인한 자산부채의 변동		**영업활동으로 인한 자산부채의 변동**	
2. 미지급금	244,374	2. 미지급금	244,374
		기타포괄금융자산 미지급금	(371,200)
투자활동		**투자활동**	
기타포괄금융자산 증가(취득)	(444,966)	기타포괄금융자산 증가(취득)	(444,966)
		기타포괄금융자산 미지급금	371,200
기타포괄금융자산 감소(처분(장부가))	13,138	기타포괄금융자산 감소(처분(장부가))	13,138
기타포괄금융자산 감소(평가)	33,418	기타포괄금융자산 감소(평가)	33,418
자본 부분		**자본 부분**	
기타포괄손익(OCI)-세전	(33,418)	기타포괄손익(OCI)-세전	(33,418)
기타포괄손익(OCI)-법인세효과	9,190	기타포괄손익(OCI)-법인세효과	9,190

기타포괄금융자산 당기 중 취득금액 중 당기 말 현재 미지급금액을 투자활동 섹션의 취득 현금유출 밑에 371,200으로 기재하고, 동일한 금액을 부호를 반대로 하여 영업활동 자산부채증감의 미지급금 증감액 밑에 (371,200)으로 기재합니다. 이로써 투자활동 현금유출 금액은 감소하고(투자활동 현금흐름 증가), 영업활동 현금흐름은 감소합니다.

기타포괄금융자산 처분

조정 전		조정 후	
과목	현금흐름	과목	현금흐름
당기순이익	645,526	당기순이익	645,526
		현금의 유입이 없는 수익 등의 차감	
		기타포괄금융자산 처분이익	(216,858)
투자활동		**투자활동**	
기타포괄금융자산 증가(취득)	(444,966)	기타포괄금융자산 증가(취득)	(444,966)
기타포괄금융자산 미지급금	371,200	기타포괄금융자산 미지급금	371,200
기타포괄금융자산 감소(처분(장부가))	13,138	기타포괄금융자산 감소(처분(장부가))	13,138
		기타포괄금융자산 처분이익	216,858
기타포괄금융자산 감소(평가)	33,418	기타포괄금융자산 감소(평가)	33,418
자본 부분		**자본 부분**	
기타포괄손익(OCI)-세전	(33,418)	기타포괄손익(OCI)-세전	(33,418)
기타포괄손익(OCI)-법인세효과	9,190	기타포괄손익(OCI)-법인세효과	9,190

손익계산서에서 기타포괄금융자산 처분이익 216,858을 파악하여 투자활동 섹션의 기타포괄금융자산 감소(처분) 13,138 밑에 기재하여 투자활동 현금유입 금액을 증가시킵니다. 동일한 금액을 부호를 반대로 하여 영업활동 섹션 당기순이익 밑에 수익/비용 조정사항-현금의 유입이 없는 수익 등의 차감 항목들을 기재하는 곳에 처분이익 (216,858)로 기재합니다. 현금흐름표 정산표는 B/S 계정들의 전기 말 대비 당기 말 잔액의 증가(감소)로 파악하였으므로 장부가액의 증감을 파악한 것입니다. 따라서 기타포괄금융자산의 처분으로 인한 감소가액도 장부가액의 감소 금액을 파악한 것이며 현금유입액을 파악한 것은 아닙니다. 처분이익을 더해 주어야 현금유입액이 나옵니다. 영업활동 섹션의 당기순이익 밑에 처분이익을 음수로 하여 차감하는 이유는 영업활동 현금흐름 섹션이므로 투자활동으로 인한 이익을 당기순이익에서 덜어 내어야 영업활동 현금흐름이 나오기 때문입니다.

기타포괄손익(OCI)

조정 전		조정 후	
과목	현금흐름	과목	현금흐름
영업활동으로 인한 자산부채의 변동		**영업활동으로 인한 자산부채의 변동**	
이연법인세자산 증가	(111,764)	이연법인세자산 증가	(111,764)
		기타포괄손익(OCI)-법인세효과	9,190
투자활동		**투자활동**	
기타포괄금융자산 증가(취득)	(444,966)	기타포괄금융자산 증가(취득)	(444,966)
기타포괄금융자산 미지급금	371,200	기타포괄금융자산 미지급금	371,200
기타포괄금융자산 감소(처분(장부가))	13,138	기타포괄금융자산 감소(처분(장부가))	13,138
기타포괄금융자산 처분이익	216,858	기타포괄금융자산 처분이익	216,858
기타포괄금융자산 감소(평가)	33,418	~~기타포괄금융자산 감소(평가)~~	33,418
		~~기타포괄손익(OCI)-세전~~	(33,418)
자본 부분		**자본 부분**	
기타포괄손익(OCI)-세전	(33,418)		
기타포괄손익(OCI)-법인세효과	9,190		

자본 부분 기타포괄손익 세전 금액을 투자활동 기타포괄금융자산 평가증 밑으로 옮기고, 자본 부분 기타포괄손익 법인세효과를 영업활동 이연법인세자산 증가 밑으로 옮깁니다. 현금흐름은 기타포괄손익금융자산의 취득이나 처분으로부터만 발생하며 평가로부터는 발생하지 않으므로 자본 부분에 있는 기타포괄손익으로부터는 현금흐름이 발생할 수 없습니다. 따라서 이를 모두 다른 곳으로 옮깁니다.

현금흐름표

정산표		현금흐름표(공시용)	
과목	현금흐름	과목	현금흐름
당기순이익	645,526	당기순이익	645,526
현금의 유입이 없는 수익 등의 차감		현금의 유입이 없는 수익 등의 차감	
기타포괄금융자산 처분이익	(216,858)	기타포괄금융자산 처분이익	(216,858)
투자활동		**투자활동**	
기타포괄금융자산 증가(취득)	(444,966)	기타포괄금융자산 취득 현금유출	(73,766)
기타포괄금융자산 미지급금	371,200		
기타포괄금융자산 감소(처분(장부가))	13,138	기타포괄금융자산 처분 현금유입	229,996
기타포괄금융자산 처분이익	216,858		
~~기타포괄금융자산 감소(평가)~~	33,418		
~~기타포괄손익(OCI)-세전~~	(33,418)		
자본 부분		**자본 부분**	

현금흐름표 정산표 작성이 완료되면 이를 이용하여 공시용 현금흐름표를 작성하게 됩니다. 투자활동 섹션 중 기타포괄금융자산으로 인한 현금흐름은 취득과 처분으로 나누어 공시되는데 취득의 경우 B/S 계정 증가액 (444,966)과 미지급금 371,200을 합한 (73,766)이 취득 현금유출로 공시됩니다. 처분의 경우 B/S 계정 감소액 13,138과 처분이익 216,858을 합한 229,996이 현금유입으로 공시됩니다. 기타포괄손익 증감액 순액 (24,228)은 이연법인세효과 반영 전 세전 금액과 이연법인세효과로 나눈 후 세전 금액은 기타포괄금융자산의 당기 중 증감금액과 상쇄되어 사라져서 현금흐름표에 공시되지 않으며, 이연법인세효과는 영업활동 현금흐름 섹션의 이연법인세 당기 중 증감금액 밑에 기재되어 영업활동 현금흐름 공시금액을 변화시킵니다.

현금흐름표 24단계: 이익잉여금 기타증감 – 보험수리적손익

앞에서 살펴본 기타포괄손익(OCI)의 증감을 세전 기준 증가와 법인세효과 부분 감소로 두 파트로 나눈 후 세전 기준 증가는 대응되는 자산(부채)의 증감으로 옮기고, 법인세효과 부분 감소는 영업활동 이연법인세부채(자산) 밑으로 옮겨서 상쇄하는 절차는 기타포괄손익은 물론 법인세효과가 있는 자본계정 모두에게 적용됩니다. 확정급여채무(퇴직급여충당부채)의 보험수리적손익은 손익계산서 계정이 아니라 이익잉여금(포괄이익)의 증가(감소)로 회계처리합니다. 이때 이익잉여금증감도 법인세효과가 있으므로 세전 기준과 법인세효과로 나누어 금액을 계산한 후 확정급여채무 증감과 이연법인세부채(자산) 증감 부분으로 옮겨 주어야 합니다.

앞의 현금흐름표 22단계에서 이익잉여금의 당기 중 변동액은 (1) 당기순이익, (2) 배당금지급, (3) 이익잉여금 기타증감 세 가지로 구성되어 있음을 파악했습니다. 이 중 세 번째 이익잉여금 기타증가 261,786이 보험수리적손익입니다. 이 금액은 세후 기준 증가금액이므로 세전 기준 증가금액과 법인세효과를 파악해야 합니다.

1. 이익잉여금(보험수리적손익) 증가 - 세후 기준: 261,786
2. 이익잉여금 증가 - 세전 기준(법인세율 27.5%): 261,786/(1-27.5%) = 361,084
3. 이익잉여금 증가 중 법인세효과(2-1): 99,298
4. 회계처리: (차)확정급여채무 361,084 (대)이익잉여금 361,084
   (차)이익잉여금 99,298 (대)이연법인세부채 99,298

조정 전		조정 후	
과목	현금흐름	과목	현금흐름
당기순이익	645,526	당기순이익	645,526
영업활동으로 인한 자산부채의 변동		**영업활동으로 인한 자산부채의 변동**	
순확정급여부채 감소	(140,704)	순확정급여부채 증가	220,380
		순확정급여부채-보험수리적손익	(361,084)
		이익잉여금-보험수리적손익	361,084
이연법인세자산 증가	(111,764)	이연법인세자산 증가-일반	(211,062)
		이연법인세자산-보험수리적손익	99,298
		이익잉여금-법인세효과	(99,298)
자본 부분		**자본 부분**	
이익잉여금 감소(배당금지급)	(1,045,761)	이익잉여금 감소(배당금지급)	(1,045,761)
이익잉여금 기타증가	261,786		
현금및현금성자산 증가	183,472	현금및현금성자산 증가	183,472

제4-5절
영업활동 현금흐름 II

현금흐름표 25단계: 영업활동 현금흐름

현금흐름표는 3가지 활동(영업활동, 투자활동, 재무활동)으로 나누어 작성합니다. 따라서 최초 시작할 때 B/S의 모든 계정의 증감으로 1년간 전체 현금흐름을 파악을 했고, 투자활동과 재무활동을 완료하였으므로, 나머지는 모두 영업활동이 됩니다. 그래서 **영업활동은 더 이상 작성할 것이 없습니다.**

투자활동과 재무활동을 작성하면서 현금의 유출입이 없는 수익과 비용을 투자활동에서 발라내어 영업활동의 당기순이익 밑에서 조정하는 작업을 모두 완료하였습니다. 또한 투자활동과 재무활동과 관련된 손익도 모두 발라내어 영업활동의 당기순이익 밑에서 조정하는 작업도 모두 완료하였기 때문입니다.

앞의 7단계에서 설명드린 아래 표의 조정 사항이 이미 영업활동 현금흐름과 투자활동 및 재무활동 현금흐름이 모두 반영된 현금흐름표가 작성된 것입니다(다음 페이지에 나오는 현재 버전의 현금흐름표를 감상하세요).

B/S 계정 현금흐름표	조정 사항	현금흐름표
당기순이익(발생주의)	투자활동 관련 비용/수익 제거(-) 현금유출(유입)없는 비용(수익)제거	영업이익(현금주의)
영업활동 자산부채계정 증감		영업활동 자산부채계정 증감
투자활동 자산부채계정 순액 증감	투자활동 관련 비용/수익 가산(+) 현금유출(유입)없는 비용(수익)가산	투자활동 자산부채계정 증감내역 세분화
재무활동 자산부채 및 자본 증감		재무활동 자산부채 및 자본 증감
현금의 증감	조정 사항 합계: 0	현금의 증감

현재 버전 현금흐름표의 모습

과목	현금흐름
당기순이익	645,526
현금의 유출이 없는 비용 가산	
유형자산 감가상각비	1,665,626
유형자산 처분손실	10,531
무형자산 감가상각비	1,432,948
무형자산손상차손	121,306
종속기업 등 손상차손	1,170,996
외화환산손실	10,089
외환차손	14,801
현금의 유입이 없는 수익 차감	
무형자산 처분이익	(3,306)
종속기업 등 처분이익	(7,935)
외화환산이익	(1,898)
영업활동으로 인한 자산부채의 변동	
4. 매출채권	(484,577)
5. 기타채권	22,129
6. 재고자산	363,136
7. 기타자산	(13,823)
3. 장기성매출채권	(29,400)
4. 기타채권	(17,205)
9. 순확정급여자산	(195,520)
10. 이연법인세자산	(111,764)
1. 매입채무	668,045
2. 미지급금	87,857

그런데 우리나라가 KIFRS를 도입하기 이전의 기업회계기준(현 일반기업회계기준)에서는 영업활동 현금흐름표 작성 시 영업활동과 관련된 비용과 수익이라 하더라도 현금의 유출이 없는 비용(현금의 유입이 없는 수익)을 당기순이익에 가산(차감)하여 표시하도록 요구했습니다. 아래 표로 설명드리겠습니다.

현재 버전(이론적 IFRS)	금감원 예시 반영 버전
당기순이익 +/- 투자활동/재무활동 관련 수익/비용 제거 +/- 현금의 유출이 없는 비용(유입이 없는 수익) 제거 = 현금주의 영업이익(A)	당기순이익 +/- 투자활동/재무활동 관련 수익/비용 제거 +/- 현금의 유출이 없는 비용(유입이 없는 수익) 제거 **+/- 현금의 유출이 없는 영업비용(유입이 없는 영업 수익) 제거** = 현금주의 영업이익(B)
영업활동 관련 자산 및 부채의 증가(감소) - 순액 기준 증감	영업활동 관련 자산 및 부채의 증가(감소) - 순액 기준 증감 **-/+ 현금의 유출이 없는 영업비용(유입이 없는 영업 수익) 제거**

이미 영업활동 현금흐름이 완벽하게 작성된 상태인데 금감원 가이드라인에 따라 당기순이익 밑에 영업활동 관련 비용과 수익 중 현금의 유출(유입)이 없는 비용과 수익을 가산(차감)해야 한다면, 밑에 있는 영업활동 관련 자산 및 부채의 증가(감소) 섹션에서 해당 금액과 동일한 금액을 해당 비용(수익)과 관련된 영업활동 관련 자산(부채)에서 부호를 반대로 하여 조정하여야 합니다(현금흐름표 작성 원칙). 그 결과 해당 영업활동 자산(부채)은 전기 말 잔액 대비 당기말잔액의 순증감액이 아니라 총액 기준에 의한 기초잔액, 증가, 감소, 기말잔액 walk표에서의 감소 금액 중 일부에 해당하게 됩니다(증가는 영업활동 관련 비용(수익)이므로 당기순이익 밑에 조정 항목으로 이미 기재되어 있습니다). 자세한 설명과 사례는 **1절 영업활동 현금흐름 작성 원리의 "현금흐름표 정리 7"을 읽어 보시기 바랍니다.**

우리나라를 대표하는 두 기업의 감사보고서 주석을 보면 영업활동 관련 비용 중 현금의 유출이 없는 비용들 중 일부만 영업활동 현금흐름 중 당기순이익에 조정하는 비용에 포함시키고 있는 것으로 생각됩니다(두 회사가 일관성이 없습니다).

삼성전자(2021년 별도)		현대자동차(2021년 별도)	
과목	현금흐름	과목	현금흐름
당기순이익		**당기순이익**	645,526
주석27		**주석32**	
현금의 유출이 없는 비용 가산		**현금의 유출이 없는 비용 가산**	
퇴직급여	898,132	퇴직급여	516,686
대손상각비	19,235	판매보증충당부채 전입	2,020,262
재고자산평가손실	696,536		
영업활동으로 인한 자산부채의 변동		**영업활동으로 인한 자산부채의 변동**	
매출채권 감소(증가)			
재고자산 감소(증가)		퇴직금의 지급	
퇴직금의 지급		판매보증충당부채	

상장회사 간 일관성이 없으므로 회사는 자체적으로 판단하여 필요하다고 생각되는 항목을 조정 항목으로 기재하면 됩니다. 중요한 것은 현금의 유출이 없는 비용 중 영업활동과 관련된 비용(대손상각비, 재고자산평가손실, 퇴직급여, 판매보증충당부채 전입 등)을 당기순이익 밑에 수익/비용 조정 영역에 가산하면, **반드시 그 아래의 영업활동 관련 자산부채의 변동에 있는 관련 자산 및 부채에서 동일한 금액을 차감해야 합니다.**

현금흐름표 26단계: 영업활동 비용(수익) 중 비현금 항목 조정

조정 전		조정 후	
과목	현금흐름	과목	현금흐름
당기순이익	645,526	당기순이익	645,526
현금의 유출이 없는 비용 가산		현금의 유출이 없는 비용 가산	
		퇴직급여	516,686
		판매보증충당부채 전입	2,020,262
영업활동으로 인한 자산부채의 변동		**영업활동으로 인한 자산부채의 변동**	
순확정급여부채 증가	220,380	순확정급여부채 증가	220,380
		퇴직급여(순확정급여부채 감소)	(516,686)
판매보증충당부채 증가	23,028	판매보증충당부채 증가	23,028
		판매보증충당부채 감소	(2,020,262)
현금및현금성자산 증가	183,472	현금및현금성자산 증가	183,472

(회사의 전기 감사보고서를 참조하여) 영업활동 관련 비용 중 퇴직급여와 판매보증충당부채 전입액을 당기순이익 밑에 현금의 유출이 없는 비용 가산 섹션에 기재합니다. 그리고 해당 금액을 영업활동 관련 자산 및 부채의 변동 섹션에서 해당 비용과 관련된 계정인 순확정급여부채 증감과 판매보증충당부채 증감 밑에 부호를 반대로 하여 기재합니다. 동일한 금액을 더했다 빼 주므로 전체 현금흐름 총액에 변동이 없습니다.

현금흐름표 27단계: 현금흐름표 정산표 마무리 및 재무제표 작성

현금흐름표 정산표 작업을 26단계까지 모두 완료하면 이를 요약하여 현금흐름표를 작성합니다.

영업활동으로 인한 현금흐름

정산표		현금흐름표	
과목	현금흐름	과목	현금흐름
당기순이익	645,526	**당기순이익**	645,526
현금의 유출이 없는 비용 가산		**현금의 유출이 없는 비용 가산**	6,963,245
퇴직급여	516,686		
판매보증충당부채 전입	2,020,262		
유형자산 감가상각비	1,665,626		
유형자산 처분손실	10,531		
무형자산 감가상각비	1,432,948		
무형자산 손상차손	121,306		
종속기업 등 손상차손	1,170,996		
외화환산손실	10,089		
외환차손	14,801		
현금의 유입이 없는 수익 차감		**현금의 유입이 없는 수익 차감**	(229,997)
무형자산 처분이익	(3,306)		
종속기업 등 처분이익	(7,935)		
외화환산이익	(1,898)		
기타포괄금융자산 처분이익	(216,858)		
영업활동으로 인한 자산부채의 변동		**영업활동으로 인한 자산부채의 변동**	1,414,232
4. 매출채권	(484,577)		
5. 기타채권	22,129		
6. 재고자산	363,136		
7. 기타자산	(13,823)		
3. 장기성매출채권	(29,400)		
4. 기타채권	(17,205)		
9. 순확정급여자산	(296,306)		
10. 이연법인세자산	(111,764)		
1. 매입채무	668,045		
2. 미지급금	87,857		

영업활동 현금흐름 부분은 수정할 것 없이 그대로 현금흐름표가 됩니다. 현금의 유출이 없는 비용의 가산(현금의 유입이 없는 수익의 차감)의 각 항목들은 현금흐름표 본문에 표시하지 않고 총액만 기재한 후 세부 항목들은 주석에 기재하는 경우가 대부분입니다.

투자활동으로 인한 현금흐름

정산표		현금흐름표	
과목	현금흐름	과목	현금흐름
유형자산 취득	−2,281,228	유형자산 취득	−2,124,711
유형자산 취득 미지급금	156,517		
유형자산 처분	55,933	유형자산 처분	45,402
유형자산 처분손실	−10,531		
무형자산 취득	(1,338,060)	무형자산 취득	(1,338,060)
무형자산 취득 미지급금			
무형자산 처분	6,006	무형자산 처분	9,312
무형자산 처분이익	3,306		
무형자산 기타증감	(118,638)		
유형자산 기타증감	118,638		

유형자산 취득: 취득으로 인한 현금유출 = 유형자산 취득원가 증가((-)2,281,228) + 취득 관련 미지급금을 합한 금액. 미지급금이 커지면 현금유출이 작아짐.

유형자산 처분: 처분으로 인한 현금유입 = 유형자산 처분 장부가액 + 처분이익 - 처분손실. 이익만큼 현금유입이 커지고 손실만큼 현금유입이 작아질 것임.

※ 투자활동 현금흐름은 취득(현금유출)과 처분행위(현금유입)에서만 발생합니다. 그 이외의 다른 행위(계정 대체, 감가상각, 평가(손상차손))로부터는 현금흐름이 발생하지 않습니다. 따라서 유형자산에서 무형자산으로 계정 대체 되는 경우 유형자산은 감소할 것이고, 그 대체되는 상대방 계정(무형자산)은 증가할 것이니 두 금액을 한곳에 모아 놓은 후 상계하여 순액을 "0"으로 만드는 것이 중요합니다(위의 표에서 무형자산 기타증감 (-)118,638과 유형자산 기타증감 118,638). 이렇게 상계하여 0을 만들면 현금흐름표에 나타나지 않습니다. → 결론: 취득과 처분만 현금흐름에 나타나고 나머지는 상계하여 0을 만들어서 현금흐름표에 나타나지 않음.

재무활동으로 인한 현금흐름

정산표		현금흐름표	
과목	현금흐름	과목	현금흐름
3. 단기차입금 차입	145,571	3. 단기차입금 차입	145,571
장기차입금 및 사채 차입	1,023,316	장기차입금 및 사채 차입	1,023,316
장기차입금 및 사채 상환	(200,000)	장기차입금 및 사채 상환	(200,000)
유동성대체	(1,228,442)		
4. 유동성장기부채 대체	1,228,442		
4. 유동성장기부채상환	(526,632)	4. 유동성장기부채상환	(541,433)
외환차손	(14,801)		

재무활동의 경우에도 평가손실(외화환산손실)은 현금흐름에 영향을 미치지 않습니다. 처분손익(외환차손익)만이 현금흐름 크기에 영향을 미칩니다.

차입금 차입으로 인한 현금유출액은 차입금 자체 금액입니다.

차입금 상환으로 인한 현금유출액은 상환한 차입금 장부가액 + 처분손실(외환차손, 사채상환손실) - 처분이익(외환차익, 사채상환이익)입니다. 손실이 나면 현금유출이 커지고, 이익이 나면 현금유출이 작아집니다.

투자활동에서 유형자산의 계정 대체끼리 (-)금액과 (+)금액을 상계하여 0을 만들고 현금흐름표에 나타나지 않는 것처럼 재무활동의 차입금 영역에서는 장기차입금에서 유동성장기부채로 대체하는 것과 대체받아서 유동성장기부채가 증가하는 것을 서로 상계하여 0을 만들면 현금흐름표에서는 나타나지 않습니다.

이렇게 현금흐름표 정산표에서 영업활동 섹션, 투자활동 섹션, 재무활동 섹션 순서대로 (1) 공시용 현금흐름표에 기재되어 공시될 항목(취득, 처분, 차입, 상환 등)과 (2) 정산표에서 다른 항목과 상계되어 사라지고 공시용 현금흐름표에서는 기재되지 않는 항목(유형자산과 무형자산 간 타 계정 대체, 장기차입금의 유동성대체 등)으로 구분하여 차례대로 작성하면 현금흐름표는 완성됩니다.

제5절

영업활동 현금흐름 작성법: 일반기업회계기준 vs IFRS 비교

일반기업회계기준을 적용하는 비상장사(롯데건설)와 IFRS를 적용하는 상장사(현대자동차)의 현금흐름표 중 영업활동으로 인한 현금흐름 부분 중 일부를 나열하면 아래와 같습니다.

일반기업회계기준 – 롯데건설

(단위: 백만 원)

영업활동으로 인한 현금흐름	(-)218,214
1. 당기순이익	219,713
2. 현금의 유출이 없는 비용 등의 가산	336,986
3. 현금의 유입이 없는 수익 등의 차감	(-)44,846
4. 영업활동으로 인한 자산부채의 변동	(-)730,068
당기법인세부채의 증가	60,772

IFRS – 현대자동차

(단위: 백만 원)

영업활동으로 인한 현금흐름	5,664,421
1. 영업으로부터 창출된 현금흐름	5,205,722
(1) 당기순이익	645,526
(2) 조정	5,974,428
(3) 영업활동으로 인한 자산부채의 변동	(-)1,414,232
2. 이자의 수취	174,155
3. 이자의 지급	(-)83,535
4. 배당금의 수취	855,901
5. 법인세의 지급	(-)487,822

위에서 보시는 것처럼 IFRS 기준 영업활동 현금흐름은 일반기업회계기준보다 네 가지 부분(하늘색 칠한 부분)을 별도로 공시하고 있습니다.

현금흐름표를 작성할 때 회사의 활동은 영업활동, 투자활동, 재무활동으로 구분하며 그 이외의 활동이나 조정해 주는 부분이 따로 있지 않으므로 영업활동은 일반기업회계기준으로 작성하든 IFRS로 작성하든 현금흐름 총액은 동일합니다.

구분	일반기업회계기준	IFRS
영업활동으로 인한 현금흐름	5,664,421	5,664,421
1. 영업으로부터 창출된 현금흐름		5,205,722
(1) 당기순이익	645,526	645,526
(2) 조정	6,551,100	5,974,428
(3) 영업활동으로 인한 자산부채의 변동	(−)1,532,205	(−)1,414,232
2. 이자의 수취		174,155
3. 이자의 지급		(−)83,535
4. 배당금의 수취		855,901
5. 법인세의 지급		(−)487,822

일반기업회계기준에서의 영업활동 현금흐름 총액과 IFRS에서의 영업활동 현금흐름 총액은 동일한데 일반기업회계기준보다 IFRS에서는 4개의 항목(이자수취, 이자지급, 배당금수취, 법인세지급)을 별도로 구분하기 위해서는 어떻게 해야 할까요? 그렇습니다. 별도로 구분하여 기재하려고 하는 항목의 금액만큼을 윗부분의 다른 곳에서 가져오면(옮기면) 됩니다. 이를 위해서는 다른 부분에서 그 금액만큼을 빼고 동일한 금액을 별도로 구분하고자 하는 항목으로 기재하면(더하면) 됩니다. 이자의 수취를 예를 들면, IFRS에서 이자의 수취 174,155를 별도로 기재하려면 동일한 금액을 윗부분의 조정 영역(수익/비용의 조정: 현금의 유출(유입)이 없는 비용(수익)의 가산(차감), 투자활동/재무활동으로 인한 수익/비용)과 영업활동으로 인한 자산부채의 변동에서 차감한 후 그 금액을 이자의 수취라는 별도 항목으로 가산하면 됩니다.

현대자동차 영업활동 현금흐름: 일반기업회계기준에서 IFRS기준으로 전환한 모습

과목	일반기업회계기준	IFRS
I. 영업활동으로 인한 현금흐름	5,664,421	5,664,421
1. 영업으로부터 창출된 현금흐름		5,205,722
(1) 당기순이익	645,526	645,526
(2) 조정	6,551,100	5,974,428
다른 모든 조정 항목들		6,551,100
2. 이자의 수취		(166,945)
3. 이자의 지급		87,193
4. 배당금수익		(841,241)
5. 법인세비용		344,321
(3) 영업활동으로 인한 자산·부채의 변동	(1,532,205)	(1,414,232)
다른 모든 자산부채의 변동	(1,414,232)	(1,532,205)
미수이자 감소	7,210	(7,210)
미지급이자 증가	3,658	(3,658)
미수배당금 감소	14,660	(14,660)
미지급법인세 감소	(143,501)	143,501
2. 이자의 수취	0	174,155
이자수익		166,945
미수이자 감소		7,210
3. 이자의 지급	0	(83,535)
이자비용		(87,193)
미지급이자 증가		3,658
4. 배당금의 수취	0	855,901
배당금수익		841,241
미수배당금 감소		14,660
5. 법인세의 지급	0	(487,822)
법인세비용		(344,321)
미지급법인세 감소		(143,501)

IFRS에서 "2. 이자의 수취"를 기재하는 방법은 아래와 같습니다. 먼저 이자수익 166,945를 적고(더하고), 동일한 금액을 그 위의 당기순이익 밑의 "(2) 조정" 섹션에서 이자수익 (-)166,945라고 기재하여 빼 줍니다. 동일한 금액을 아래에서 더하고 위에서 뺐으므로 영업활동 현금흐름은 동일하게 유지됩니다. 지금 현금흐름표를 작성하고 있으므로 이자의 수취는 현금 기준이어야 하는데,

이자수익 166,945는 손익계산서상 금액이므로 발생주의금액입니다. 따라서 미수이자의 당기 말 잔액과 전기 말 잔액의 차이(미수이자 증감액)를 더해 주어야 발생주의에서 현금주의로 전환됩니다. 현대자동차는 당기 중 미수이자가 전기 대비 7,210 감소했습니다. 미수이자를 회수한 것이므로 현금유입이 증가하였으므로 부호를 (+)로 표시해 줍니다.

다른 항목들(이자의 지급, 배당금 수취, 법인세 지급)을 별도로 구분하여 기재하는 방법도 동일합니다. 아래에 이자비용 등 손익계산서 계정의 금액을 기재한 후 동일한 금액을 위의 "(2) 조정" 섹션에서 금액의 절댓값은 같고 부호는 반대로 기재하여 덜어 냅니다. 위에서 덜어 내고 밑에서 추가해 주니 영업활동 현금흐름 총액은 동일하게 유지됩니다. 이자비용 등 손익계산서 계정 금액 밑에 관련된 B/S 자산/부채(미지급이자, 미수배당금, 미지급법인세)의 당기 중 증감금액을 기재하고, 동일한 금액을 위의 "(3) 영업활동으로 인한 자산/부채의 변동" 섹션에서 금액의 절댓값은 같고 부호는 반대로 기재하여 덜어 냅니다. 위에서 덜어 내고 밑에서 추가해 주니 영업활동 현금흐름 총액은 동일하게 유지됩니다.

제13장

개발비 자산화

개발비 자산화 개요

기업의 핵심 경쟁력은 다른 기업과 차별화된 우수한 제품을 만들 수 있는 기술력에 있습니다. 이러한 기술력을 선점하기 위해 모든 기업이 연구개발에 투자를 하고 있으며, 연구개발 결과로 습득한 기술은 제품을 제조하는 데 투입되는 자원(재료비, 노무비, 생산설비 및 기술)의 하나이므로 연구개발 기간에 발생한 비용은 일정한 요건을 갖추는 경우 연구개발 기간의 비용으로 처리하지 않고 자산으로 처리한 후 제품 라이프사이클 기간(생산 및 판매 시작부터 제품 단종까지) 동안 감가상각을 통해 비용 처리합니다. 연구개발비를 자산화하면 발생 비용을 이연 처리하게 되므로 영업이익 및 EBITDA가 증가하게 되어 회사 재무제표에 수익성이 좋게 표시됩니다. 이에 따라 KIFRS에서는 연구개발비를 자산화하는 데 매우 엄격한 요건을 준수하도록 규정하고 있으며 외부 회계감사인 및 감독기관이 주의 깊게 감독하고 있습니다.
아래에서는 회사가 연구개발비를 비용 처리해 오고 있다가 자산 처리를 하기 위해서는 어떠한 프로세스를 구축해야 하는지 살펴보고자 합니다. 프로세스를 구축하면 이를 매월 반복하는 것이 월결산 절차가 됩니다. 우선 연구개발비를 자산화하기 위해서는 KIFRS에서 요구하는 사항을 이해해야 할 것입니다.

KIFRS 1038 무형자산 기준서상 개발비 자산화 요건

회사가 내부적으로 수행하는 모든 연구개발 활동의 전 과정을 연구단계와 개발단계로 구분한다. 연구단계에서 수행되는 모든 연구개발 활동 또는 프로젝트와 관련하여 발생하는 비용은 자산화할 수 없으며 발생 즉시 비용으로 회계처리한다. 오로지 개발단계에서 발생한 연구개발 활동 관련 비용(또는 프로젝트 관련 비용)만이 무형자산으로 회계처리될 수 있다.

연구개발 활동 관련 내부 프로젝트를 연구단계와 개발단계로 구분할 수 없는 경우에는 그 프로젝트는 연구단계에 해당하는 프로젝트로 본다.

개발 활동(또는 내부 프로젝트의 개발단계)에서 발생한 무형자산을 인식하기 위해서는 회사가 다음의 6가지 사항을 모두 충족하고 있음을 증명할 수 있어야 한다.
회사는 무형자산을 사용하거나 판매할 수 있는 (1) 능력을 보유하고 있으며, 무형자산을 사용하거나 판매하려는 (2) 의도를 보유하고 있으며, 무형자산을 사용하거나 판매하기 위해 그 자산을 완성할 수 있는 (3) 기술을 보유하고 있으며, 개발을 완료하고 그것을 판매하거나 사용하는 데 필요한 (4) 기술적, 재정적 자원을 입수할 수 있다.
(5) 개발 과정에서 발생한 무형자산 관련 지출을 신뢰성 있게 측정할 수 있다.
(6) 무형자산이 미래에 어떻게 경제적 효익을 창출할 것인지(거래 시장의 존재 등)를 제시할 수 있다.

늘 그렇듯 상법 등 법률 규정이나 KIFRS 회계기준서 규정은 아카데믹해서 이해하기 어렵고 실무에서 구체적으로 어떻게 적용해야 하는지 막막하기만 합니다. 그래서 위의 KIFRS의 규정을 실무적으로 어떻게 적용해야 하는지 아래에서 다시 해석해 보고자 합니다.

KIFRS 기준서의 회사 실무 적용 절차

1. 회사 산업의 연구개발 프로젝트의 진행 단계 정의

회사가 속한 산업(제약, 반도체, 자동차 등)에 따라 연구개발 활동의 진행 단계가 약간씩 다를 것입니다. 아래는 자동차 산업에 속한 나팀장 그룹의 연구개발 활동의 각 단계에 대한 예시입니다.

자동차 산업 연구개발 활동 단계

사업(프로젝트) 수주 계획 → 사업제안서 공개경쟁 입찰 → 사업 수주(해당 자동차 생산에 대한 **납품업자로 선정**(award)) → 제품 개발 → 파일럿 테스트 → 론치 → 양산

KIFRS에서는 연구단계에서 발생하는 비용은 자산화할 수 없고 당기 비용으로 처리하도록 규정하고 있으며, 오로지 개발단계에서 발생한 비용만 무형자산으로 처리할 수 있습니다. 따라서 회사는 회계정책을 수립하여 연구개발단계에서 세분화된 단계(위의 그림에서 7단계)를 연구단계와 개발단계로 그룹핑을 해야 합니다. 나팀장 그룹은 특정 신규 차종 개발 프로젝트의 납품업자로 선정(award)되는 시점부터 개발단계로 정의합니다. Award 시점 이전까지 수행하는 모든 활동은 연구단계이며, 따라서 연구단계에서 발생하는 모든 비용은 발생 즉시 당기 비용 처리됩니다.

2. 매월 결산 시 진행 프로젝트별 연구단계와 개발단계 구분

회사는 수많은 연구개발 프로젝트를 동시에 진행합니다. 매월 말 결산을 앞두고 일정 시기(예를 들어 매월 말일)에 각 프로젝트 매니저들은 회사의 연구개발 프로젝트 관리 시스템에 각 프로젝트의 진행 단계를 위의 문단1에서 정의한 7단계 중 어느 단계인지를 입력합니다. (회사는 연구개발 프로젝트를 관리하기 위해 별도 시스템을 구축하고 프로젝트에 관한 주요 정보를 모두 시스템에 입력하여 관리합니다).

현대자동차에 엔진을 납품하는 ㈜나팀장의 프로젝트별 현황 — 2023년 3월 말

No	프로젝트명	단계	구분
1	아반떼 2027	수주 계획	연구단계
2	소나타 2026	납품업자 선정	개발단계
3	제네시스 2025	파일럿 테스트	개발단계
4	산타페 2023	양산	생산단계

3. 연구개발 프로젝트별 원가 계산

(1) 월 결산 수행: 회사의 모든 부서가 그달에 발생한 거래(발행한 세금계산서, 수령한 세금계산서, 기타 accrual 항목)에 대한 회계처리를 완료하여 월 결산을 완료합니다. 연구소 조직도 그달에 발생한 거래에 대해 회계처리를 완료합니다.

2023년 3월 월말 결산 시 연구소비용 집계표

계정과목	금액(백만 원)
재료비	45,526
인건비(급여, 상여, 퇴직급여)	74,428
감가상각비(연구소 건물, 시험연구용 기계장치 등)	414,232
전력비, 수도광열비(연구소 건물)	74,155
지급수수료(연구개발 활동 관련)	3,535
기타 여러 비용계정	55,901
합계	667,777

(2) 연구원의 연구개발 활동 시간 입력: 각 연구원들은 한 달 동안 각 프로젝트별로 연구개발 활동에 투입한 시간을 시스템(연구개발 시간 관리 시스템)에 입력을 합니다. 이러한 입력은 매일 또는 매주 단위로 시스템에 자유롭게 입력하며, 개발비 자산화를 위한 월 결산을 시작하기 전까지 완료해야 합니다.

2023년 3월 월말 결산 시 연구원 연구 시간 집계표

연구원	아반떼 27	소나타 26	제네시스 25	산타페 23	합계
홍승희	20	30	100	6	156
염동헌	10	30	110	16	166
김병주	10	40	110	12	172
안용현	0	20	140	10	170
김태욱	0	20	156	0	176
합계	40	140	616	44	840

(3) 프로젝트별 원가계산

월 결산을 통해 집계된 계정과목별 비용 집계표를 프로젝트별로 배분합니다.

월 결산(비용 집계)	
계정과목	백만 원
재료비	45,526
인건비	74,428
감가상각비	414,232
전력비, 수도광열비	74,155
지급수수료	3,535
기타 여러 비용	55,901
합계	667,777

비용 배분	
프로젝트	백만 원
아반떼 2027	
소나타 2026	
제네시스 2025	
산타페 2023	
합계	667,777

ㄱ) 재료비 계산: 재료비는 PO(purchase order)에 의해 모든 프로젝트별로 개별 추적이 가능합니다. 월 결산을 완료하면 재료비는 이미 회계처리되어 있을 것이며, 회사 ERP 시스템(SAP 등)에서 각 프로젝트별로 재료비가 다운로드 가능합니다.

월 결산(비용 집계)		비용 배분			
계정과목	백만 원	프로젝트	재료비	인건비	기타
재료비	45,526	아반떼 27	0		
인건비		소나타 26	7,588		
감가상각비		제네시스 25	33,386		
전력비 등		산타페 23	4,553		
지급수수료					
기타 비용					
합계		합계	45,526		

ㄴ) 노무비 계산: 연구원들이 시스템에 입력한 각 프로젝트별 연구 활동 투입 시간에 의해 연구원들의 급여 등 노무비가 프로젝트별로 배분됩니다.

월 결산(비용 집계)		비용 배분			
계정과목	백만 원	프로젝트	재료비	인건비	기타
재료비	45,526	아반떼 27	0	3,544	
인건비	74,428	소나타 26	7,588	12,405	
감가상각비		제네시스 25	33,386	54,581	
전력비 등		산타페 23	4,553	3,899	

월 결산(비용 집계)		비용 배분			
계정과목	백만 원	프로젝트	재료비	인건비	기타
지급수수료					
기타 비용					
합계		합계	45,526	74,428	

ㄷ) 제경비의 각 프로젝트별 배분: 월 결산이 종료된 후 회사 ERP에서 연구소 cost center에서 발생한 비용을 다운로드합니다. 회사의 당해 월의 손익계산서 중 연구소 손익계산서라고 생각하시면 됩니다. 모든 비용 중 재료비와 노무비는 이미 위에서 설명드린 바와 같이 시스템에 의해 각 프로젝트별로 직접 부과가 되어 있습니다. 모든 비용 중 재료비와 노무비를 제외한 기타 경비는 연구원들이 시스템에 입력한 각 프로젝트별 연구 활동 시간에 의해 비례배분됩니다(회사별로 보다 정교한 시스템 및 프로세스를 구축하여 ABC(활동별) 원가계산을 적용할 수도 있습니다).

월 결산(비용 집계)		비용 배분			
계정과목	백만 원	프로젝트	재료비	인건비	기타
재료비	45,526	아반떼 27	0	3,544	26,087
인건비	74,428	소나타 26	7,588	12,405	91,304
감가상각비	414,232	제네시스 25	33,386	54,581	401,737
전력비 등	74,155	산타페 23	4,553	3,899	28,695
지급수수료	3,535				
기타 비용	55,901				
합계	667,777	합계	45,526	74,428	547,823

4. 개발비 자산화 회계처리 입력

월 결산(비용 집계)		비용 배분			
계정과목	백만 원	프로젝트	재료비	인건비	기타
재료비	45,526	아반떼 27	0	3,544	26,087
인건비	74,428	소나타 26	7,588	12,405	91,304
감가상각비	414,232	제네시스 25	33,386	54,581	401,737
전력비 등	74,155	산타페 23	4,553	3,899	28,695
지급수수료	3,535				
기타 비용	55,901				
합계	667,777	합계	45,526	74,428	547,823

앞 문단의 3단계에서 해당 월에 발생한 각 계정별 비용이 각 프로젝트에 배분되어 프로젝트별 원가계산이 완료되었습니다. 이 중에서 프로젝트별로 해당 월의 연구개발 활동 단계가 개발단계(Development)로 분류된 프로젝트에 대해서만 개발비 자산화를 할 수 있습니다. 따라서 소나타 26 프로젝트와 제네시스 25 프로젝트만 개발단계이므로 자산화할 수 있고, 아반떼 27은 연구단계이므로 모든 비용을 발생 월의 비용으로 처리해야 하며, 산타페 23은 양산 단계이므로 배부된 모든 비용은 제조원가가 됩니다.

개발비를 자산화한다는 것은 월 결산 시 각 계정별로 비용회계처리된 금액 중 자산화 프로젝트에 배분된 비용을 역분개하여 비용을 취소하고 무형자산(개발비)로 계상하는 분개를 입력합니다.
비용 처리 된 금액 중 취소할 금액: 소나타 26과 제네시스 25에 배분된 금액
재료비: 7,588 + 33,386 = 40,974
인건비: 12,405 + 54,581 = 66,986
기타 비용: 91,304 + 401,737 = 493,041

개발비 자산화 분개

차변		대변	
계정과목	금액	계정과목	금액
개발비(소나타 26)	111,297	재료비	40,974
개발비(제네시스 25)	489,704	인건비	66,986
		감가상각비	372,809
		기타 제비용	120,232
합계	601,001	합계	601,001

프로젝트별로 무형자산 처리된 금액은 누적적으로 집계된 후 개발단계 종료 후 양산 단계에 들어서면 경제적 내용연수(프로젝트 양산 기간(5년~7년 등)) 동안 감가상각을 합니다.

요약정리

연구개발비를 자산화하기 위해서는 연구소에서 발생하는 모든 성격의 비용(재료비, 노무비, 제경비)을 각 프로젝트별로 정확하게 추적/배부하는 시스템과 프로세스를 구축해야 합니다. 이를 위해

(1) 프로젝트 관리 시스템(매월 각 프로젝트의 진행 단계를 연구단계와 개발단계로 구분하는 프로세스를 구축)

(2) 연구원 연구개발 활동(프로젝트별 투입 시간) 입력 시스템

(3) 회사는 보통 제조원가계산을 위해 공장 생산 라인만 재료비를 추적 관리 하지만, 연구소 발생 재료비도 프로젝트별 추적시스템을 구비하여야 합니다.

위의 3가지 시스템(프로세스)가 구축되지 않으면 외부 회계감사 시 감사인은 개발비 자산화를 인정하지 않습니다(특히 2번 연구원의 프로젝트별 투입 시간 입력 시스템).

제14장

국고보조금

국고보조금 회계처리의 핵심

1. 회사가 지출하는 금액에서 국고보조금 수령액을 차감한 후의 순액만큼만이 회사가 실제로 부담하는 금액입니다. 따라서 순액만큼만 비용으로 회계처리되어야 합니다.

2. 회계처리는 2단계로 나눕니다. 먼저 회사가 지출하는 총액을 먼저 회계처리한 후 국고보조금 수령액을 나중에 회계처리합니다. 총액을 먼저 비용 처리한 후 국고보조금 수령액으로 비용 처리한 금액에서 차감합니다. 국고보조금 수령의 원인이 되는 거래(기계장치 등 자산취득, 연구개발을 위한 연구원의 급여 보조 등)에 대한 회계처리는, 국고보조금 수령에 대해서는 신경 쓰지 말고 다른 일반적인 거래들과 동일하게 먼저 회계처리를 합니다. 즉, 회사가 지출하는 총액을 비용으로 먼저 회계처리합니다. 그러면 국고보조금을 수령한 후 국고보조금 계정을 이용하여 앞에서 먼저 회계처리한 것(자산취득 후 감가상각, 인건비 등 비용 지급 등)을 수정하는 회계처리를 합니다(먼저 비용 처리한 금액에서 국고보조금 수령액만큼 비용을 역분개(차감)하는 회계처리를 합니다).

자산취득 국고보조금 회계처리

기계장치 취득원가 100에 대해 국고보조금을 50 수령하는 경우의 회계처리는 아래와 같습니다. 먼저 기계장치 취득에 대해 회계처리합니다(내용연수 5년으로 감가상각).

구분	차변		대변	
	계정과목	금액	계정과목	금액
취득 시	기계장치	100	미지급금	100
기말 결산				
1년 차 말	감가상각비	20	감가상각누계액	20
2년 차 말	감가상각비	20	감가상각누계액	20

(3~5년 차 말에도 동일한 회계처리를 합니다.)

다음으로 국고보조금 회계처리를 아래와 같이 합니다.

구분	차변		대변	
	계정과목	금액	계정과목	금액
수령 시	현금	50	기타유동부채(국고보조금)	50
기계장치 취득 시	기타유동부채(국고보조금)	50	국고보조금-기계장치	50
기말 결산				
1년 차 말	국고보조금-기계장치	10	감가상각비	10
2년 차 말	국고보조금-기계장치	10	감가상각비	10

(3~5년 차 말에도 동일한 회계처리를 합니다.)

매년 B/S에 아래와 같이 표시가 됩니다.

계정과목	취득 시	1년 말	2년 말	3년 말	4년 말	5년 말
기계장치	100	100	100	100	100	100
감가상각누계액	0	(20)	(40)	(60)	(80)	(100)
국고보조금-기계장치	(50)	(40)	(30)	(20)	(10)	0
장부가액	50	40	30	20	10	0

(국고보조금으로 감가상각비만 차감하며, 감가상각누계액은 차감하지 않음에 유의)

비용지출 지원 국고보조금 회계처리

국가나 지방자치단체 등에서 특정 기술에 대한 연구개발을 지원하기 위해 회사의 연구원들에 대한 인건비 중 일부를 지원하는 경우가 많습니다. 이런 경우 급여 지급 시 아래와 같이 국고보조금을 신경 쓰지 말고 급여 자체만을 먼저 회계처리합니다.

구분	차변		대변	
	계정과목	금액	계정과목	금액
1년 차 말	급여	20	현금	20
2년 차 말	급여	20	현금	20
3년 차 말	급여	20	현금	20
4년 차 말	급여	20	현금	20
5년 차 말	급여	20	현금	20

국고보조금 수령액에 대해 아래와 같이 회계처리합니다.

구분	차변		대변	
	계정과목	금액	계정과목	금액
수령 시	현금	10	기타유동부채(국고보조금)	10
1년 차 말	기타유동부채(국고보조금)	10	급여	10

손익계산서상 급여는 회사 지급액에서 국고보조금 수령액이 차감된 후의 순액만이 비용으로 공시가 됩니다.

제15장

회계감사발견사항 사례

회계감사발견사항 사례

기말결산을 완료한 후 외부감사인이 회계감사를 하면 다양한 종류의 기말결산오류(회계감사 발견사항)가 나옵니다. 다음에 나오는 내용을 공부한 후 회사의 기말결산 시 동일한 오류가 발생하지 않도록 내부 프로세스(통제절차)를 구축/개선하고 동시에 기말결산 체크리스트로 활용하시기 바랍니다.

주제	미착재고(운송 중인 재고자산)의 본계정 대체 오류
회사 오류	외부 매입 원재료 등 재고자산이 이미 회사에 입고되었으나 미착재고에서 원재료 등으로 본계정 대체되지 않은 오류입니다. 원재료 회전율은 보통 연간 12회 이상(매입 즉시 한 달 이내 생산에 투입)이므로 해당 원재료는 입고 후 경과한 기간에 따라 이미 매출원가로 되었을 가능성이 높습니다.
수정 분개	(차)매출원가(생산 투입 후 외부 판매분- 입고 후 1개월 이상 경과분) (차)재공품(생산 투입되었으나 외부 판매되지 않은 부분) (대)미착재고(운송 중인 재고자산)

주제	운반비 인식 시기 오류
회사 오류	해외수출 운반비에 대해 운송서비스 완료 시점(해외 현지 도착시점)에 운송비 추정액을 발생주의(accrual)로 회계처리하지 않고 운송업체로부터 인보이스(세금계산서 등)가 도착하는 시점까지 기다렸다가 회계처리하면 이는 지연회계처리 오류입니다.
수정 분개	(차)운반비 (대)미지급비용(accrual)

주제	외화매출 외화환산 오류
회사 오류	외화매출은 발생일에 발생일의 환율로 원화로 환산하여 매출을 기록한 후 월말에 월말 환율로 외화매출채권에 대한 외화환산을 해야 합니다. 회사가 외화매출을 발생일마다 회계처리하지 않고 매월 월간 단위로 집계한 후 매월 말에 일괄처리하는 경우 발생일의 환율로 매출이 기록되지 않고 월말 환율로 기록되므로 그 기간 동안의 환율변동 차이에 해당하는 외화환산손익이 매출액으로 기록됩니다.
수정 분개	환율이 상승한 경우 (차)외화매출 - 외화매출금액 * (월말환율 - 발생일 환율) (대)외화환산이익 - 위의 금액과 동일

주제	매출채권 회수 반제 오류 및 대손충당금 오류
회사 오류	거래처로부터 매출채권 회수 시 전액이 아닌 일부만 입금된 경우 SAP시스템에서 해당 인보이스를 반제처리하지 못하고 (-)매출채권이 생성됩니다((차)현금 100, (대)매출채권 100 회계처리 시 대변에 기재한 금액이 기존 채권을 감소시키는 것이 아니라 새로운 (-)채권을 생성시키는 현상). 이로 인해 매출채권 연령분석표(aging schedule)에 오류가 발생하여 대손충당금 계산에 오류가 발생하게 됩니다.
수정 분개	(차)대손상각비 (대)대손충당금

주제	외화환산 시 환율적용 오류
회사 오류	기말결산 시 세금계산서 수령분 거래가 아닌 미래 발생 예상거래에 대한 추정액을 발생주의로 기말결산 분개로 입력할 때 현업부서(구매팀, 연구소, 관리회계팀 등)로부터 해외종속회사분에 대한 금액을 받을 때 외화금액에 기말환율을 적용한 금액이 아닌 사업계획상 환율을 적용하여 환산한 금액으로 회계처리하면 오류입니다.
수정 분개	(차)해당 비용 (대)해당 부채(자산) - 외화금액 * (기말환율 - 사업계획환율)

주제	스크랩 재고자산 손실 미반영 오류
회사 오류	생산 공정에서 발생한 스크랩에 대해 발생 즉시 스크랩으로 회계처리해야 하는데 실적악화를 우려하여 스크랩으로 회계처리하지 않는 경우 이는 오류입니다.
수정 분개	(차)매출원가 (대)재공품

주제	매출 단가 적용 오류
회사 오류	자동차 부품업체가 완성차업체에 부품을 제조/매출하는 경우 차량의 한 모델이 5년~7년 동안 수년간 지속되므로 해당 프로그램 시작 시 매년 납품 단가를 확정하는 계약을 체결합니다. 매년 새해가 되면 완성차의 구매시스템(협력업체의 납품 수량관리 시스템)에 구입단가(협력업체의 매출 단가)를 계약서에 따라 업데이트하여야 하나 지연되어 잘못된 단가로 세금계산서가 발행되는 경우 협력업체의 매출회계처리 금액에 오류가 발생할 수 있습니다. 협력업체는 차액에 대해 어차피 반환하여야 하므로 차액을 Accrual 로 회계처리해야 합니다.
수정 분개	(차)매출(accrual) (대)매출채권(accrual 채권)

주제	내부거래 미실현이익율 오류
회사 오류	연결재무제표 작성 시 관계회사와의 내부거래 미실현이익을 제거해야 하는데, 미실현이익을 시스템이 아닌 엑셀 파일로 계산하면서 엑셀 처리 오류를 범해 미실현이익 계산에 큰 오류가 발생하였습니다. 이러한 오류를 방지하기 위해서는 내부거래 이익율을 회사가 집계하는 수준(제품별, 그룹별)별로 전기 이익율과 당기 이익율을 비교하여 큰 변동이 있는지 파악하는 절차가 있어야 합니다.
수정 분개	(차)매출원가 (대)재고자산

주제	외화환산 오류
회사 오류	외화장기차입금에 대해 외화환산을 해야 하는데, 당기에 차입한 차입금만 환산을 하고 전기(전기 이전)에 차입한 차입금에 대해서는 환산을 하지 않아서 오류가 발생했습니다.
수정 분개	(차)외화환산손실 (대)장기차입금(외화)

주제	외화환산 오류
회사 오류	매월 초에 관리회계목적으로 전월 말 외화환산손실에 대해 역분개를 하여 취소하는 프로세스를 구축한 회사가 많습니다. 새해가 되면 전기말에 계상한 외화환산손실은 모두 이익잉여금으로 마감되어 새해에는 존재하지 않으므로 1월 초에는 역분개를 할 대상이 없는데 역분개를 입력하면 오류가 됩니다.
수정 분개	(차)외화자산(부채) (대)외화환산손실(이익)

주제	동일 회사 사업부 간 거래 미제거
회사 오류	회사 내에 여러 사업부(엔진, 건설기계, 산업차량, 공작기계 등)가 있고 한 사업부(엔진)에서 다른 사업부(건설기계, 산업차량)로 제품을 제조/공급하는 내부거래를 하고 있습니다. 회사는 사업부별로 손익관리(성과평가)를 위해 부문별로 재무제표를 작성한 후 회사 전체로 합산하여 외부에 공시하고 있는데, 사업부 간 내부거래를 제거하지 않는 오류를 범했습니다.
수정 분개	(차)매출 (대)매출원가 (차)매입채무 (대)매출채권 (차)매출원가 (대)재고자산(내부거래 미실현이익)

주제	할부매입거래 오류
회사 오류	회사는 기계장치를 계약금, 중도금, 잔금 지급 등 할부거래로 구입하였는데 기계장치 입고 시 취득원가 전체가 아닌 할부금 중 지급한 부분만 회계처리한 후 감가상각을 개시하고, 이후 할부금 지급시마다 기계장치의 취득 회계처리 및 감가상각 개시 회계처리하는 오류를 범했습니다.
수정 분개	(차)기계장치 (대)장기미지급금 (차)감가상각비(전기분은 이익잉여금) (대)감가상각누계액

주제	유형자산 처분거래 총액주의 처리
회사 오류	유형자산 처분 시 처분대금과 유형자산 장부가액과의 차액만을 유형자산 처분이익(손실)으로 회계처리를 해야 합니다. 회사는 유형자산 처분대금 전액을 유형자산 처분이익으로, 유형자산 장부가액 전체를 유형자산 처분손실로 회계처리하는 오류를 범했습니다.
수정 분개	(차)유형자산처분이익 (대)유형자산처분손실 - 회사가 계상한 유형자산 처분이익과 유형자산 처분손실의 차이 금액(큰 수에서 작은 수를 뺀 금액)

주제	배당금수익 인식 시기 오류
회사 오류	회사는 배당금수익을 피투자회사의 주주총회에서 배당을 선언한 시점에 인식하지 않고 현금 수령 시점에 인식하는 오류를 범했습니다.
수정 분개	피투자회사 주주총회 배당금 선언 시점 (차)미수수익 (대)배당금수익

주제	제품보증충당부채 순액 회계처리 오류
회사 오류	제품보증비 발생 시 회사와 협력업체 간 분담하는 경우가 대부분인데 제품보증비 발생액 총액을 제품보증충당부채로 회계처리하고 협력업체에 청구하는 부분을 자산으로 처리하는 총액법을 사용하여야 합니다. 회사가 제품보증비 중 협력업체 부담분을 차감한 순액만을 부채로 회계처리하면 오류입니다. 또한 IFRS에서는 제품보증비의 일부를 제3자에게 변제청구하는 경우에도 자산성(청구에 대한 권리)이 확실한 경우에 한하여 자산으로 회계처리하여야 합니다. 따라서 제품보증충당부채는 과거 경험률에 따라 추정한 총액을 부채로 회계처리하되, 변제자산의 경우 회사와 협력업체 간 분담금액이 확정되는 시점까지는 자산으로 회계처리할 수 없습니다.
수정 분개	부채를 순액처리한 경우 (차)변제자산 100 (대)제품보증충당부채 100 변제자산을 협력업체와 확정하기 전에 인식한 경우 (차)판매보증비 (대)변제자산

제16장

연결재무제표 작성:
자회사 직접 설립 시 연결

자회사 인수 유형별 연결 절차 요약

<table>
<tr><th rowspan="2">연결 절차</th><th rowspan="2">자회사 직접 설립 시</th><th colspan="2">M&A로 타 회사 인수 시</th></tr>
<tr><th>기초 인수 시</th><th>기중 인수 시</th></tr>
<tr><td>재무제표 단순합산</td><td colspan="3">재무제표 단순 합산은 3가지 경우 모두 동일함</td></tr>
<tr><td>투자 vs 자본 상계제거</td><td>자회사 설립 시 자본금(및 주발초)</td><td>인수 당시 자회사 자본 총계(자본금은 물론 다른 모든 자본계정도 포함)</td><td>인수 당시 자회사 자본총계(B/S 모든 자본계정 금액은 물론 기초부터 인수일까지의 I/S상 모든 계정 잔액)</td></tr>
<tr><td>투자차액배분(자회사 자산 평가증)</td><td>해당 없음</td><td colspan="2">PPA(기업인수가격배분) 보고서에 근거하여 장부가와 시가가 차이(투자차액)가 나는 자산에 대해 차액을 가산하여 자산을 시가로 평가증 하는 연결조정 분개 입력</td></tr>
<tr><td>투자차액상각</td><td>해당 없음</td><td>각 자산별 잔존내용연수 기간 동안 평가차액 상각</td><td>왼쪽과 동일(다만 인수 첫해에는 인수일 이후 기간만)</td></tr>
<tr><td>내부거래 상계제거</td><td colspan="3">내부거래 상계제거는 3가지 경우 모두 동일함</td></tr>
<tr><td>GAAP 차이 조정</td><td colspan="3">모회사(KIFRS)와 자회사 소재지 국가 회계기준 차이 조정 분개 입력(금융리스, 퇴직급여충당부채, 개발비자산화 등)</td></tr>
<tr><td>연결이연법인세</td><td colspan="3">자회사 취득 이후 순자산증가(미배당이익)에 대한 이연법인세, 내부거래 미실현이익에 대한 이연법인세, GAAP 차이 조정 분개에 대한 이연법인세, M&A 인수 자회사 투자제거차액(PPA)에 대한 이연법인세</td></tr>
</table>

이 챕터를 모두 공부하신 후에 정리하실 목적으로 읽으시기 바랍니다. 처음엔 그냥 지나가셔도 좋습니다.

연결이 뭐예요?

삼성전자는 자산이 얼마나 되고 매출이 얼마나 되나요? 삼성전자 개별 재무제표를 보면 알 수 있습니다.
그러면 삼성전자 말고도 삼성그룹 전체는 자산이 얼마나 되고 매출이 얼마나 되나요? 그걸 알고 싶다면 삼성그룹에 속한 모든 계열사의 재무제표를 합하면 되겠죠? 이처럼 한 회사만의 재무상태나 경영성과가 아니라 (1) 모회사와 (2) 모회사가 투자한 자회사 전체(특수관계자 그룹)의 재무상태와 영업실적을 파악하고자 할 때 연결재무제표가 사용됩니다.

KIFRS를 도입하기 이전의 한국 기업회계기준에서는 개별재무제표가 주재무제표였으나, KIFRS를 도입하면서 연결재무제표가 주재무제표가 되었습니다. 이에 따라 자회사를 거느리고 있는 모든 모회사들은 원칙적으로 연결재무제표를 작성하고 공시를 해야 합니다. 따라서 회계나 재무관련 업무를 하시는 분들은 연결재무제표를 작성하고, 이해하는 것이 중요한 업무능력이 되었습니다.

연결재무제표 작성방법

연결은 생각보다 정말 쉽습니다. 대부분의 사람들이 회계원리나 중급회계까지만 공부하고 그 이상은 안하기 때문에 고급회계과정에 있는 연결을 공부해 본 적이 없어서 막연히 어려워하는 것일 뿐입니다.

"연결"재무제표는 말 그대로 재무제표를 "연결"하는 것입니다. 아래와 같이 아버지㈜ 회사와 아들㈜ 회사의 재무제표를 연결하여 연결재무제표를 작성하려는 경우 두 회사의 재무제표의 **각 계정별로 잔액을 합산**하면 됩니다.

아버지㈜ 및 아들㈜의 연결재무제표

계정과목	아버지㈜	아들㈜	합산(연결) B/S
현금	330	220	550
매출채권	200	150	350
재고자산	150	120	270
토지	600	300	900
건물	400	400	800
기계장치	700	400	1,100
자산 총계	2,380	1,590	3,970
매입채무	200	200	400
차입금	600	400	1,000
확정급여채무	350	180	530
금융리스부채	150	100	250
부채 총계	1,300	880	2,180
자본금	100	100	200
자본잉여금	200	50	250
이익잉여금	580	500	1,080
기타포괄손익누계	200	60	260
자본 총계	1,080	710	1,790
부채와 자본 총계	2,380	1,590	3,970

설립일의 연결재무제표 작성
자회사 직접 설립 시

아버지㈜가 아들㈜에게 2026년 1월 1일에 자본금 100을 투자하여 자회사를 설립하였습니다.
아버지㈜ 회계처리: (차)투자주식 100 / (대)현금 100
아들㈜ 회계처리: (차)현금 100 / (대)자본금 100
설립일의 두 회사의 개별재무제표는 아래와 같습니다.

계정과목	아버지㈜	아들㈜
현금	330	100
매출채권	200	
재고자산	150	
투자주식	100	
토지	600	
건물	400	
기계장치	700	
자산 총계	2,480	100
매입채무	200	
차입금	600	
확정급여채무	350	
부채 총계	1,150	0
자본금	100	100
자본잉여금	200	
이익잉여금	830	0
기타포괄손익누계	200	
자본 총계	1,330	100
부채와 자본 총계	2,480	100

연결 1단계: 모회사와 자회사 재무제표 단순 합산

연결 1단계는 모회사와 자회사 재무제표를 계정별로 단순 합산하는 것입니다.

계정과목	아버지㈜	아들㈜	합산(연결) B/S
현금	330	100	430
매출채권	200		200
재고자산	150		150
투자주식	100		100
토지	600		600
건물	400		400
기계장치	700		700
자산 총계	2,480	100	2,580
매입채무	200		200
차입금	600		600
확정급여채무	350		350
부채 총계	1,150	0	1,150
자본금	100	100	200
자본잉여금	200		200
이익잉여금	830	0	830
기타포괄손익누계	200		200
자본 총계	1,330	100	1,430
부채와 자본 총계	2,480	100	2,580

연결 2단계: 투자와 자본의 상계제거

연결 2단계는 아버지 회사의 투자주식과 아들 회사의 자본 총계(아버지 회사가 아들 회사 발행주식을 취득할 당시(=설립 당시)의 아들 회사 자본 총계)를 합산 B/S에서 서로 상계하여 제거하는 것입니다.

모회사 투자주식과 자회사 자본 총계 상계제거 분개

(차)자본금(아들 회사) 100 / (대)투자주식(아버지 회사) 100

계정과목	개별재무제표			연결제거 분개		연결 B/S
	아버지	아들	합산 B/S	차변	대변	
현금	330	100	430			430
매출채권	200		200			200
재고자산	150		150			150
투자주식	100		100		100	0
토지	600		600			600
건물	400		400			400
기계장치	700		700			700
자산 총계	2,480	100	2,580			2,580
매입채무	200		200			200
차입금	600		600			600
확정급여채무	350		350			350
부채총계	1,150	0	1,150			1,150
자본금	100	100	200	100		100
자본잉여금	200		200			200
이익잉여금	830	0	830			830
기타포괄손익	200		200			200
자본 총계	1,330	100	1,430			1,430
부채와 자본 총계	2,480	100	2,580			2,580

모회사의 투자주식과 자회사의 자본총계를 상계하여 제거하는 이유는 다음과 같습니다.

아버지 회사 개별회사 입장에서 보면 아버지 회사가 아들 회사에게 자본금 100을 현금으로 투자했으므로 아들 회사의 당기순이익에 대해 배당을 청구할 수 있고, 아들 회사 주식(지분)을 다른 투자자에게 양도할 수 있는 지분(주식)을 보유하고 있기 때문에 투자주식으로 B/S에 기록하는 것이 맞습니다.

또한 아들 회사 개별회사 입장에서 보면 아버지 회사로부터 설립자본금 100을 현금으로 받았기 때문에 아들 회사 B/S에는 자본금 100이 있는 것은 당연한 것입니다.

그러나 아버지와 아들을 합한 그룹(family)을 외부의 제3자가 보면 아버지가 아들에게 준 설립자본금은 그룹 외부에서 들어온 돈(새로 생긴 돈)이 아니라 단지 가족 내에서 아버지가 아들에게로 준 돈(안방에서 건넌방으로 위치만 이동한 돈)이기 때문에 자본금이 있는 것이 아니므로 제거해서 없애야 합니다. 마찬가지로 아버지 회사 재무제표에 계상된 투자주식도 아버지 입장이 아닌 그룹(family) 입장에서 보면 ─ 내가 다른 회사에 대한 청구권(지분)이 있는 것이 아니라 ─ 내가 나 자신에 대한 청구권이 있다는 것은 말이 안 되므로 없는 것입니다.

이렇게 연결 그룹이라는 단일 실체로 보면 모회사 투자주식과 종속회사 자본금은 없는 것이므로 단순 합산 B/S에서 제거합니다.

설립일의 연결재무제표 작성은 이것으로 모두 완료됩니다. 아주 쉽죠? 연결은 생각보다 정말 쉽습니다. ^^

설립일이 속하는 연도의 기말결산 시 연결재무제표 작성을 다음 페이지에서 살펴보겠습니다.

설립연도 기말결산 시 연결재무제표 작성

2026년 1년 동안 아래와 같은 거래만이 발생하였습니다.

아버지가 재고자산 100을 매입하여 아들에게 150에 판매하고 아들은 이를 외부에 180에 판매했습니다. 매출에 대한 대금은 아직 만기일이 도래하지 않았습니다.

아버지(주)		아들(주)	
재고자산 100	매입채무 100		
매출채권 150	매출 150	재고자산 150	매입채무 150
매출원가 100	재고자산 100		
		매출채권 180	매출 180
		매출원가 150	재고자산 150

위의 회계처리를 반영한 후 아버지와 아들의 시산표(T/B)는 다음 페이지에 나와 있습니다. B/S 계정은 물론 매출 및 매출원가 등 손익계산서 계정도 나타내기 위해 시산표로 표시했습니다.

연결 1단계: 모회사와 자회사 재무제표 단순 합산

연결 1단계는 모회사와 자회사 재무제표를 계정별로 단순 합산하는 것입니다. 아들 회사의 경우 설립 시에는 현금과 설립자본금만 있었으나 1년간 영업활동의 결과로 매출, 매출원가, 매출채권, 매입채무 등 여러 자산 및 부채와 손익계산서 계정들이 있습니다.

연결제거 분개 반영 전 시산표

계정과목	개별 시산표			연결제거 분개		연결 T/B
	아버지	아들	합산 T/B	차변	대변	
현금	330	100	430			430
매출채권	350	180	530			530
재고자산	150		150			150
투자주식	100		100			100
토지	600		600			600
건물	400		400			400
기계장치	700		700			700
매출원가	100	150	250			250
자산 총계	2,730	430	3,160			3,160
매입채무	300	150	450			450
차입금	600		600			600
확정급여채무	350		350			350
부채 총계	1,250	150	1,400			1,400
자본금	100	100	200			200
자본잉여금	200		200			200
이익잉여금	830	0	830			830
기타포괄손익	200		200			200
매출	150	180	330			330
자본 총계	1,480	280	1,760			1,760
부채와 자본 총계	2,730	430	3,160			3,160

연결 2단계: 투자와 자본의 상계제거

연결 2단계는 아버지 회사의 투자주식과 아들 회사의 설립 당시 자본 총계를 합산 B/S에서 서로 상계하여 제거하는 것입니다.

모회사 투자주식과 자회사 자본 총계 상계제거 분개

(차)자본금(아들 회사) 100 / (대)투자주식(아버지 회사) 100

자회사를 설립한 이후 시간이 지나면 자회사는 생산 및 판매 등 사업활동을 통해 매출액과 당기순이익을 창출하므로 자본 총계(순자산)가 증가합니다. 설립 이후 시간 경과에 따라 자회사의 순자산이 증가한다고 하더라도 매년 말 연결재무제표 작성 시 **연결 2단계인 투자와 자본의 상계제거 시 상계되는 종속회사 자본금액은 (매년 말 종속회사의 자본 총계가 아니라) 최초 설립 당시의 자본 총계만을 상계제거**합니다. 모회사가 IFRS를 적용하여 자기 자산의 별도재무제표를 작성 시 종속기업투자주식에 대해서 원가법을 적용하여 평가합니다. 원가법이란 종속기업투자주식을 취득 시 취득원가로 기록하고, 그 이후에는 평가증이나 평가감을 하지 않고 계속 취득원가로 유지하는 것을 말합니다. 종속기업투자주식 취득원가는 자회사 설립 시 설립자본으로 지급한 금액(자본금과 주식발행초과금 합계)이므로, 연결 2단계에서 투자자본 상계제거 시 모회사 투자주식(취득원가)과 상계제거되는 종속회사 자본은 (매년 말 종속회사의 자본총계가 아니라) 최초 설립 당시의 자본총계만 해당합니다.

종속회사 투자성과가 연결재무제표에 반영됨: 연결 1단계에서 모회사와 자회사 재무제표를 단순합산하면 시간이 지남에 따라 자회사 설립 이후 자회사 순자산 증가가 그대로 연결재무제표에 합산되는데, 연결 2단계에서 설립 당시의 종속회사 자본만 상계제거되므로 설립 이후의 자회사 순자산 증가는 연결재무제표에 남게 되어 자회사 투자(설립)에 대한 성과로 나타나게 됩니다(아래 표 참조).

연도	설립 시	1년 말	2년 말
모회사 투자주식	100	100	100
자회사 순자산			
자본금	100	100	100
이익잉여금	0	30	150
기타포괄손익누계액	0	0	40
자회사 자본총계	100	130	290
투자자본 상계 후 연결 B/S	0	30	190

연결 3단계: 내부거래 상계제거

2026년 내부거래 현황

아버지(주)		아들(주)	
재고자산 100	매입채무 100		
매출채권 150	매출 150	재고자산 150	매입채무 150
매출원가 100	재고자산 100		
		매출채권 180	매출 180
		매출원가 150	재고자산 150

개별회사 입장에서 보면 아버지가 아들에게 매출한 것, 아들이 아버지로부터 매입해서 외부에 매출한 것 모두 발생한 거래가 맞고 위의 회계처리는 올바른 회계처리입니다. 그러나 아버지와 아들을 합한 연결 그룹 입장에서는 아버지와 아들 간의 거래(위의 표에서 하늘색 칠한 부분)는 없는 것입니다. 가족 입장에서는 아버지와 아들 간의 거래는 안방에서 건넌방으로 위치만 옮긴 것이어서 거래가 발생한 것이 아니며, 가족 입장에서의 거래는 (위의 표에서 하늘색이 칠해지지 않은 부분만) 아버지가 외부에서 재고자산을 100에 사와서 아들이 외부에 180에 매출한 거래만이 진짜로 발생한 거래입니다.

연결제거 분개는 아주 간단합니다. 아버지와 아들 간의 거래는 연결 그룹 입장에서는 발생하지 않은 것이므로 (하늘색 칠해진 부분) 모두 역분개로 취소하는 분개가 연결제거 분개입니다. 다만, 아들이 외부매출 180을 기록할 때 매출원가로 150을 회계처리했으나 연결 입장(가족 입장)에서 올바른 금액은 가족 외부에서 구매한 금액(아버지가 구매한 금액)인 100원이므로 연결내부거래를 역분개로 취소할 때 매출원가는 아버지가 아들에게 매출하면서 기록한 매출원가 100(하늘색 칠해진 부분)을 취소하는 것이 아니라, 아들이 외부에 판매하면서 기록한 매출원가 150(회색 칠해진 부분)을 취소해야 합니다.

연결제거 분개: 내부거래 취소 분개

매출 150	매출채권 150
매입채무 150	재고자산 150
재고자산 150	매출원가 150

연결제거 분개: 순서의 재배열

위의 연결제거 분개(내부거래 취소 분개)를 수익과 비용(매출과 매출원가), 채권과 채무(매출채권, 매입채무)를 대응시키는 것으로 순서를 재배열합니다. 이렇게 하면 실무적으로 내부거래 분개를 일일이 찾아서 역분개로 취소하는 노력을 하지 않고 그냥 1년간 발생한 모회사와 자회사 간의 매출(상대방은 매입) 총액과 아직 결제하지 않은 채권(상대방은 채무) 총액만 파악하여 아주 간단하게 연결제거 분개를 할 수 있습니다.

매출 150	매출원가 150
매입채무 150	매출채권 150
~~재고자산 150~~	~~재고자산 150~~

연결제거 분개 반영 후 시산표 = 연결재무제표

계정과목	개별 시산표			연결제거 분개		연결 T/B
	아버지	아들	합산 T/B	차변	대변	
현금	330	100	430			430
매출채권	350	180	530		150	380
재고자산	150		150			150
투자주식	100		100		100	0
토지	600		600			600
건물	400		400			400
기계장치	700		700			700
매출원가	100	150	250		150	100
자산/비용 총계	2,730	430	3,160			2,760
매입채무	300	150	450	150		300
차입금	600		600			600
확정급여채무	350		350			350
부채총계	1,250	150	1,400			1,250
자본금	100	100	200	100		100
자본잉여금	200		200			200
이익잉여금	830	0	830			830
기타포괄손익	200		200			200
매출	150	180	330	150		180
자본 총계	1,480	280	1,760			1,510
부채자본수익 총계	2,730	430	3,160			2,760

연결 1단계: 모회사와 자회사 시산표 단순 합산

연결 2단계: 모회사 투자주식과 자회사 설립 시 자본 총계 상계제거

연결 3단계: 내부거래 수익/비용, 채권/채무 상계제거

이것으로 연결재무제표 작성이 완료되었습니다. 생각하셨던 것보다 쉽죠? ^^

내부거래 재고 중 일부 미판매 시 연결 (내부거래 미실현이익)

앞의 사례에서는 매입법인이 내부거래로 매입한 재고를 외부에 100% 판매한 경우의 내부거래제거 분개를 공부했습니다. 하지만 회사 실무에서는 재고자산 내부거래의 경우 판매법인이 매입법인에게 매월 지속적으로 판매하며, 특히 해외법인에게 판매하는 경우 운송하는 데 1개월 이상 소요되는 경우도 많아서 기말결산 시에는 매입법인이 내부거래로 매입한 재고를 전부 외부에 판매하는 경우는 거의 없고 거의 항상 일부 재고가 미판매된 상태로 남아 있는 것이 일반적입니다.

내부거래 일반적인 사례

나팀장㈜는 자동차 엔진을 제조하는 회사이며 앨라배마에 자회사를 두고 있습니다. 2026년 1년 동안 나팀장㈜는 앨라배마 자회사에 아래와 같이 내부매출을 하였으며, 운송에 소요되는 기간은 1개월이며, 알라바마 자회사는 도착한 달에 현지 외부거래처에 매출을 합니다. 모회사의 매출액이 자회사의 매입액이 되므로, 자회사가 매출하면 매출원가는 모회사의 매출액(자회사의 매입액)과 같습니다. 내부거래 매출채권은 매출이 발생한 달로부터 2개월 후 회수됩니다.

월	1월	2월	3월~10월	11월	12월	합계
모회사 매출	110	120	1,320	210	220	1,980
자회사 매출원가	-	110	1,240	200	210	1,760

2026년 기말결산 시 모회사는 내부거래 매출 1,980과 내부거래 매출채권 잔액 430(11월분과 12월분)이 재무제표에 계상됩니다. 자회사는 내부거래 매출원가 1,760과 내부거래 재고자산 잔액 220(모회사 12월 매출액=자회사 미착재고) 및 내부거래 매입채무 430(11월분과 12월분)을 재무제표에 표시합니다.

이에 따라 연결재무제표 작성을 위한 내부거래 제거 분개 시 이론적으로는 모회사와 자회사의 분개를 역분개로 제거하여야 하지만, 모회사의 매출분개 12회로 발생한 매출 및 매출채권 중 12월 말까지 채권 중 10개월분이 회수되므로 12월 말 결산 시 모회사 매출분개의 차변(매출채권)과 대변(매출액)에 남아 있는 금액이 달라서 역분개를 할 수 없습니다. 따라서 내부거래 중 일부 미판매의 경우 연결제거 분개하는 방법을 고안해야 하는데 그 방법은 아래에서 설명해 드립니다.

연결 4단계: 내부거래 미실현이익 제거

위의 연결 3단계에서는 아버지가 아들에게 매출한 재고자산이 그해에 전부 외부에 판매된 경우의 내부거래제거 연결조정 분개를 설명해 드렸습니다. 만약 내부거래로 판매된 재고가 하나도 외부에 판매되지 않고 전부 2026년 말 현재 아들 회사의 재무제표에 남아 있는 경우 연결제거 분개 및 재무제표 작성을 해 보겠습니다(아래 표에서 회색 칠한 부분(아들이 외부에 판매한 거래)은 발생하지 않은 상황). 매출채권은 2026년 말 현재 아직 만기일이 도래하지 않았습니다.

아버지(주)		아들(주)	
재고자산 100	매입채무 100		
매출채권 150	매출 150	재고자산 150	매입채무 150
매출원가 100	재고자산 100		
		매출채권 180	매출 180
		매출원가 150	재고자산 150

연결제거 분개는 아주 간단합니다. 아버지와 아들 간의 거래는 연결 그룹 입장에서는 발생하지 않은 것이므로 (아버지와 아들 간 거래에 대해 한 분개: 하늘색 칠해진 부분) 모두 역분개로 취소하는 분개가 연결제거 분개입니다.

연결제거 분개: 내부거래 취소분개

매출 150	매출채권 150
재고자산 100	매출원가 100
매입채무 150	재고자산 150

연결제거 분개: 순서의 재배열

분개의 순서를 채권과 채무, 수익(매출)과 비용(매출원가), 재고자산과 재고자산이 서로 대응되도록 차변에 기록된 분개의 순서를 위와 아래 간에 재배열합니다.

매입채무 150	매출채권 150
매출 150	매출원가 100
재고자산 100	재고자산 150

위의 연결제거 분개의 세 번째 줄에 재고자산이 양쪽에 있으므로 이를 순액으로 표시하면 연결제거 분개는 아래와 같습니다.

매입채무 150	매출채권 150
매출 150	매출원가 100
	재고자산 50

위의 표에서 차변 매출 150에 대응되는 대변의 매출원가 100을 매출액과 동일한 금액인 150으로 기재하고, 올려준 금액 50을 그 바로 밑에 줄의 차변에 기재하면 아래와 같습니다.

매입채무 150	매출채권 150
매출 150	매출원가 150
매출원가 50	재고자산 50

위의 분개가 우리나라 모든 고급회계 교재에 나오는 분개의 모습입니다.

아래와 같은 중요한 의미가 있으므로 기억해 주시기 바랍니다.

1. 연결제거 분개 중 **내부거래 채권/채무 상계제거:** 채권과 채무의 경우 매입법인(채무자)이 매입채무 발생액 중 상환한 금액을 제외한 잔액만큼이 기말에 채권과 채무로 남아 있을 것입니다. 이는 내부거래 재고자산이 기말현재 전부 외부로 판매되었는지, 일부가 미판매되었는지와는 전혀 무관하며, 오로지 매입법인이 매입채무 중 얼마만큼 상환하였는지에 의해 결정됩니다. 또한 매출채권과 매입채무는 발생액도 일치하고 상환액을 제외하고 남아 있는 잔액도 반드시 일치합니다. 따라서 연결제거 분개는 기말에 남아 있는 채권과 채무를 상계제거하면 되며 별다른 이슈가 없습니다.
2. 연결제거 분개 중 **내부거래 수익/비용 상계제거:** 내부거래 재고자산이 100% 외부로 판매되었는지, 일부만 판매되고 나머지가 기말에 남아 있는지 따지지 않고 일단 **판매회사 매출액 기준**

으로 전액 수익/비용 상계제거 분개를 합니다.

매입채무 150	매출채권 150
매출 150	매출원가 150
매출원가 50	재고자산 50

3. **내부거래 재고 중 기말 미판매분 조정:** 위의 2단계 수익/비용 제거분개에서 무조건 전부(100%) 외부판매되었다고 가정하고 판매회사 매출액 기준으로 수익과 비용을 상계제거하였습니다. (1) 재고자산 내부거래가 발생한 상태에서(아래 내부거래 회계처리 표), (2) 모회사와 자회사의 재무제표(시산표)를 단순 합산한 후(아래 단순 합산 연결정산표), (3) 연결제거 분개를 위의 1단계(채권/채무 상계제거)와 2단계(수익/비용 동일한 금액 상계제거)를 하고 나면 연결재무제표에는 어떤 오류가 남아 있을까요? 2가지의 오류가 남아 있습니다(연결정산표 아래 설명 참조).

내부거래 회계처리

아버지(주)		아들(주)	
재고자산 100	매입채무 100		
매출채권 150	매출 150	재고자산 150	매입채무 150
매출원가 100	재고자산 100		

연결정산표 – 내부거래 회계처리만 표시

계정과목	개별 시산표			연결제거분개		연결 T/B
	아버지	아들	합산 T/B	차변	대변	
매출채권	150	0	150		150	0
재고자산	0	150	150			150
매출원가	100	0	100		150	(-)50
매입채무	0	150	150	150		0
매출	150	0	150	150		0

연결정산표에 남아 있는 두 가지 오류에 대해 설명드립니다.

첫 번째 오류는 **재고자산 과대계상** 오류입니다. 아버지 회사가 외부에서 재고자산을 100에 구매해서 아들에게 150에 판매했습니다. 연결재무제표 입장에서는 재고자산이 외부에 판매가 되기 전까지는 외부에서 구매한 취득원가(100)로 표시되어야 하는데, 아버지가 아들에게 이익을 붙여서 판매한 바람에 **아버지의 매출총이익**(150-100=50)**만큼 재고자산이 과대계상**(뻥튀기)되어 있습니다. 따라서 뻥튀기된 금액만큼을 제거(재고자산 차감)하는 분개를 해야 합니다. 대변에 재고자산을 분개하여 과대계상 금액만큼 깎으면 됩니다.

두 번째 오류는 수익/비용 상계제거 시 내부거래 재고자산이 전부(100%) 외부로 판매된 것을 가정하여 매출원가 제거하는 금액을 판매회사의 매출액과 동일한 금액을 제거하는 바람에 "**매출원가 과대제거**" 오류가 발생했습니다. 매출원가를 너무 많이 제거한 금액만큼을 다시 올려 주면 오류가 사라집니다. 따라서 차변에 매출원가를 분개하여 과대제거 금액만큼 올려 줍니다. 과대제거한 금액은 어떻게 계산할까요? 위의 내부거래 회계처리 요약표의 아버지 분개를 보면 매출액 150, 매출원가 100입니다. 매출원가 100만 제거했어야 했는데 이를 매출액에 맞추어서 제거하다 보니 "매출액 150 - 매출원가 100 = 매출총이익 50"만큼 과대하게 제거되었습니다.

여기서 아주 중요한 사실을 알게 됩니다. 위에서 설명한 남아 있는 오류 2가지 중 첫 번째 오류: 내부거래가 발생하면 재고자산은 판매회사의 내부거래로 인한 매출총이익만큼 과대계상된다는 것과 두 번째 오류: 내부거래 수익/비용 상계제거 금액을 차변과 대변을 동일하게 제거하면 판매회사의 내부거래로 인한 매출총이익만큼 매출원가가 과다제거(너무 많이 제거)된다는 것입니다. 두 금액은 항상 같습니다. 따라서 이 두 가지 오류를 제거하기 위해 3번째 내부거래 연결제거를 해야 합니다. 첫 번째 오류인 재고자산 과대표시를 수정하기 위해 대변에 재고자산을 분개하고 과대표시된 금액인 "판매회사 내부거래 매출총이익 50"을 기재하고, 두 번째 오류인 매출원가 과다제거를 수정하기 위해 차변에 매출원가를 분개하고 너무 많이 제거된 금액인 "판매회사 내부거래 매출총이익 50"을 기재합니다.

매입채무 150	매출채권 150
매출 150	매출원가 150
매출원가 50	재고자산 50

3번째 연결제거 분개 반영 후 연결정산표

계정과목	개별 시산표			연결제거분개		연결 T/B
	아버지	아들	합산 T/B	차변	대변	
매출채권	150	0	150		150	0
재고자산	0	150	150		50	100
매출원가	100	0	100	50	150	0
매입채무	0	150	150	150		0
매출	150	0	150	150		0

내부거래 재고자산 일부 미판매 시 연결제거 분개

위에서는 내부거래 재고자산이 전부(100%) 미판매되는 경우 재고자산 과대계상 금액과 매출원가 과다제거 금액을 계산하고 이에 대해 3번째 연결제거 분개를 하여 연결정산표를 작성하는 과정을 설명드렸습니다. 회사 실무에서는 앞에서 일반적인 상황을 예로 든 것처럼 매월 지속적으로 내부거래가 발생하고, 해외 법인으로 운송하는데 1개월 이상의 시간이 소요되므로, 전부 판매되거나 전부 미판매되는 극단적인 상황보다는 12개월 거래 중 일부(11개월)는 판매되고 나머지(1개월)는 미판매되는 상황이 일반적입니다. 이런 상황에서 내부거래 미판매분 연결제거 분개 금액 계산은 아래와 같이 하면 됩니다.

아버지(주)		아들(주)	
재고자산 100	매입채무 100		
매출채권 150	매출 150	재고자산 150	매입채무 150
매출원가 100	재고자산 100		

매입법인(아들) B/S상 재고자산 과다계상액
= 판매법인 내부거래 매출총이익 * 매입법인 내부거래 매입재고 중 미판매 비율
= 판매법인 매출총이익 * 매입법인 내부거래 기말재고/매입법인 내부거래 매입액
= 판매법인 매출총이익/매입법인 내부거래 매입액 * 매입법인 내부거래 기말재고
= 판매법인 매출총이익/판매법인 내부거래 매출액 * 매입법인 내부거래 기말재고
= 판매법인 매출총이익율 * 매입법인 내부거래 기말재고

매입법인(아들) B/S상 재고자산 과다계상액

(i) 판매법인 내부거래 매출 150이 기말 현재 전부 미판매된 경우: 아들 기말재고 150 * 판매법인 내부거래 매출총이익율((150-100)/150= 1/3) = 50

내부거래 미실현이익 연결조정분개: (차)매출원가 50 / (대)재고자산 50

(ii) 판매법인 내부거래 매출 150 중 80%인 120이 판매되고 30이 매입법인 기말재고로 남아 있는 경우: 아들 기말재고 30 * 판매법인 내부거래 매출총이익율(1/3)=10

내부거래 미실현이익 연결조정 분개: (차)매출원가 10 / (대)재고자산 10

내부거래 재고자산 일부 미판매 시 회사 연결 실무

내부거래 재고자산 일부 미판매 시 기말재고자산 과다계상액(내부거래 미실현이익)계산공식인 **"판매법인 매출총이익율 * 매입법인 내부거래 기말재고"**를 활용하여 내부거래 미실현이익을 쉽게 계산할 수 있습니다.

(1) 내부거래 매입 재고 중 미판매 재고 현황 제출

회사 연결 실무에서는 모든 연결 대상 종속회사가 연결결산 시 모회사의 연결회계팀이 연결재무제표를 작성하기 위한 자료를 제출할 때 (1) 자신의 재무제표뿐만 아니라 (2) 내부거래로 매입한 재고자산 중 외부에 판매되지 않고 기말 현재 남아 있는 재고금액을 판매한 법인별로 구분하여 정리한 요약표(아래 예시)를 제출합니다. 아래는 해외 자회사 중 인도법인(매입법인)이 제출한 자료입니다.

판매법인	기말재고
북경	30
슬로박	5
터키	20
알라바마	5
멕시코	0
합계	60

(2) 연결그룹 전체 내부거래 미실현이익 계산

모회사의 연결회계팀(연결시스템)은 모든 종속회사가 제출한 "내부거래로 매입한 재고자산 중 외부에 판매되지 않고 기말 현재 남아 있는 재고금액을 판매한 법인별로 구분하여 정리한 요약표"를 연결 그룹 전체 자료로 취합한 후 판매법인별 내부거래 재고잔액 합계액에 판매법인별 매출총이익율을 곱하여 내부거래 미실현이익을 계산합니다.

구매 / 판매	인도	독일	애틀랜타	재고 합계	GM%	GM
북경	30	10	7	47	15%	7
슬로박	5	20	5	30	10%	3
터키	20	30	10	60	5%	3
알라바마	5	0	45	50	20%	10
멕시코	0	0	40	40	5%	2
합계	60	60	107	227		25

(*) GM: gross margin(매출총이익)

(3) 내부거래 미실현이익 연결조정 분개 연결정산표 입력

(차)매출원가 25 / (대)재고자산 25

회사의 연결시스템 구축 정도에 따라 위의 모든 프로세스는 시스템에서 자동으로 이루어질 수도 있고, 사람이 엑셀 파일로 작업하여 수작업 조정 분개를 입력할 수도 있습니다.

연결제거 분개 반영 후 시산표 = 연결재무제표

계정과목	개별 시산표			연결제거 분개		연결 T/B
	아버지	아들	합산 T/B	차변	대변	
현금	330	100	430			430
매출채권	350	90	440		150	290
재고자산	150	75	225		25	200
투자주식	100		100		100	0
토지	600		600			600
건물	400		400			400
기계장치	700		700			700
매출원가	100	75	175	25	150	50
자산/비용 총계	2,730	340	3,070			2,670
매입채무	300	150	450	150		300
차입금	600		600			600
확정급여채무	350		350			350
부채 총계	1,250	150	1,400			1,250
자본금	100	100	200	100		100
자본잉여금	200		200			200
이익잉여금	830	0	830			830
기타포괄손익	200		200			200
매출	150	90	240	150		90
자본 총계	1,480	190	1,670			1,420
부채자본수익 총계	2,730	340	3,070			2,670

연결손익계산서의 작성

앞 페이지의 연결제거 분개 반영 후 시산표에서 손익계산서 계정들 부분만을 모두 모으면 연결손익계산서를 작성할 수 있습니다.

계정과목	개별 시산표			연결제거분개		연결 T/B
	아버지	아들	합산 T/B	차변	대변	
매출	150	90	240	150		90
매출원가	100	75	175	25	150	50
매출총이익	50	15	65	175	150	40

아버지가 재고자산을 100을 사와서 아들에게 150원에 판매하고(아버지 시산표), 아들은 이 중 50%를 외부에 90에 판매한 것(아들 시산표)이 개별시산표에 잘 나타나 있습니다.

개별시산표를 단순 합산한 후 내부거래 수익비용 제거, 미실현이익 제거 분개를 모두 반영하면 연결손익계산서가 완성됩니다.

연결손익계산서상 매출은 내부거래는 제거되고 외부에 판매한 90만이 나타나며, 매출원가는 매출 90에 대응되는 재고자산의 외부구매원가(전체 구매원가의 50%) 50이 나와 있습니다.

내부거래 수익비용 제거분개 시 수익 제거금액은 모회사가 자회사에 판매한 금액인 150을 제거해야 하며, 잘되어 있습니다.

비용(매출원가) 제거금액은 원래는 모회사가 자회사에 매출한 매출원가 100 + 자회사가 외부에 판매할 때 올바른 매출원가(외부구매원가 100 * 50% = 50)로 기록하지 않고 모회사 구매금액 150 * 50% = 75로 기록해서 매출원가 과대계상액 25를 합한 125를 제거해야 합니다. 그러나 수익과 동일한 금액인 150을 제거한 후, 미판매 재고자산 미실현이익을 계산하면 (모회사 내부거래 매출총이익: 매출액 150 - 매출원가 100 = 50, 매출총이익 50 * 미판매분 50% = 25(내부거래 미실현이익)) 25가 나오는데, 이 금액은 항상 앞에서 내부거래 수익/비용 제거 분개 시 매출원가 제거를 너무 많이 한 금액(올바른 제거액 125 - 수익/비용 시 상계제거액 150 = 25)과 일치합니다.

따라서 수익/비용 제거 시 항상 내부거래 미실현이익(25)만큼 과대제거하고, 그 밑에서 과대제거한 금액을 다시 차변에 매출원가에 가산(원상복귀)시키면서 동시에 대변에 뻥튀기된 재고자산 금액(미실현이익)을 차감하는 분개를 하는 것이 연결제거 분개의 표준화된 절차입니다.

연결재무상태표의 작성

앞 페이지의 연결제거 분개 반영 후 시산표에서 재무상태표 계정들 부분만을 모읍니다. 그리고 자본부분의 이익잉여금 계정 바로 밑에 당기순이익이라는 한 줄을 추가합니다. 당기순이익 라인에는 앞의 연결손익계산서 작성 시 시산표의 맨 아랫줄이 당기순이익이므로 이 값들을 옮기면 됩니다.

연결시산표 중 재무상태표 계정들만 모은 모습

계정과목	개별 시산표			연결제거 분개		연결 T/B
	아버지	아들	합산 T/B	차변	대변	
현금	330	100	430			430
매출채권	350	90	440		150	290
재고자산	150	75	225		25	200
투자주식	100		100		100	0
토지	600		600			600
건물	400		400			400
기계장치	700		700			700
자산 총계	2,630	265	2,895			2,620
매입채무	300	150	450	150		300
차입금	600		600			600
확정급여채무	350		350			350
부채 총계	1,250	150	1,400			1,250
자본금	100	100	200	100		100
자본잉여금	200		200			200
이익잉여금	830	0	830			830
당기순이익	50	15	65	175	150	40
기타포괄손익	200		200			200
자본 총계	1,380	115	1,495			1,370
부채자본수익 총계	2,630	265	2,895			2,620

이익잉여금 밑의 당기순이익 라인의 숫자는 앞 페이지에서 작성한 연결손익계산서의 맨 아랫줄(당기순이익)에 있는 숫자들을 옮긴 것입니다.

계정과목	개별 시산표			연결제거분개		연결 T/B
	아버지	아들	합산 T/B	차변	대변	
매출	150	90	240	150		90
매출원가	100	75	175	25	150	50
매출총이익	50	15	65	175	150	40

연결 5단계: 전기말 내부거래 미실현이익의 당기 실현 분개

2022년에 아버지가 재고자산 100을 매입하여 아들에게 150에 판매하고 아들은 이 중 50%를 외부에 90에 판매했습니다. 2022년 말 현재 내부거래 재고자산 미판매분 50%를 2023년도에 100에 외부판매하였습니다.

2022년 개별재무제표 분개

아버지(주)		아들(주)	
재고자산 100	매입채무 100		
매출채권 150	매출 150	재고자산 150	매입채무 150
매출원가 100	재고자산 100		
		매출채권 90	매출 90
		매출원가 75	재고자산 75

2023년 개별재무제표 분개

아버지(주)		아들(주)	
분개 없음		매출채권 100	매출 100
		매출원가 75	재고자산 75

2022년 말 연결제거 분개

매출 150	매출원가 150
매출원가 25	재고자산 25
매입채무 150	매출채권 150

2023년 말 내부거래 연결제거 분개

내부거래 수익비용 제거 분개: 2023년도에는 매출/매입 내부거래가 없었으므로 연결제거 분개는 없습니다.

내부거래 채권/채무 제거 분개: 2022년 말 채권/채무는 2023년 초에 결제가 되었을 것이므로 연결제거 분개 대상이 사라져서 연결제거 분개는 없습니다.

전기말 내부거래 미실현이익의 당기 실현 분개

이 분개를 이해하는 데 도움이 되는 개념을 먼저 설명드립니다. 회사에서 영업활동과 관련된 거래가 발생하면 시간이 지남에 따라 아래와 같이 회계처리되고 재무제표에 기록됩니다.

1단계: 자산으로 인식 → 2단계: (시간이 지나면) 비용으로 인식 → 3단계: 비용은 그 해 말에 기말결산 시 이익잉여금으로 마감

재고자산의 경우 1단계: 재고자산 → 2단계: 판매 시 매출원가(비용)로 인식 → 3단계: 기말결산 시 매출원가는 이익잉여금으로 마감

따라서 전기말 내부거래 미실현이익의 당기 실현 분개는 아래와 같습니다.

2022년 말 분개: 내부거래 미실현이익 분개

매출원가 25	재고자산 25

2023년 말 분개: 2023년도에 전기말 미판매 재고자산이 외부로 판매됨

이익잉여금 25	매출원가 25

전기말 대변의 재고자산은 당기말 대변의 매출원가로 분개하고, 전기말 차변의 매출원가는 당기말 차변에 이익잉여금으로 분개합니다.

연결 회사 실무 고려 사항
해외 자회사 외화표시 재무제표 환산

현대자동차를 예를 들면, 모회사인 현대자동차는 한국 회사이고, 해외에는 수많은 자회사가 있습니다. 자회사들은 현지 소재 국가의 통화로 재무제표가 작성되므로 모회사인 현대자동차가 한국에서 기말 연결결산 시에는 해외자회사의 외화표시 재무제표를 원화로 환산하는 것이 연결재무제표 작성의 가장 첫 단계가 됩니다.

외화환산 요약

회계에서 외화환산은 아래와 같이 두 가지 그룹으로 나뉩니다.

개별재무제표 작성 시				연결재무제표 작성 시
항목	최초 발생 시	기말 환산 시	만기 결제 시	
화폐성 항목	발생일 환율로 환산	기말환율로 환산: 평가손익	만기환율로 환산: 처분손익	화폐성 vs 비화폐성으로 구분하지 않음 아래에서 자세히 설명
비화폐성 항목	발생일 환율로 원화로 환산	환산 없음	환산 없음	

개별재무제표 작성 시 외화환산이란 모회사가 자기 자신의 회사에서 기중에 외화거래가 발생하는 경우 이에 대한 회계처리를 말합니다. 현대자동차가 해외에 매출을 하는 경우, 해외에서 원재료를 수입하는 경우, 외화차입금을 차입하는 경우 등 외화로 거래가 발생했을 때 이를 원화로 환산하는 것을 의미합니다.

구분	사례	설명
화폐성 항목	외화매출채권, 외화매입채무, 외화차입금	해당 자산(부채)의 장부금액이 미래에 외화로 회수(결제)되는 항목
비화폐성 항목	해외수입 원재료, 해외수입 기계장치, 선수금, 선수수익	자산은 외화회수 목적이 아닌 사용 목적인 자산. 부채는 외화로 지급할 부채가 아닌 재화나 용역을 제공해야 할 부채임.

연결재무제표 작성 시 외화환산

모회사인 현대자동차가 해외 자회사의 외화표시 재무제표를 원화로 환산하는 것을 의미합니다.

<table>
<tr><th>차변 계정</th><th>적용 환율</th><th>대변 계정</th><th>적용 환율</th></tr>
<tr><td rowspan="6">모든 자산</td><td rowspan="6">당기말 환율</td><td>모든 부채</td><td>당기말 환율</td></tr>
<tr><td>자본금</td><td>발생 시 환율</td></tr>
<tr><td>자본잉여금</td><td>발생 시 환율</td></tr>
<tr><td>이익잉여금</td><td>발생 시(각 연도별) 평균환율</td></tr>
<tr><td>기타자본</td><td>발생 시 환율</td></tr>
<tr><td>모든 수익</td><td>당기 연평균환율</td></tr>
<tr><td>모든 비용</td><td>당기 연평균환율</td><td>해외사업환산손익</td><td>차변 원화 환산 총액과 대변 원화 환산 총액의 차액</td></tr>
</table>

원화표시 재무제표처럼 외화표시 자회사 재무제표(시산표)도 차변의 총합계와 대변의 총합계는 일치합니다. 그러나 각 항목에 대해 원화로 환산 시 적용하는 환율이 다르므로 원화로 환산한 후에는 차변의 모든 항목에 대한 원화환산 총액과 대변의 모든 항목에 대한 원화 환산 총액은 차이가 납니다. 이러한 차이는 해외 자회사 주식(지분)에 투자한 이후로 보유 기간 동안 환율변동에 따라 발생한 환율변동손익으로서 회사의 주요 영업활동(손익거래)과 무관하므로 기타포괄손익(자본항목)으로 분류합니다.

해외 자회사 외화표시 재무제표 원화 환산

계정과목	US$	환율	원화	계정과목	US$	환율	원화
현금	9,823	1,263	12,406	매입채무	3,625	1,263	4,578
단기금융상품	10,000	1,263	12,630	미지급금	16,933	1,263	21,386
매출채권	51,338	1,263	64,840	미지급법인세	2,585	1,263	3,265
미수금	56	1,263	71	장기차입금	25,000	1,263	31,575
재고자산	311	1,263	393	확정급여채무	9,609	1,263	12,136
선급금	591	1,263	746	금융리스부채	7,000	1,263	8,841
기타유동자산	865	1,263	1,092	제품보증충당부채	7,722	1,263	9,753
기타포괄금융자산	537	1,263	678	부채 총계	72,474	1,263	91,535
파생상품평가자산	322	1,263	407				
토지	18,336	1,263	23,158	자본금	1,600	1,000	1,600
건물	22,521	1,263	28,444	자잉금	800	1,100	880
기계장치	56	1,263	71	이익잉여금			
비품	30	1,263	38	순이익 2020	24,792	1,122	27,817
건설 중인 자산	9	1,263	11	순이익 2021	22,827	1,157	26,411
이연법인세자산	667	1,263	842	순이익 2022	17,842	1,356	24,194
개발비	22,415	1,263	28,310	소계	65,461		78,421
사용권자산	2,044	1,263	2,582	해외사업환산이익			4,807
기타무형자산	414	1,263	523	자본 총계	67,861		85,708
자산 총계	140,335	1,263	177,243	부채와 자본 총계	140,335		177,243

해외자회사 외화표시 재무제표 원화환산 순서

1. 자산과 부채의 모든 계정을 기말환율로 환산.

2. 자본의 자본금, 자본잉여금, 기타자본항목을 발생당시의 역사적환율로 환산.

3. 자본의 이익잉여금(당기순이익)을 각 연도의 평균환율로 환산.

4. 자산총계 원화환산금액에서 부채총계 원화환산금액을 차감한 금액을 자본총계 원화환산금액(85,708)으로 입력하고, 자본의 모든 계정의 원화로 환산한 금액 합계를 자본총계 원화환산액에서 차감한 결과(4,807)를 해외사업 환산손익이라는 계정으로 입력.

연결 회사 실무 고려 사항
환율 차이로 인한 내부거래 불일치

모회사와 자회사가 소재하는 국가가 다른 경우 모회사와 자회사의 기능통화가 다르므로, 모회사와 자회사가 내부거래에 대해 외화 환산 여부, 환산 시점(주기) 및 적용하는 환율이 서로 다릅니다. 이에 따라 내부거래 채권/채무, 수익/비용을 제거할 때 항상 서로 일치하지 않는 현상이 발생합니다.

실무 사례

자동차 에어컨 제조회사인 푸르지효㈜는 한국에 소재하는 회사이며, 미국 앨라배마 소재 자회사에 2023년 11월 14일에 $1,000의 매출을 하였습니다. 채권의 회수 기일은 60일이어서 2023년 기말 현재 매출채권은 회수되지 않았습니다.
각 일자별 원 달러 환율은 아래와 같습니다.

일자	11월 14일	12월 31일	2023년 연평균환율
환율	$1=1,300	$1=1,400	$1=1,250

개별재무제표 – 연결시스템 업로드 전

모회사 푸르지효와 자회사 푸르지효 앨라배마의 기말결산 재무제표에 포함된 내부거래는 아래와 같습니다. 모회사는 한국 회사이므로 달러거래가 발생하면 발생일의 환율로 원화로 환산한 후, 기말에는 화폐성 외화자산에 대해 기말환율로 환산합니다. 반면, 앨라배마 자회사는 미국회사이므로 달러거래를 환산할 필요가 없습니다.

계정명	푸르지효(모회사)	앨라배마(자회사)
매출/매입액	$1,000 * 1,300 = 1,300,000	$1,000
매출채권/매입채무	$1,000 * 1,400 = 1,400,000	$1,000
외화환산이익	$1,000 *(1,400-1,300)= 100,000	해당 없음

개별재무제표 – 연결시스템 업로드 후

자회사 푸르지효 앨라배마가 모회사의 연결시스템에 달러화 표시 재무제표를 업로드를 하면, 연결시스템에서는 자회사의 재무제표를 원화로 환산합니다(연결을 엑셀 파일로 수작업으로 하는 경우에도 외화 환산에 적용하는 환율은 동일).

앨라배마 푸르지효(자회사): 달러화 표시 재무제표 → 원화 환산

차변	대변
매출원가(매입액) $1,000 * 1,250 = 1,250,000 해외사업환산손실 150,000	매입채무 $1,000 * 1,400 = 1,400,000

모회사와 자회사 내부거래 계정별 금액 비교

계정명	푸르지효(모회사)	앨라배마(자회사)
매출/매입액	$1,000 * 1,300 = 1,300,000	$1,000 * 1,250 = 1,250,000
매출채권/매입채무	$1,000 * 1,400 = 1,400,000	$1,000 * 1,400 = 1,400,000
외화환산이익/해외사업환산손익	$1,000 *(1,400−1,300) = 100,000	150,000

모회사와 자회사 간 내부거래 채권/채무의 금액차이, 수익/비용의 금액 차이가 원래금액(모회사의 금액)의 일정 비율(회사가 자체적으로 정책을 설정, 여기 사례에서는 5%) 이하일 경우에는 외화환산에 적용된 환율(각 국가에서 사용된 환율) 차이로 인해 발생한 것으로 보아 그 차이금액을 해외사업환산손익으로 처리합니다.

내부거래 연결제거 분개 대상은 채권/채무, 수익/비용만 해당하며, 위의 표에서 외화환산이익/해외사업환산손익은 서로 연결제거 분개 대상이 아닙니다.

내부거래 연결제거 분개

계정명	푸르지효 (모회사)	알라바마 (자회사)	연결제거 분개
매출/매입액	1,300,000	1,250,000	(차)매출 1,300,000 (대)매출원가 1,250,000 (대)해외사업환산손익 50,000
매출채권/매입채무	1,400,000	1,400,000	(차)매입채무 1,400,000 (대)매출채권 1,400,000
외화환산이익/ 해외사업환산손익	100,000(이익)	150,000 (OCI 차변)	연결제거분개 없음

KIFRS의 연결재무제표에서는 모회사와 자회사의 환율 차이(기능통화 차이)로 인해 발생하는 내부거래 불일치에 대해 어떻게 처리해야 하는지에 대한 언급이 전혀 없습니다. 회계기준(IFRS, 일반기업회계기준 등)에서 규정이 없는 경우 회사가 자체적으로 회계처리 정책을 수립하면 됩니다. 위의 내용은 해외에 49개의 종속회사를 거느린 국내 회사가 실제 적용한 사례이며, 국내 Big 4 회계법인 중 두 군데에서 회계감사를 하는 동안 감사인이 모두 인정한 회계처리 방법입니다.

연결 회사 실무 고려 사항
내부거래 미실현이익 계산

고급회계 교재에서는 내부거래와 내부거래 미실현이익을 설명할 때 내부거래가 단 한 건 발생한 것으로 설명을 합니다(본 교재의 앞에서 설명할 때도 내부거래(매출)가 단 한 건 발생한 것으로 설명했습니다). 이는 설명과 이해를 쉽게 하기 위함입니다. 회사 실무에서는 내부거래 건수가 매우 많을 경우가 거의 대부분입니다. 이럴 경우 내부거래는 아래와 같이 구합니다.

구분	금액 계산
매출/매입(수익/비용)	연간 총 내부거래 매출액
매출채권/매입채무(채권/채무)	기말 현재 미회수(미결제) 채권/채무 잔액
내부거래 미실현이익(매출총이익)	내부거래 재고자산 중 기말현재 미판매잔액(매입회사 B/S상 기말잔액) * 매출회사의 매출총이익률

내부거래 미실현이익률(매출총이익률) 결정

모회사가 제조원가 80인 제품을 자회사에 100에 매출을 하면 매출총이익률은 20%((100-80)/100)입니다. 자회사가 기말 현재 모회사로부터 매입한 재고자산 100 중 70을 외부에 판매하고, 30을 보유하고 있다면 재고자산에 포함된 내부거래 미실현이익은 30 * 20% = 6으로 쉽게 구할 수 있습니다.
내부거래 미실현이익을 계산하기 위해 적용할 매출총이익률은 아래와 같이 구할 수 있습니다.

구분	계산 기간
모회사 전체 매출총이익률	1년간 매출총이익률
	최근 2개월간 또는 최근 분기별 이익률(회전율 고려)
사업부문별 또는 개별 제품별 매출총이익률	1년간 매출총이익률
	최근 2개월간 또는 최근 분기별 이익률(회전율 고려)

세분화할수록 자회사가 업로드하는 내부거래 정보도 세분화되어야 합니다.

연결 회사 실무 고려 사항
해외 자회사 GAAP 차이 조정 분개

거의 대부분의 글로벌 회사는 모회사는 상장회사이고 자회사들은 비상장회사인 경우가 대부분입니다. 모회사가 한국 회사라고 가정하면 모회사는 상장회사이므로 IFRS를 적용하여 재무제표를 작성하는데, 자회사는 비상장회사이므로 IFRS가 아닌 해외 현지 국가 기업회계기준(Local GAAP, 한국의 일반기업회계기준과 같은)을 적용합니다. IFRS 연결재무제표에서는 모회사와 자회사가 동일한 회계기준을 적용하여 재무제표를 작성하도록 요구하고 있으므로, 자회사들은 현지 결산을 할 때는 현지 기업회계기준에 따라 결산을 한 후, 한국의 모회사의 연결결산을 위해 재무제표 및 주석 자료를 제출할 때는 IFRS 기준으로 변환하여 제출해야 합니다.

Local GAAP TB + GAAP 차이 조정 분개 = IFRS TB

GAAP 차이가 나는 대표적인 유형은 운용리스의 금융리스 전환, 연구개발비를 당기 비용에서 무형자산으로 전환, 퇴직급여충당부채를 현지 기준에서 IFRS 기준(보험수리적손익 확정급여채무)으로 전환, 대손충당금을 현지 기준에서 IFRS(roll rate방식)로 전환하는 것 등이 있습니다.

자회사 Local TB를 IFRS TB로 전환하는 예시: 금융리스

아래 내용은 〈제5장 금융리스〉의 맨 마지막에 있는 GAAP 조정 분개 사례 전체 내용 중 핵심적인 부분만 표시하였습니다. 전체 내용은 〈제5장 금융리스〉를 참조하시기 바랍니다.

낙현㈜는 비상장회사이며 서울 을지로에 사무실을 5년간 임차하는 임대차계약을 체결하였습니다. 임대차계약과 관련된 자료는 아래와 같습니다.

임차물건: 사무실(을지로 ##타워 2개층)
월 임차료: 50,000,000(2개층 합계)
임차계약 시작일: 2021년 12월 1일
임차계약 종료일: 2026년 11월 30일
임차기간 종료 후 소유권이전약정이나 염가구매선택권약정은 없음.
임차건물은 신축건물이어서 경제적 내용연수는 40년으로 추정되며, 임차한 사무실 2개층을 취득하려면 160억의 취득원가가 소요될 것으로 추정됩니다.

낙현㈜의 증분차입이자율은 10%로 파악되었습니다. 2022년 말 결산 시 위의 임차계약에 대한 회계처리를 하고 상장회사인 모회사를 위한 KIFRS 전환 분개(갭 조정 분개)를 작성하시오.

1. 낙현㈜는 비상장회사이므로 일반기업회계기준을 적용하며, 위의 리스는 금융리스 분류 기준을 충족하지 못하므로 운용리스로 회계처리합니다.
2. 모회사는 상장회사이므로 KIFRS를 적용하며, 위의 리스는 금융리스 예외 사항에 해당하지 않으므로 금융리스로 회계처리합니다.
3. GAAP 조정 분개: 운용리스 회계처리를 취소하고 금융리스 회계처리를 해야 합니다. 이때 자산 및 부채계정 금액은 결산일 현재의 금액(누적)으로 하되, 손익계산서 계정은 당기분만 기재해야 합니다. 왜냐하면 손익계산서 계정은 기말결산 후 다음 해가 되면 이익잉여금으로 마감되므로 해당 계정금액의 과거 금액은 사라지고 이익잉여금으로만 남게 되기 때문입니다.

(1) 운용리스 분개 취소 분개

계정	금액	계정	금액
현금	50,000,000	이익잉여금(2021년분)	50,000,000
현금	600,000,000	임차료(2022년분)	600,000,000

(2) 금융리스 인식 분개

계정	금액	계정	금액
사용권자산	2,353,268,451	감가상각누계액	509,874,831
감가상각비(2022년)	470,653,690	금융리스부채	1,937,836,405
이자비용(2022년)	214,957,384	현금	650,000,000
이익잉여금(*)	58,831,711		

(*) 2021년 비용합계: 감가상각비 39,221,141 + 이자비용19,610,570

GAAP 조정 분개는 위의 1번 분개와 2번 분개를 합한 것이므로 실제로는 현금계정은 나타나지 않습니다(두 분개에서 차변 현금과 대변 현금을 상계하여 나타나지 않음).

4. KIFRS 전환 시산표 작성(2022년 말)

	일반기업회계기준 TB	GAAP조정분개		KIFRS TB
		차변	대변	
사용권자산		2,353,268,451		2,353,268,451
감가누계액			(509,874,831)	(509,874,831)
금융리스부채			(1,937,836,405)	(1,937,836,405)
감가상각비		470,653,690		470,653,690
이자비용		214,957,384		214,957,384
임차료비용	600,000,000		(600,000,000)	0
이익잉여금 (기초)(*)	50,000,000	58,831,711	(50,000,000)	58,831,711
합계	650,000,000	3,097,711,236	(3,097,711,236)	650,000,000

(*) 회계(시산표)에서 차변의 숫자는 양수(+)로, 대변의 숫자는 음수(-)로 기록하는 방식을 따라서 위의 표에 기재함. 따라서 이익잉여금은 대변계정이므로 이익잉여금이 양수(예: 당기순이익이 양수인 경우)이면 시산표에서는 음수로 표시됨(마치 금융리스부채가 부채이므로 대변계정이며 음수로 표시되는 것처럼). 그런데 일반기업회계기준하 리스처리 시 임차료비용이 비용이므로 전기 임차료비용은 이익잉여금을 감소시켰을 것이며 따라서 이익잉여금이 음수였으므로 시산표에서는 부호가 반대로 양수로 기재됨.

제17장

연결재무제표 작성: M&A로 타 회사 인수 시 연결

자회사 인수 유형별 연결 절차 요약

<table>
<tr><th rowspan="2">연결 절차</th><th rowspan="2">자회사 직접 설립 시</th><th colspan="2">M&A로 타 회사 인수 시</th></tr>
<tr><th>기초 인수 시</th><th>기중 인수 시</th></tr>
<tr><td>재무제표 단순 합산</td><td colspan="3">재무제표 단순 합산은 3가지 경우 모두 동일함</td></tr>
<tr><td>투자 vs 자본 상계제거</td><td>자회사 설립 시 자본금(및 주발초)</td><td>인수 당시 자회사 자본총계(자본금은 물론 다른 모든 자본계정도 포함)</td><td>인수 당시 자회사 자본총계(B/S 모든 자본계정 금액은 물론 기초부터 인수일까지의 I/S상 모든 계정 잔액)</td></tr>
<tr><td>투자차액배분(자회사 자산 평가증)</td><td>해당 없음</td><td colspan="2">PPA(기업인수가격배분) 보고서에 근거하여 장부가와 시가가 차이(투자차액)가 나는 자산에 대해 차액을 가산하여 자산을 시가로 평가증 하는 연결조정 분개 입력</td></tr>
<tr><td>투자차액상각</td><td>해당 없음</td><td>각 자산별 잔존내용연수기간 동안 평가차액 상각</td><td>왼쪽과 동일(다만 인수 첫해에는 인수일 이후 기간만)</td></tr>
<tr><td>내부거래 상계제거</td><td colspan="3">내부거래 상계제거는 3가지 경우 모두 동일함</td></tr>
<tr><td>GAAP 차이 조정</td><td colspan="3">모회사(KIFRS)와 자회사 소재지 국가 회계기준 차이 조정 분개 입력(금융리스, 퇴직급여충당부채, 개발비자산화 등)</td></tr>
<tr><td>연결이연법인세</td><td colspan="3">자회사 취득 이후 순자산증가(미배당이익)에 대한 이연법인세, 내부거래 미실현이익에 대한 이연법인세, GAAP 차이 조정 분개에 대한 이연법인세, M&A 인수 자회사 투자제거차액(PPA)에 대한 이연법인세</td></tr>
</table>

이 챕터를 모두 공부하신 후에 정리하실 목적으로 읽으시기 바랍니다. 처음엔 그냥 지나가셔도 좋습니다.

연결준비 1단계
M&A로 타 회사 지분 취득 시 인수가격 결정

찬웅㈜는 2023년 1월 1일에 캐나다에 소재하는 자동차 엔진 제조기업을 인수하였습니다. 인수대상회사의 과거 3년간 실적을 기반으로 미래 5년간 영업현금흐름을 추정하고 이를 현재가치로 할인하여 인수가격을 결정합니다.

(단위: 십억 원)

구분	과거 실적			미래 추정				
	2020	2021	2022	2023	2024	2025	2026	2027
매출액	20	50	80	100	120	135	148	160
매출원가	14	37	59	74	89	100	110	118
매출총이익	6	13	21	26	31	35	38	42
판관비	4	8	13	15	18	20	21	22
영업이익	2	5	8	11	13	15	18	19
감가상각비(+)	1.6	4.0	6.4	8.8	10.6	11.9	14.2	15.4
무형자산상각비	0.6	1.6	2.6	3.5	4.2	4.8	5.7	6.1
EBITDA	4	11	17	23	28	31	38	41
법인세(-)	0.5	1.2	1.9	2.7	3.2	3.6	4.3	4.6
순운전자본 증감	(0.6)	(1.3)	(2.1)	(2.6)	(3.1)	(3.5)	(3.8)	(4.2)
CAPEX투자(-)	0.8	2.0	3.2	4.4	5.3	5.9	7.1	7.7
추정현금흐름	2.4	6.1	9.7	13.7	16.4	18.4	22.4	24.2
PVIF(10%)				0.909	0.826	0.751	0.683	0.621
현재가치				12	14	14	15	15
총 현재가치				222			TV	152

M&A에서 기업을 인수할 때 주식 인수가격 결정은 인수 대상 회사의 재무상태표(B/S)상 자산 - 부채 = 자본(순자산) 금액으로 결정하지 않습니다. B/S는 회계기준에 따라 작성된 것이라 토지, 건물 등 많은 자산이 과거의 취득원가로 기록되어 있어서 시가(공정가액)를 반영하지 못하기 때문입니다. 또한 모든 자산과 부채를 시가로 평가해서 인수가격을 결정하지도 않습니다. 개별자산들의 시가의 단순 합계로는 기업의 미래 현금 창출 능력(자체 개발 기술력, 우수한 종업원 등)을 반영하지 못하기 때문입니다.

연결준비 2단계
인수 대상 회사의 인수가격배분 (PPA) 보고서 발행

회계법인을 고용하여 인수대상회사의 인수가격배분(Purchase price allocation) 보고서를 발행합니다. 회계감사목적, 세무조사대비목적으로 반드시 필요합니다.

1. 인수일의 인수 대상 회사의 재무상태표(B/S)를 작성합니다. 재무상태표상 모든 계정의 잔액은 회계기준에 따라 회계처리한 금액입니다.
2. 인수일의 인수 대상 회사의 모든 자산과 부채를 공정가액(시가)으로 평가합니다. 이때 모든 자산과 부채의 범위에는 인수일의 B/S에 포함되어 있는 자산, 부채는 물론 기업회계기준(KIFRS, USGAAP 등)의 규정 때문에 자산, 부채로 인식할 수 없었던 항목도 모두 포함됩니다.
3. 모든 자산과 부채의 시가(위의 2)와 장부가(위의 1)의 차액을 구합니다. 모든 계정의 차액의 합계액에 법인세율을 곱하여 (기업인수로 인한) 연결재무제표상 이연법인세부채 추가액을 계산합니다.
4. 타 회사 인수가격을 위의 2번에서 구한 자산, 부채의 시가에 배분합니다. 또한 위의 3번에서 구한 연결이연법인세에도 배분합니다(이연법인세부채는 부채이므로 인수가격배분 시 차감되는 결과). 배분하고도 남는 금액은 영업권이 됩니다.

M&A 과정에서 인수 대상 회사의 재무제표에는 기록되어 있지 않으나 인수가격배분 과정에 추가되는 자산(연결재무제표 작성을 할 때 추가로 인식되는 자산)은 주로 무형자산입니다. 고객관계가 대표적입니다. 고객과의 장기계약 체결로 인수 후 미래에도 매출과 영업이익이 보장되어 있는 부분이 있으므로 이의 가치를 계산하고 이를 연결재무제표 작성 시 무형자산으로 추가 인식합니다(인수가격배분에도 포함).

연결준비 3단계
기업 인수가격배분표 작성

인수 대상 회사 인수일의 B/S 계정별 시가평가표 작성

회계법인이 발행한 기업인수가격배분(PPA) 보고서를 참조하여 인수일의 인수 대상 회사 B/S 계정별 공정가액과 장부가액의 차액 요약표를 아래와 같이 작성합니다.

(단위: 십억 원)

계정과목	장부가액	공정가액	차액
현금	33	33	0
매출채권	20	18	(2)
재고자산	15	20	5
토지	60	120	60
건물	40	45	5
기계장치	70	75	5
고객관계		30	30
영업권			0
자산 총계	238	341	103
매입채무	20	20	0
기타부채	60	60	0
확정급여채무	35	35	0
이연법인세부채			0
부채 총계	115	115	0
자본금	10		
이익잉여금	113		
자본 총계	123		
부채와 자본 총계	238		

인수 대상 회사의 B/S에는 기록되어 있지 않지만 인수 대상 기업의 자산부채 공정가액 평가를 통해 "고객관계"라는 무형자산이 추가로 30 인식되었습니다.

연결이연법인세 계산

인수 대상 자산(부채)의 시가 - 장부가액 = 차액에 대해 (미래에) 처분 시 처분이익에 대해 법인세를 납부해야 합니다. 따라서 시가와 장부가액의 차액 * 법인세율 = 이연법인세부채를 연결 B/S에 추가로 인식해야 하므로 아래 표에 기재합니다.

계정과목	장부가액	공정가액	차액
현금	33	33	0
매출채권	20	18	(2)
재고자산	15	20	5
토지	60	120	60
건물	40	45	5
기계장치	70	75	5
고객관계		30	30
영업권			0
자산총계	238	341	103
매입채무	20	20	0
기타부채	60	60	0
확정급여채무	35	35	0
이연법인세부채		25	25
부채총계	115	140	25
자본금	10		
이익잉여금	113		
자본총계	123		
부채와자본총계	238		

연결이연법인세부채 = 이연법인세부채 반영 전 자산 및 부채의 시가평가차액(341-238) 103 * 법인세율(24.2%) = 25

영업권 계산

아래 표의 자본 총계의 공정가액 칸에 인수 대상 기업의 지분인수가격 222를 기록합니다(이 챕터의 연결 1단계에서 구한 기업인수가격). 지분은 자본이며, 인수가격은 자본의 공정가액입니다.
공정가액칼럼의 (1) 영업권 금액 입력 전 자산 총계(341)와 (2) 부채 총계(140) & 자본 총계(인수가격 222) 합계액 362와의 차액 21을 영업권 공정가액 칸에 입력합니다.
자산 공정가액 + 영업권 = 부채 공정가액 + 인수가격(인수지분 공정가액)
영업권= 인수가격 - (자산 공정가액 - 부채 공정가액)

계정과목	장부가액(B/S)	공정가액	차액
현금	33	33	0
매출채권	20	18	(2)
재고자산	15	20	5
토지	60	120	60
건물	40	45	5
기계장치	70	75	5
고객관계		30	30
영업권		21	21
자산 총계	238	362	124
매입채무	20	20	0
기타부채	60	60	0
확정급여채무	35	35	0
이연법인세부채		25	25
부채 총계	115	140	25
자본금	10		
이익잉여금	113		
자본 총계	123	222	
부채와 자본 총계	238	362	

M&A로 자회사 인수 시 영업권 발생 이유

자회사 주식(자본) 가치(인수가격): 자회사의 미래의 총 현금흐름의 현재가치

연도	1	2	3	4	5
현금흐름	13.7	16.4	18.4	22.4	24.2 + 152
현재가치	222				

모회사가 자회사 주식을 취득했으므로 연결재무제표를 작성하기 위해 자회사의 B/S상 자산과 부채를 합산해야 합니다.

주식(자본) = 자산 - 부채

그런데 왼쪽의 주식의 가치계산은 미래의 자회사의 총 현금흐름을 현재가치로 평가하였고, 오른쪽의 자산이나 부채는 인수 시점에서의 개별자산의 시가를 알 수 있을 뿐입니다. 왼쪽과 오른쪽의 가치평가(계산) 로직이 다르므로 양쪽의 금액은 차이가 날 수밖에 없습니다. 이 금액이 영업권입니다. 개별자산과 부채의 시가의 단순 합산으로는 설명하지 못하는 기업의 미래현금흐름 창출능력의 가치입니다.

자회사 재무상태표(B/S)

자산: 인수 시점 시가로 평가	부채: 인수 시점 시가로 평가
대차차액=영업권: 기업의 미래현금흐 름창출능력이 인수 시점 자산과 부채의 시가를 초과하는 부분	자본(주식): 기업의 미래현금흐름의 현재가치로 평가

제1절
인수일의 연결재무제표 작성

연결 1단계: 모회사 시산표와 자회사 시산표 단순 합산

연결의 1단계는 항상 모회사 시산표와 자회사 시산표를 단순 합산하는 것입니다.

계정과목	모회사	자회사	단순 합산
현금	300	33	333
매출채권	250	20	270
재고자산	220	15	235
투자주식	222		222
토지	700	60	760
건물	400	40	440
기계장치	300	70	370
고객관계	0		0
영업권	0		0
자산 총계	2,392	238	2,630
매입채무	230	20	250
기타부채	1,060	60	1,120
확정급여채무	380	35	415
이연법인세부채			0
부채 총계	1,670	115	1,785
자본금	10	10	20
이익잉여금	712	113	825
자본 총계	722	123	845
부채와 자본 총계	2,392	238	2,630

인수한 자회사가 해외 소재 회사이므로 먼저 외화표시 자회사 재무제표를 원화로 환산하여야 합니다. 〈제16장 연결재무제표 작성: 자회사 직접 설립 시 연결〉의 후반부에 설명드린 외화표시 재무제표의 원화환산 내용을 참조하시기 바랍니다.
자회사 재무제표를 원화로 환산한 후 모회사 재무제표와 단순 합산합니다.

인수일의 연결제거 분개 이해

M&A로 자회사 인수하여 연결재무제표를 작성할 때 반드시 이해하여야 할 사항이 있습니다. M&A 거래는 자회사의 기존 주주(모회사)가 새로운 주주(새로운 모회사)에게 주식(자회사)을 양도하는 거래입니다. 두 주주 간의 주식 거래일 뿐 정작 자회사에서는 아무런 일(거래)도 발생하지 않았습니다. 따라서 아래와 같은 사항을 고려해야 합니다.

ⅰ. 자회사 개별재무제표 결산	주주의 변동은 회계처리 대상도 아니고, 인수 이후 자회사 회계처리에 아무런 영향도 없습니다. 따라서 인수 전과 동일하게 (역사적원가주의에 따라) 개별재무제표 결산을 합니다.
ⅱ. 연결조정분개	연결 1단계는 모회사와 자회사 재무제표를 단순 합산하는 것인데, 모회사는 자회사를 시가를 주고 인수하였으므로 연결재무제표상 자회사 자산과 부채를 시가로 표시해야 하나, 자회사는 (아무런 일도 발생하지 않았으므로) 여전히 역사적원가주의에 의해 재무제표를 작성하고 이를 모회사의 연결시스템에 업로드(단순 합산)합니다. 따라서 모회사 연결회계팀은 (1) PPA 보고서에 따라 작성한 자회사 자산/부채의 시가 - 장부가 = 차액을 (2) 자회사의 역사적원가주의 개별재무제표상 자산/부채에 가산하는 연결조정분개를 입력하여 (3) 자회사 자산 및 부채가 연결재무제표에서 시가로 표시되도록 합니다.
ⅲ. 연결재무제표	1단계 단순합산: 자회사 역사적원가 재무제표 + 2단계 연결조정 분개: 자회사 시가와 장부가 차액 가산 = 3단계: 자회사 자산 및 부채가 연결재무제표에서 시가로 표시됨

연결 2단계: 모회사 투자주식과 인수일의 자회사 자본총계 상계제거

모회사 투자주식(인수가격)과 인수일의 자회사 자본총계(B/S 장부가액)를 상계제거하면, 시가와 장부가액이 차이가 나므로 차변합계와 대변합계가 차이가 납니다. 이를(대차차액을) 차변에 '투자차액'으로 기록합니다(아래 표에서는 일단 영업권에 입력되어 있습니다).

계정과목	모회사	자회사	단순합산	차변	대변	연결 T/B
현금	300	33	333			333
매출채권	250	20	270			270
재고자산	220	15	235			235
투자주식	222		222		222	0
토지	700	60	760			760
건물	400	40	440			440
기계장치	300	70	370			370
고객관계	0		0			0
영업권	0		0	99		99
자산 총계	2,392	238	2,630			2,630
매입채무	230	20	250			250
기타부채	1,060	60	1,120			1,120
확정급여채무	380	35	415			415
이연법인세부채			0			0
부채 총계	1,670	115	1,785			1,785
자본금	10	10	20	10		10
이익잉여금	712	113	825	113		712
자본 총계	722	123	845			845
부채와 자본 총계	2,392	238	2,630			2,630

연결 3단계: 자회사 자산의 시가평가증 분개(투자차액 배분)

자회사 주식(자산-부채)을 시가를 주고 인수를 했는데, 자회사는 독립된 별도 법인이라 재무제표를 시가로 수정하지 않고 역사적원가로 개별결산을 합니다. 모회사가 연결재무제표를 작성할 때 자회사 재무제표를 시가를 기준으로 연결재무제표를 작성해야 하는데, 자회사가 역사적원가 재무제표를 업로드하므로, 자회사 자산(부채)을 시가로 평가증 하기 위해 시가와 장부가액의 차액만큼 가산하는 연결조정 분개를 합니다.

인수자산부채의 시가차액 요약표

계정과목	장부가액(B/S)	공정가액	차액
현금	33	33	0
매출채권	20	18	(2)
재고자산	15	20	5
토지	60	120	60
건물	40	45	5
기계장치	70	75	5
고객관계		30	30
영업권		21	21
자산 총계	238	362	124
매입채무	20	20	0
기타부채	60	60	0
확정급여채무	35	35	0
이연법인세부채		25	25
부채 총계	115	140	25
자본금	10	투자주식 (시가)	투자차액
이익잉여금	113		
자본 총계	123	222	99

연결제거 분개: 장부가와 시가의 차액 가산 분개

연결 2단계에서 투자주식(시가)과 자회사 자본(장부가액)을 상계제거하면서 시가와 장부가액의 차액이 한 줄로 "투자차액"으로 분개되었습니다. 한 줄로 표시된 금액을 각 자산과 부채 계정과목별로 시가와 장부가액의 차액을 배분하는 분개를 입력합니다.

차변	금액	대변	금액
재고자산	5	매출채권	2
토지	60	이연법인세부채	25
건물	5	투자차액	99
기계장치	5		
고객관계	30		
영업권	21		

자회사 자산의 시가평가증 분개를 반영한 후 연결 T/B

계정과목	모회사	자회사	단순 합산	차변	대변	연결 T/B
현금	300	33	333			333
매출채권	250	20	270		2	268
재고자산	220	15	235	5		240
투자주식	222		222		222	0
토지	700	60	760	60		820
건물	400	40	440	5		445
기계장치	300	70	370	5		375
고객관계	0		0	30		30
영업권	0		0	99	78	21
자산 총계	2,392	238	2,630			2,532
매입채무	230	20	250			250
기타부채	1,060	60	1,120			1,120
확정급여채무	380	35	415			415
이연법인세부채			0		25	25
부채 총계	1,670	115	1,785			1,810
자본금	10	10	20	10		10
이익잉여금	712	113	825	113		712
자본 총계	722	123	845			722
부채와 자본 총계	2,392	238	2,630			2,532

M&A로 인한 모회사 외형(자산 및 부채) 증가효과 공시

M&A로 타 회사를 취득한 연도의 경영진보고서/외부 공시자료 작성 시 타 회사 취득으로 인한 모회사의 외형(자산, 부채) 증가효과를 **취득한 자회사 재무제표(또는 연결재무제표) 기준**으로 분석하면 **올바르지 않습니다**. 모회사 연결재무제표 작성 시 자회사 재무제표 단순 합산 후 자회사 자산 및 부채의 시가와 장부가의 차액을 가산하는 연결조정 분개(영업권 포함)를 입력하므로 모회사 연결재무제표상 증가되는 효과는 결국 **자회사 자산 및 부채의 시가(영업권 포함)**가 됩니다.

M&A로 인한 모회사 연결 B/S 증가 효과 계산

구분	자회사 B/S	투자차액	연결 B/S 영향
자산총계(A)	238		238
투자차액배분(B)		124	124
자산총계(C=A+B)	238	124	362
부채총계(D)	115		115
투자차액배분(E)		25	25
부채총계(F=D+E)	115	25	140
자산-부채	123	99	222

여기서 주의할 것은 위의 표에서 연결 B/S 증가 영향이 자산 총계 362 증가, 부채 총계 140 증가는 맞지만 자산-부채=222만큼 연결순자산이 증가하는 것은 아닙니다. 222는 모회사가 자회사를 인수한 취득원가입니다. 만약 모회사가 자회사 인수대금 222를 전액 모회사가 보유하고 있던 현금으로 지급하여 취득하는 경우 M&A로 인해 연결 B/S상 자산증가는 위의 표의 자산 총계 증가 362에서 현금 지급액 222를 차감한 140만큼만 증가하며, 이는 부채 증가 140과 일치합니다. 즉, 아래의 두 가지 분개를 합한 것이 모회사 연결 B/S 증가효과 최종값입니다.

1. 모회사의 자회사 주식 취득 분개: (차)투자주식 222 / (대)현금 222
2. 모회사 및 자회사 단순합산 후 투자자본상계제거

차변		대변	
자산(자회사)	238	부채(자회사)	115
		자본(자회사)	123
자산(평가증)	124	부채(평가증)	25
자본(자회사)	123	투자주식	222

제2절
인수 첫해 기말결산 시 연결재무제표 작성

연결 1단계: 모회사 시산표와 자회사 시산표 단순 합산

연결의 1단계는 항상 모회사 시산표와 자회사 시산표를 단순 합산하는 것입니다. 인수일 이후 두 회사 모두 영업활동을 하여 시산표에는 손익계정도 포함됩니다.

계정과목	모회사	자회사	단순 합산
현금	330	36	366
매출채권	275	22	297
재고자산	242	17	259
투자주식	222	0	222
토지	770	66	836
건물	440	44	484
기계장치	330	77	407
고객관계	0		0
영업권	0		0
매출원가	1,810	272	2,082
판관비	450	68	518
법인세비용	90	14	104
차변 합계	4,959	615	5,574
매입채무	253	22	275
기타부채	1,066	56	1,122
확정급여채무	418	39	457
이연법인세부채			0
부채 총계	1,737	117	1,854
자본금	10	10	20
이익잉여금	712	113	825
매출	2,500	375	2,875
자본/수익 총계	3,222	498	3,720
대변 합계	4,959	615	5,574

연결 2단계: 모회사 투자주식과 인수시점 자회사 자본 총계 상계제거

투자와 자본의 상계제거는 기말결산을 하는 그 시점이 아니라 항상 **인수 시점**의 자회사의 자본 총계를 제거합니다. 그러면 인수일 이후 자회사 순자산의 증가(영업활동으로 인한 당기순이익 증가 등)가 연결재무제표에 반영됩니다.

계정과목	모회사	자회사	단순합산	차변	대변	연결 T/B
현금	330	36	366			366
매출채권	275	22	297			297
재고자산	242	17	259			259
투자주식	222	0	222		222	0
토지	770	66	836			836
건물	440	44	484			484
기계장치	330	77	407			407
고객관계	0		0			0
영업권	0		0	99		99
매출원가	1,810	272	2,082			2,082
판관비	450	68	518			518
법인세비용	90	14	104			104
차변 합계	4,959	615	5,574			5,451
매입채무	253	22	275			275
기타부채	1,066	56	1,122			1,122
확정급여채무	418	39	457			457
이연법인세부채			0			0
부채 총계	1,737	117	1,854			1,854
자본금	10	10	20	10		10
이익잉여금	712	113	825	113		712
매출	2,500	375	2,875			2,875
자본/수익 총계	3,222	498	3,720			3,597
대변 합계	4,959	615	5,574			5,451

연결 3단계: 자회사 자산의 시가평가증 분개(투자차액 배분)

자회사 주식(자산-부채)을 시가를 주고 인수를 했는데, 자회사는 독립된 별도 법인이라 재무제표를 시가로 수정하지 않고 역사적원가로 개별결산을 합니다. 모회사가 연결재무제표를 작성할 때 자회사 재무제표를 시가를 기준으로 연결재무제표를 작성해야 하는데, 자회사가 역사적원가 재무제표를 업로드하므로, 자회사 자산(부채)을 시가로 평가증 하기 위해 시가와 장부가액의 차액만큼 가산하는 연결조정 분개를 합니다.

인수자산부채의 시가차액 요약표

계정과목	장부가액(B/S)	공정가액	차액
매출채권	20	18	(2)
재고자산	15	20	5
토지	60	120	60
건물	40	45	5
기계장치	70	75	5
고객관계		30	30
영업권		21	21
이연법인세부채		25	25

연결제거분개 : 장부가와 시가의 차액 가산 분개

차변	금액	대변	금액
재고자산	5	매출채권	2
토지	60	이연법인세부채	25
건물	5	투자차액	99
기계장치	5		
고객관계	30		
영업권	21		

자회사 자산의 시가평가증 분개를 반영한 후 연결 T/B

계정과목	모회사	자회사	단순 합산	차변	대변	연결 T/B
현금	330	36	366			366
매출채권	275	22	297		2	295
재고자산	242	17	259	5		264
투자주식	222	0	222		222	0
토지	770	66	836	60		896
건물	440	44	484	5		489
기계장치	330	77	407	5		412
고객관계	0		0	30		30
영업권	0		0	99	78	21
매출원가	1,810	272	2,082			2,082
판관비	450	68	518			518
법인세비용	90	14	104			104
차변 합계	4,959	615	5,574			5,476
매입채무	253	22	275			275
기타부채	1,066	56	1,122			1,122
확정급여채무	418	39	457			457
이연법인세부채			0		25	25
부채 총계	1,737	117	1,854			1,878
자본금	10	10	20	10		10
이익잉여금	712	113	825	113		712
매출	2,500	375	2,875			2,875
자본/수익 총계	3,222	498	3,720			3,597
대변 합계	4,959	615	5,574			5,475

연결 4단계: 자회사 자산의 시가평가증 금액 상각 분개

인수자산부채의 시가차액 상각 스케줄

계정과목	장부가액(B/S)	공정가액	차액	상각 기간	연상각액
매출채권	20	18	(2)	대손확정 시	0
재고자산	15	20	5	1	5
토지	60	120	60	처분 시	0
건물	40	45	5	잔존연수(20)	0.25
기계장치	70	75	5	잔존연수(2)	2.5
고객관계		30	30	5	6
영업권		21	21	비상각	0
이연법인세부채		25	25	상각자산 상각완료 시	3.33

인수된 자회사는 독립된 기업이므로 자신의 기말결산 시 비용 인식을 역사적원가주의에 의거하여 회계처리합니다. 그러나 모회사 입장에서는 자회사 자산을 시가를 주고 인수하였으므로 자산 상각비를 시가기준으로 인식해야 합니다. 따라서 자회사가 장부가액 기준으로 상각비를 인식한 재무제표를 업로드하면, 모회사 연결회계팀이 평가증 부분에 대하여 잔존내용연수 동안 상각비를 추가적으로 인식하는 연결조정 분개를 입력하여야 합니다.

연결제거 분개: 자회사 자산 장부가와 시가의 차액 상각 분개

차변	금액	대변	금액
매출원가	5	재고자산	5
감가상각비	0.25	건물감가상각누계	0.25
감가상각비	2.5	기계감가상각누계	2.5
무형자산상각비	6	고객관계	6
이연법인세부채	3.33	법인세비용	3.33

위의 연결조정 분개로 재고자산 매출원가와 감가상각비 등이 증가하여 연결세전이익이 감소하므로 법인세비용 감소효과 분개를 맨 아래에 추가합니다.

자회사 자산 시가평가증 상각을 반영한 후 연결T/B

계정과목	모회사	자회사	단순 합산	차변	대변	연결 T/B
현금	330	36	366			366
매출채권	275	22	297		2	295
재고자산	242	17	259	5	5	259
투자주식	222	0	222		222	0
토지	770	66	836	60		896
건물	440	44	484	5	0.3	489
기계장치	330	77	407	5	2.5	410
고객관계	0		0	30	6	24
영업권	0		0	99	78	21
매출원가	1,810	272	2,082	7.8		2,089
판관비	450	68	518	6		524
법인세비용	90	14	104		3.3	101
차변 합계	4,959	615	5,574			5,472
매입채무	253	22	275			275
기타부채	1,066	56	1,122			1,122
확정급여채무	418	39	457			457
이연법인세부채			0	3.3	25	22
부채 총계	1,737	117	1,854			1,875
자본금	10	10	20	10		10
이익잉여금	712	113	825	113		712
매출	2,500	375	2,875			2,875
자본/수익 총계	3,222	498	3,720			3,597
대변 합계	4,959	615	5,574			5,472

M&A로 인한 모회사 손익(매출 및 영업이익) 증가효과 공시

M&A로 타 회사를 취득한 연도의 경영진보고서/외부 공시자료 작성 시 타 회사 취득으로 인한 모회사의 손익(매출 및 영업이익) 증가효과를 **인수한 자회사 손익계산서(또는 연결연결손익계산서) 기준**으로 분석하면 **올바르지 않습니다**. 모회사 연결재무제표 작성 시 자회사 재무제표 단순 합산 후 자회사 자산 및 부채의 시가와 장부가의 차액(시가평가증액)을 가산한 후, 차액(시가평가증액)을 잔존내용연수 동안 상각하는 추가상각비 연결조정 분개를 입력하므로 모회사 연결손익계산서상 증가되는 효과는 결국 **자회사 손익계산서상 매출액 및 영업이익 +/- 투자차액(시가평가증액)에 대한 투자상각비**가 됩니다.

M&A로 인한 모회사 연결손익 증가 효과 계산

구분	자회사 I/S	투자차액 상각비	연결 I/S 영향
매출액	375		375
매출원가	272	7.75(*1)	279.75
매출총이익	103		95.25
판관비	68	6(*2)	74
영업이익	35		21.25
법인세비용	14	(-)3.33	10.67
당기순이익	21		10.58

(*1) 재고자산 5 + 건물 감가상각비 0.25 + 기계감가상각비 2.5 = 7.75

(*2) 고객관계상각비 6

연결 5단계: 내부거래 제거 분개

〈제16장 연결재무제표 작성: 자회사 직접 설립 시 연결〉과 〈제17장 연결재무제표 작성: M&A로 타 회사 인수 시 연결〉은 모회사 투자주식과 자회사 자본의 상계제거 시 투자차액이 발생하지 않는지(16장)의 차이가 있습니다. 이에 따라 투자차액의 배분과 배분된 투자차액의 상각비 추가계상(17장)이라는 차이가 있습니다.

그러나 모회사와 자회사간 내부거래에 대해 수익/비용, 채권/채무, 내부거래 미실현이익의 제거는 자회사 직접 설립 시의 연결이든 M&A로 타 회사 인수 시의 연결이든 차이가 없습니다. 이에 따라 본장에서 내부거래 제거에 대한 자세한 설명은 생략합니다.

2023년 모회사 찬웅㈜와 자회사 간 내부거래 내용

1년간 모회사의 자회사 매출액: 100

2023년 말 현재 모회사의 자회사에 대한 매출채권 잔액: 20

모회사의 자회사 매출액에 대한 평균매출 총이익율: 25%

2023년 말 자회사가 모회사로부터 매입한 재고 중 미판매분: 20

내부거래 연결제거 분개

차변	대변
매출 100	매출원가 100
매출원가 5 (20 * 25%)	재고자산 5
매입채무 20	매출채권 20

제3절
인수 다음 해(2년 차) 기말결산 시 연결재무제표 작성

연결재무제표를 작성할 때 반드시 이해해야 할 사항은 아래와 같습니다.

구분	시스템	회계처리 절차
모회사 개별결산	모회사 회계시스템 (예: SAP)	거래 발생 시 회계시스템에 회계처리를 입력하면 회계시스템에 누적되므로 그 이후 기간에 이미 분개를 입력한 거래에 대해 다시 회계처리할 필요가 없다.
자회사 개별결산	자회사 회계시스템 (예: SAP)	거래 발생 시 회계시스템에 회계처리를 입력하면 회계시스템에 누적되므로 그 이후 기간에 이미 분개를 입력한 거래에 대해 다시 회계처리할 필요가 없다.
연결재무제표 작성	모회사 연결시스템 (또는 엑셀 수작업) – 모회사 개별결산 회계시스템과는 별도의 공간에서 작성	전기에 연결재무제표를 작성했다고 하더라도 다음 해에는 연결재무제표를 **백지 상태에서 처음부터 다시 작성**한다. 따라서 모회사와 자회사 재무제표 단순 합산 후 입력하는 **연결조정 분개(투자자본 상계제거, 투자차액 배분 및 상각)**도 전기에 연결재무제표 작성 시 입력했더라도 그다음 해 연결 시 **처음부터 다시 입력해야 한다.**

모회사가 연결재무제표 작성을 위해 매월 말(또는 기말) 결산 시 자회사에게 자회사의 재무제표를 제출할 것(연결시스템에 업로드)을 요청하면, 자회사는 전기말까지 제출한 재무제표(전기 재무제표) 부분을 제외하고 **당기에 새로 발생한 거래만을 모아 놓은 증분(Incremental) 재무상태표(B/S)를 제출하지 않습니다**. 그런 B/S는 세상에 없기 때문입니다. 자회사는 매년 말 모회사에 B/S를 제출할 때 회사 설립 시부터 그해 말까지 발생한 모든 거래가 축적되어 있는 B/S(우리가 맨날 보는 그 B/S)를 제출합니다. 투자자본 상계제거, 투자차액 배분 및 상각 분개 등 연결조정 분개는 B/S 계정과 관련 있으므로 매년 연결조정 분개를 처음부터 다시 시작합니다.

연결 1단계: 모회사 시산표와 자회사 시산표 단순 합산

연결의 1단계는 항상 모회사 시산표와 자회사 시산표를 단순 합산하는 것입니다. 해외 자회사의 외화표시 재무제표를 원화로 환산한 후 모회사와 자회사의 시산표를 단순 합산합니다. 당연한 말이지만 단순 합산하는 모회사와 자회사 시산표는 매년 말 달라집니다(매년 새로 발생하는 거래가 반영되어 있을 것이므로).

연결 2단계: 모회사 투자주식과 인수 시점 자회사 자본 총계 상계제거

투자와 자본의 상계제거는 **항상 인수 시점의 자회사의 자본 총계**를 제거합니다. 모회사의 투자주식(자회사 주식 인수가격)은 인수 당시의 자회사 자본 총계(순자산)를 기준으로 금액을 계산하여 지급한 것이지 인수 이전 시점이나, 인수 이후 시점을 기준으로 지급한 것이 아니기 때문입니다. 인수 시점의 자회사 자본 총계를 제거하면 연결재무제표에는 인수일 이후 자회사 순자산의 증가(영업활동으로 인한 당기순이익 증가 등)만이 포함됩니다.

투자자본 상계제거가 매년 말 기준 또는 매년 초 기준으로 해마다 달라지지 않고 항상 인수 시점의 자회사의 자본 총계를 기준으로 제거한다는 의미는 무엇일까요?

그것은 시간이 아무리 지나도 투자자본 상계제거는 동일하다는 것입니다. 이에 따라 투자자본 상계제거는 연결시스템에 Permanent 분개(매년 말 달라지지 않고 항상 동일한 분개)로 입력하여 고정시킵니다.

연결 3단계: 자회사 자산의 시가평가증 분개(투자차액 배분)

자회사 주식(자산-부채)을 시가를 주고 인수를 했는데, 자회사는 독립된 별도 법인이라 재무제표를 시가로 수정하지 않고 역사적원가로 개별결산을 합니다. 모회사가 연결재무제표를 작성할 때 자회사 재무제표를 시가를 기준으로 연결재무제표를 작성해야 하는데, 자회사가 역사적원가 재무제표를 업로드하므로, 자회사 자산(부채)을 시가로 평가증 하기 위해 시가와 장부가액의 차액만큼 가산하는 연결조정 분개를 합니다. 이러한 투자차액 배분 분개(시가평가증 분개)는 매년 말 동일한 분개를 계속 반복합니다. 왜냐하면 투자차액은 연결 2단계 투자와 자본 상계제거 과정에서 나오는데, 모회사 별도재무제표에서 종속기업 투자주식은 원가법으로 평가하므로 매년 그 금액은 변함이 없으며, 투자주식과 상계제거되는 자회사의 자본총계는 항상 인수 시점의 자본 총계 기준으로 하므로 제거되는 자회사 자본 총계도 변함이 없어서 매년 말 투자자본 상계제거 시 발생하는 투자차액이 항상 동일하기 때문입니다.

연결 4단계: 자회사 자산의 시가평가증 금액 상각 분개

이 분개는 매년 상각비를 누적시키므로 매년 달라집니다.

인수자산부채의 시가차액 상각 스케줄

계정과목	장부가액(B/S)	공정가액	차액	상각 기간	연상각액
매출채권	20	18	(2)	대손확정 시	0
재고자산	15	20	5	1	5
토지	60	120	60	처분 시	0
건물	40	45	5	잔존연수(20)	0.25
기계장치	70	75	5	잔존연수(2)	2.5
고객관계		30	30	5	6
영업권		21	21	비상각	0
이연법인세부채		25	25	상각자산 상각완료 시	3.33

인수된 자회사는 독립된 기업이므로 자신의 기말결산 시 비용 인식을 역사적원가주의에 의거하여 회계처리합니다. 그러나 모회사 입장에서는 자회사 자산을 시가를 주고 인수하였으므로 자산 상각비를 시가기준으로 인식해야 합니다. 따라서 자회사가 장부가액 기준으로 상각비를 인식한 재무제표를 업로드하면, 모회사 연결회계팀이 평가증 부분에 대하여 잔존내용연수 동안 상각비를 추가적으로 인식하는 연결조정 분개를 입력하여야 합니다.

인수 1년 차 연결제거 분개: 자회사 자산 장부가와 시가의 차액 상각 분개

차변	금액	대변	금액
매출원가	5	재고자산	5
감가상각비	0.25	건물감가상각누계	0.25
감가상각비	2.5	기계감가상각누계	2.5
무형자산상각비	6	고객관계	6
이연법인세부채	3.33	법인세비용	3.33

위의 연결조정 분개로 재고자산 매출원가와 감가상각비 등이 증가하여 연결세전이익이 감소하므로 법인세비용 감소효과 분개를 맨 아래에 추가합니다.

인수 2년 차 연결제거 분개: 자회사 자산 장부가와 시가의 차액 상각 분개

매년 말 연결 시 투자자본 상계제거를 연결결산을 하는 그 시점이 아닌 자회사 인수 시점의 자회사 자본 총계를 기준으로 하므로 투자차액 발생액 및 투자차액 배분액이 항상 같은 금액이 나옵니다. 즉, 전기말 연결 시 상각한 금액을 반영한 후 미상각잔액 기준으로 투자차액을 계산하지 않으므로, **과거 취득 시점의 최초 투자차액 발생액 총액을 평가증시킨 후 취득 이후 기말결산 연도까지 경과 기간을 누적하여 제거**하므로, 2년 차에는 2년간 상각비를 인식하는 분개를 해야 합니다. 이 때 당기분 비용이 아닌 전기분의 비용은 이익잉여금 계정을 사용합니다.

차변	금액	대변	금액
이익잉여금(전기)	5	재고자산	5
감가상각비	0.25	건물감가상각누계	0.25
이익잉여금	0.25	건물감가상각누계	0.25
감가상각비	2.5	기계감가상각누계	2.5
이익잉여금	2.5	기계감가상각누계	2.5
무형자산상각비	6	고객관계	6
이익잉여금	6	고객관계	6
이연법인세부채	3.33	법인세비용	3.33
이연법인세부채	3.33	이익잉여금	3.33

위의 연결조정 분개로 재고자산 매출원가와 감가상각비 등이 증가하여 연결세전이익이 감소하므로 법인세비용 감소효과 분개를 맨 아래에 추가합니다.

연결 5단계: 내부거래 제거분개

〈제16장 연결재무제표 작성: 자회사 직접 설립 시 연결〉과 〈제17장 연결재무제표 작성: M&A로 타 회사 인수 시 연결〉은 모회사 투자주식과 자회사 자본의 상계제거 시 투자차액이 발생하지 않는지, 발생하는지의 차이가 있습니다. 이에 따라 투자차액의 배분과 배분된 투자차액의 상각비 추가계상이라는 차이가 있습니다.
그러나 모회사와 자회사간 내부거래에 대해 수익/비용, 채권/채무, 내부거래 미실현이익의 제거는 자회사 직접 설립 시의 연결이든 M&A로 타 회사 인수 시의 연결이든 차이가 없습니다.

연결 6단계: 연결손익계산서 작성

연결 1단계에서 연결 5단계까지 모두 완료하면 모든 사항이 반영된 연결정산표에서 손익계산서 부분만을 모아 손익계산서를 작성합니다(뒤 페이지 참조).

연결 7단계: 연결재무상태표(B/S) 작성

연결 1단계에서 연결 5단계까지 모두 완료하면 모든 사항이 반영된 연결정산표에서 재무상태표(B/S) 부분만을 모아 연결재무상태표(B/S)를 작성합니다. 이때 연결 6단계에서 작성한 연결손익계산서에서 맨 밑줄의 당기순이익 라인을 복사하여 연결재무상태표의 이익잉여금(기초) 라인 바로 밑에 삽입하여야 차변 합계와 대변 합계가 일치합니다(뒤 페이지 참조).

모든 연결조정 분개를 반영한 후 연결 T/B

계정과목	모회사	자회사	단순 합산	차변	대변	연결 T/B
현금	330	36	366			366
매출채권	275	22	297		2	295
재고자산	242	17	259	5	5	259
투자주식	222	0	222		222	0
토지	770	66	836	60		896
건물	440	44	484	5	0.3	489
기계장치	330	77	407	5	2.5	410
고객관계	0		0	30	6	24
영업권	0		0	99	78	21
매출원가	1,810	272	2,082	7.8		2,089
판관비	450	68	518	6		524
법인세비용	90	14	104		3.3	101
차변 합계	4,959	615	5,574			5,472
매입채무	253	22	275			275
기타부채	1,066	56	1,122			1,122
확정급여채무	418	39	457			457
이연법인세부채			0	3.3	25	22
부채 총계	1,737	117	1,854			1,875
자본금	10	10	20	10		10
이익잉여금	712	113	825	113		712
매출	2,500	375	2,875			2,875
자본/수익 총계	3,222	498	3,720			3,597
대변 합계	4,959	615	5,574			5,472

연결손익계산서 작성

계정과목	모회사	자회사	단순 합산	차변	대변	연결 T/B
매출	2,500	375	2,875			2,875
매출원가	1,810	272	2,082	7.8		2,089
매출총이익	690	103	793			786
판관비	450	68	518	6		524
영업이익	240	35	275			262
법인세비용	90	14	104		3.3	101
연결당기순이익	150	21	171	13.8	3.3	161

연결재무상태표 작성

계정과목	모회사	자회사	단순 합산	차변	대변	연결 T/B
현금	330	36	366			366
매출채권	275	22	297		2	295
재고자산	242	17	259	5	5	259
투자주식	222	0	222		222	0
토지	770	66	836	60		896
건물	440	44	484	5	0.3	489
기계장치	330	77	407	5	2.5	410
고객관계	0		0	30	6	24
영업권	0		0	99	78	21
자산 총계	2,609	262	2,871	204	316	2,760
매입채무	253	22	275			275
기타부채	1,066	56	1,122			1,122
확정급여채무	418	39	457			457
이연법인세부채			0	3.3	25	22
부채 총계	1,737	117	1,854	3	25	1,876
자본금	10	10	20	10		10
이익잉여금	712	113	825	113		712
당기순이익	150	21	171	13.8	3.3	161
자본 총계	872	144	1,016	137	3	883

제4절

연도 중 인수하는 경우 인수 시점의 연결재무제표 작성

M&A로 타 회사를 자회사로 인수 시 기말이나 기초에 인수를 하는 경우보다는 기중에 이루어지는 것이 일반적입니다. 예를 들어 3월 말일 자로 타 회사 지분을 인수하는 경우 연결제거 분개 및 연결재무제표 작성을 공부하겠습니다.

	자회사 개별재무제표		연결재무제표
시점	3월 31일	12월31일	4월1일~12월31일
재무상태표 (말일 자)	B/S 자본의 이익잉여금에는 3개월간 당기순이익이 포함됨	B/S 자본의 이익잉여금에는 12개월간 당기순이익이 포함됨	투자 vs 자본 상계제거 시 인수 시점을 기준으로 제거하므로 3개월 당기순이익도 제거됨
기간	1월1일~3월 31일	1월1일~12월31일	4월1일~12월31일
손익계산서 (기간)	인수일인 3월말에는 3개월 손익계산서가 작성됨	기말에는 12개월간 손익계산서가 작성됨	투자 vs 자본 상계제거 시 인수시점을 기준으로 제거하므로 3개월 당기순이익도 제거됨

기초가 아닌 기중에 인수하는 경우 연결제거분개와 연결재무제표작성이 어떻게 달라지는지 살펴보기 위해 다음 페이지부터 아래와 같이 시점별로 연결하는 법을 공부하겠습니다.

1. 기중 인수 시점(3월 말)의 연결재무제표 작성
2. 기중 인수하는 경우 기말 연결재무제표의 작성

1월 1일 자 재무제표와 3월 31일 자 재무제표의 비교

<제1절 인수일의 연결재무제표 작성>에서 1월 1일 자로 인수 시 재무제표는 아래와 같았습니다. 보시는 바와 같이 매출, 매출원가 등 손익계산서 계정이 없습니다.

1월 1일 자 재무제표

계정과목	모회사	자회사	단순 합산
현금	300	33	333
매출채권	250	20	270
재고자산	220	15	235
투자주식	222		222
토지	700	60	760
건물	400	40	440
기계장치	300	70	370
고객관계	0		0
영업권	0		0
자산 총계	2,392	238	2,630
매입채무	230	20	250
기타부채	1,060	60	1,120
확정급여채무	380	35	415
이연법인세부채			0
부채 총계	1,670	115	1,785
자본금	10	10	20
이익잉여금	712	113	825
자본 총계	722	123	845
부채와 자본 총계	2,392	238	2,630

연결 1단계: 모회사 시산표와 자회사 시산표 단순합산

3월 말 현재 재무제표

1월 초 재무제표와는 달리, 3월 말 재무제표에는 모회사와 자회사 모두 3개월 동안 영업을 한 결과 매출, 매출원가 등 손익이 발생했습니다.

계정과목	모회사	자회사	단순 합산
현금	330	36	366
매출채권	225	22	247
재고자산	232	17	249
투자주식	222	0	222
토지	770	66	836
건물	440	44	484
기계장치	330	77	407
고객관계	0		0
영업권	0		0
매출원가	453	68	520
판관비	113	17	129
법인세비용	20	4	24
차변 합계	3,134	351	3,485
매입채무	253	22	275
기타부채	1,066	56	1,122
확정급여채무	418	39	457
이연법인세부채			0
부채 총계	1,737	117	1,854
자본금	10	10	20
이익잉여금	712	113	825
매출	675	111	786
자본/수익 총계	1,397	234	1,631
대변 합계	3,134	351	3,485

연결 2단계: 모회사 투자주식과 인수 시점 자회사 자본 총계 상계제거

모회사 투자주식과 인수 시점 자회사 자본 총계를 상계제거합니다. 이때 자회사 자본 총계에는 자본금, 이익잉여금(기초) 등 B/S 계정뿐만이 아니라 3개월간 발생한 손익계산서 계정(매출 등 수익과 매출원가, 판관비 등 모든 비용계정)도 모두 포함합니다. 3개월간 당기순이익도 인수시점의 자회사 자본(이익잉여금)을 구성하기 때문입니다.

계정과목	모회사	자회사	단순 합산	차변	대변	연결 T/B
현금	330	36	366			366
매출채권	225	22	247			247
재고자산	232	17	249			249
투자주식	222	0	222		222	0
토지	770	66	836			836
건물	440	44	484			484
기계장치	330	77	407			407
고객관계	0		0			0
영업권	0		0	77		77
매출원가	453	68	520		68	453
판관비	113	17	129		17	113
법인세비용	20	4	24		4	20
차변 합계	3,134	351	3,485			3,251
매입채무	253	22	275			275
기타부채	1,066	56	1,122			1,122
확정급여채무	418	39	457			457
이연법인세부채			0			0
부채 총계	1,737	117	1,854			1,854
자본금	10	10	20	10		10
이익잉여금	712	113	825	113		712
매출	675	111	786	111		675
자본/수익 총계	1,397	234	1,631			1,397
대변 합계	3,134	351	3,485			3,251

1월 1일 인수 시 모기업 투자주식과 자회사 자본 총계 상계제거

계정과목	차변	계정과목	대변
자본금	10	투자주식	222
이익잉여금	113		
영업권	99		

3월 말 인수 시 모기업 투자주식과 자회사 자본 총계 상계제거

계정과목	차변	계정과목	대변
자본금	10	투자주식	222
이익잉여금	113	매출원가	68
매출	111	판관비	17
영업권	77	법인세비용	4

기초에 인수하는 것과 달리 기중(3월 말)에 인수하는 경우 투자 vs 자본 상계제거에서 종속회사 자본총계에는 3개월간의 종속회사 손익계산서 계정이 모두 포함됩니다. 결국 모든 수익에서 모든 비용이 차감된 3개월간 당기순이익이 종속회사 이익잉여금을 구성하므로 상계제거되는 것입니다. 모회사가 자회사를 인수할 때 3월 말까지 발생한 당기순이익에 대해 인수가격을 지급하기 때문에 제거되어야 올바릅니다. 또한 이렇게 3개월간 손익을 제거함으로써 인수 이후의 손익만이 연결손익계산서에 포함되게 됩니다.

위에서 1월 초 인수하는 경우와 3월 말에 인수하는 경우 각각의 연결제거 분개로 인해 투자차액(영업권) 금액이 각각 99와 77이 되어 달라지는 것으로 생각할 수 있습니다. 그러나 자회사 지분 인수가격 222는 2023년 1월 1일 기준으로 계산한 것이므로 실무에서는 인수가격 계산에 사용한 재무제표 기준일(2023년 초) 이후 인수일까지 발생한 당기순이익 22를 인수가격에 가산하는 정산을 합니다. 따라서 영업권 금액은 결국 99로 같아집니다.

연결 3단계: 자회사 자산의 시가평가증 분개(투자차액 배분)

3월 말에 인수하는 경우에도 기초에 인수하는 경우와 자회사 자산의 시가평가증 분개는 동일합니다.

인수자산부채의 시가차액 요약표

계정과목	장부가액(B/S)	공정가액	차액
매출채권	20	18	(2)
재고자산	15	20	5
토지	60	120	60
건물	40	45	5
기계장치	70	75	5
고객관계		30	30
영업권		21	21
이연법인세부채		25	25

연결제거 분개: 장부가와 시가의 차액 가산 분개

차변	금액	대변	금액
재고자산	5	매출채권	2
토지	60	이연법인세부채	25
건물	5	투자차액	99
기계장치	5		
고객관계	30		
영업권	21		

자회사 자산의 시가평가증 분개를 반영한 후 연결T/B

계정과목	모회사	자회사	단순 합산	차변	대변	연결 T/B
현금	308	36	344			344
매출채권	225	22	247		2	245
재고자산	232	17	249	5		254
투자주식	244	0	244		244	0
토지	770	66	836	60		896
건물	440	44	484	5		489
기계장치	330	77	407	5		412
고객관계	0		0	30		30
영업권	0		0	99	78	21
매출원가	453	68	520		68	453
판관비	113	17	129		17	113
법인세비용	20	4	24		4	20
차변 합계	3,134	351	3,485			3,276
매입채무	253	22	275			275
기타부채	1,066	56	1,122			1,122
확정급여채무	418	39	457			457
이연법인세부채			0		25	25
부채 총계	1,737	117	1,854			1,878
자본금	10	10	20	10		10
이익잉여금	712	113	825	113		712
매출	675	111	786	111		675
자본/수익 총계	1,397	234	1,631			1,397
대변 합계	3,134	351	3,485			3,275

3개월간 당기순이익 22만큼 인수자가 매도자에게 인수가액을 더 지급하여 (차)투자주식 22 / (대)현금 22 분개를 반영한 후, 투자차액 배분(자회사 자산 시가평가증) 분개를 반영한 후의 최종 연결시산표는 위와 같습니다. 자회사 3개월 손익이 제거되어 모회사 3개월 손익만 나타납니다.

제5절
연도 중 인수하는 경우 기말결산 시 연결재무제표 작성

연결 1단계: 모회사 시산표와 자회사 시산표 단순 합산

모회사와 자회사의 1년간(12개월) T/B를 단순 합산합니다. 3월 말에 인수했다고 해서 자회사가 인수 후 9개월간의 손익만이 포함된 T/B를 업로드하지 않습니다.

계정과목	모회사	자회사	단순 합산
현금	330	36	366
매출채권	275	22	297
재고자산	242	17	259
투자주식	222	0	222
토지	770	66	836
건물	440	44	484
기계장치	330	77	407
고객관계	0		0
영업권	0		0
매출원가	1,810	272	2,082
판관비	450	68	518
법인세비용	90	14	104
차변 합계	4,959	615	5,574
매입채무	253	22	275
기타부채	1,066	56	1,122
확정급여채무	418	39	457
이연법인세부채			0
부채 총계	1,737	117	1,854
자본금	10	10	20
이익잉여금	712	113	825
매출	2,500	375	2,875
자본/수익 총계	3,222	498	3,720
대변 합계	4,959	615	5,574

연결 2단계: 모회사 투자주식과 인수 시점 자회사 자본 총계 상계제거

연결 1단계에서 1년간(12개월) 손익이 포함된 시산표가 합산된 후, 연결 2단계에서 인수 시점(3월 말)의 자회사 자본 총계를 상계제거하므로 자회사의 3개월간 손익이 제거되어, 결국 인수일 이후의 9개월간 손익만이 연결재무제표에 반영됩니다.

계정과목	모회사	자회사	단순 합산	차변	대변	연결 T/B
현금	308	36	344			344
매출채권	275	22	297			297
재고자산	242	17	259			259
투자주식	244	0	244		244	0
토지	770	66	836			836
건물	440	44	484			484
기계장치	330	77	407			407
고객관계	0		0			0
영업권	0		0	99		99
매출원가	1,810	272	2,082		68	2,014
판관비	450	68	518		17	501
법인세비용	90	14	104		4	100
차변 합계	4,959	615	5,574			5,340
매입채무	253	22	275			275
기타부채	1,066	56	1,122			1,122
확정급여채무	418	39	457			457
이연법인세부채			0			0
부채 총계	1,737	117	1,854			1,854
자본금	10	10	20	10		10
이익잉여금	712	113	825	113		712
매출	2,500	375	2,875	111		2,764
자본/수익 총계	3,222	498	3,720			3,486
대변 합계	4,959	615	5,574			5,340

연결 3단계: 자회사 자산의 시가평가증 분개(투자차액 배분)

3월 말에 인수하는 경우에도 기초에 인수하는 경우와 자회사 자산의 시가평가증 분개는 동일합니다.

인수자산부채의 시가차액 요약표

계정과목	장부가액(B/S)	공정가액	차액
매출채권	20	18	(2)
재고자산	15	20	5
토지	60	120	60
건물	40	45	5
기계장치	70	75	5
고객관계		30	30
영업권		21	21
이연법인세부채		25	25

연결제거 분개: 장부가와 시가의 차액 가산 분개

차변	금액	대변	금액
재고자산	5	매출채권	2
토지	60	이연법인세부채	25
건물	5	투자차액	99
기계장치	5		
고객관계	30		
영업권	21		

자회사 자산의 시가평가증 분개를 반영한 후 연결 T/B

계정과목	모회사	자회사	단순 합산	차변	대변	연결 T/B
현금	308	36	344			344
매출채권	275	22	297		2	295
재고자산	242	17	259	5		264
투자주식	244	0	244		244	0
토지	770	66	836	60		896
건물	440	44	484	5		489
기계장치	330	77	407	5		412
고객관계	0		0	30		30
영업권	0		0	99	78	21
매출원가	1,810	272	2,082		68	2,014
판관비	450	68	518		17	501
법인세비용	90	14	104		4	100
차변 합계	4,959	615	5,574			5,365
매입채무	253	22	275			275
기타부채	1,066	56	1,122			1,122
확정급여채무	418	39	457			457
이연법인세부채			0		25	25
부채 총계	1,737	117	1,854			1,878
자본금	10	10	20	10		10
이익잉여금	712	113	825	113		712
매출	2,500	375	2,875	111		2,764
자본/수익 총계	3,222	498	3,720			3,486
대변 합계	4,959	615	5,574			5,364

연결 4단계: 자회사 자산의 시가평가증 금액 상각 분개

인수자산부채의 시가차액 상각 스케줄

계정과목	장부가액(B/S)	공정가액	차액	상각 기간	연상각액
매출채권	20	18	(2)	대손확정 시	0
재고자산	15	20	5	1	5
토지	60	120	60	처분 시	0
건물	40	45	5	잔존연수(20)	0.25
기계장치	70	75	5	잔존연수(2)	2.5
고객관계		30	30	5	6
영업권		21	21	비상각	0
이연법인세부채		25	25	상각자산 상각완료 시	3.33

인수된 자회사는 독립된 기업이므로 자신의 기말결산 시 비용 인식을 역사적원가주의에 의거하여 회계처리합니다. 그러나 모회사 입장에서는 자회사 자산을 시가를 주고 인수하였으므로 자산상각비를 시가기준으로 인식해야 합니다. 따라서 평가증 부분에 대하여 잔존내용연수 동안 상각하여 비용으로 인식하여야 합니다.

연결제거 분개: 자회사 자산 장부가와 시가의 차액 상각 분개

차변	금액	대변	금액
매출원가	5	재고자산	5
감가상각비	0.19	건물감가상각누계	0.19
감가상각비	1.88	기계감가상각누계	1.88
무형자산상각비	4.5	고객관계	4.5
이연법인세부채	2.80	법인세비용	2.80

3월 말 인수이므로 첫해 상각 기간은 9개월 동안만 상각함에 유의!

(다만 재고자산은 전액 판매되었다고 가정하여 전액 상각)

자회사 자산 시가평가증 상각을 반영한 후 연결 T/B

계정과목	모회사	자회사	단순 합산	차변	대변	연결 T/B
현금	308	36	344			344
매출채권	275	22	297		2	295
재고자산	242	17	259	5	5	259
투자주식	244	0	244		244	0
토지	770	66	836	60		896
건물	440	44	484	5	0.2	489
기계장치	330	77	407	5	2	410
고객관계	0		0	30	5	26
영업권	0		0	99	78	21
매출원가	1,810	272	2,082	7	68	2,021
판관비	450	68	518	5	17	505
법인세비용	90	14	104		6.8	97
차변 합계	4,959	615	5,574			5,362
매입채무	253	22	275			275
기타부채	1,066	56	1,122			1,122
확정급여채무	418	39	457			457
이연법인세부채			0	2.8	25	22
부채 총계	1,737	117	1,854			1,876
자본금	10	10	20	10		10
이익잉여금	712	113	825	113		712
매출	2,500	375	2,875	111		2,764
자본/수익 총계	3,222	498	3,720			3,486
대변 합계	4,959	615	5,574			5,362

연결 5단계: 내부거래 제거 분개

〈제16장 연결재무제표 작성: 자회사 직접 설립 시 연결〉과 〈제17장 연결재무제표 작성: M&A로 타 회사 인수 시 연결〉은 모회사 투자주식과 자회사 자본의 상계제거 시 투자차액이 발생 안 하는지, 발생하는지의 차이가 있습니다. 이에 따라 투자차액의 배분과 배분된 투자차액의 상각비 추가 계상이라는 차이가 있습니다.
그러나 모회사와 자회사 간 내부거래에 대해 수익/비용, 채권/채무, 내부거래 미실현이익의 제거는 자회사 직접 설립 시의 연결이든 M&A로 타 회사 인수 시의 연결이든 차이가 없습니다. 이에 따라 본장에서 내부거래 제거에 대한 자세한 설명은 생략합니다.

2023년 모회사 찬웅㈜와 자회사 간 내부거래 내용

1년간 모회사의 자회사 매출액: 100
2023년 말 현재 모회사의 자회사에 대한 매출채권 잔액: 20
모회사의 자회사 매출액에 대한 평균매출 총이익율: 25%
2023년 말 자회사가 모회사로부터 매입한 재고 중 미판매분: 20

내부거래 연결제거 분개

매출 100	매출원가 100
매출원가 5 (20 * 25%)	재고자산 5
매입채무 20	매출채권 20

연결 6단계: 연결손익계산서 작성

연결 1단계에서 연결 5단계까지 모두 완료하면 모든 사항이 반영된 연결정산표에서 손익계산서 부분만을 모아 손익계산서를 작성합니다.

모든 연결조정 분개를 반영한 후 연결 T/B

계정과목	모회사	자회사	단순 합산	차변	대변	연결 T/B
현금	308	36	344			344
매출채권	275	22	297		2	295
재고자산	242	17	259	5	5	259
투자주식	244	0	244		244	0
토지	770	66	836	60		896
건물	440	44	484	5	0.2	489
기계장치	330	77	407	5	2	410
고객관계	0		0	30	5	26
영업권	0		0	99	78	21
매출원가	1,810	272	2,082	7	68	2,021
판관비	450	68	518	5	17	505
법인세비용	90	14	104		6.8	97
차변 합계	4,959	615	5,574			5,362
매입채무	253	22	275			275
기타부채	1,066	56	1,122			1,122
확정급여채무	418	39	457			457
이연법인세부채			0	2.8	25	22
부채 총계	1,737	117	1,854			1,876
자본금	10	10	20	10		10
이익잉여금	712	113	825	113		712
매출	2,500	375	2,875	111		2,764
자본/수익 총계	3,222	498	3,720			3,486
대변합계	4,959	615	5,574			5,362

연결손익계산서 작성

계정과목	모회사	자회사	단순 합산	차변	대변	연결T /B
매출	2,500	375	2,875	111		2,764
매출원가	1,810	272	2,082	7	68	2,021
매출총이익	690	103	793	104	(68)	743
판관비	450	68	518	5	17	505
영업이익	240	35	275	99	(85)	238
법인세비용	90	14	104		7	97
연결당기순이익	150	21	171	99	(92)	141

연결 7단계: 연결재무상태표(B/S) 작성

연결 1단계에서 연결 5단계까지 모두 완료하면 모든 사항이 반영된 연결정산표에서 재무상태표(B/S) 부분만을 모아 연결재무상태표(B/S)를 작성합니다. 이때 연결 6단계에서 작성한 연결손익계산서에서 맨 밑줄의 당기순이익 라인을 복사하여 연결재무상태표의 이익잉여금(기초) 라인 바로 밑에 삽입하여야 차변 합계와 대변 합계가 일치합니다.

연결 회사 실무 고려 사항 M&A로 타 회사 인수 시 COA 체계 통일

M&A로 다른 회사의 지분을 인수하여 연결 대상 종속회사로 편입하게 되면 회계팀에서 해야 할 업무가 많지만 그중에서도 가장 최우선적으로 해야 하는 업무는 인수한 자회사의 계정과목체계(COA)를 모회사의 계정과목체계와 동일하게 정비하는 것입니다. 인수하는 회사와 인수되는 회사는 서로 결산을 같이한 적이 없이 전혀 다른 환경에서 결산을 해 오다가 M&A로 인해 처음으로 결산을 같이하는 것이므로 COA 체계가 전혀 다릅니다. 따라서 계정과목체계 통일화 업무를 하지 않으면 자회사가 재무제표를 제출해도 모회사의 재무제표 계정 중 전혀 성격이 다른 계정에 합산을 하는 등의 오류가 발생할 가능성이 높습니다.

모회사와 M&A로 인수한 자회사의 COA가 차이가 나는 상황 4가지

1. 모회사에는 있으나 자회사에는 없는 계정: 이슈 없음

2. 모회사에는 없으나 자회사에는 있는 계정: 이러한 경우 모회사의 COA에 자회사의 계정을 추가해야 자회사 재무제표를 연결할 수 있습니다.

3. 모회사의 계정이 세분화되어 있으나, 자회사는 단일의 계정으로 되어 있는 경우: 예산 통제 목적 등으로 세분화가 필요한 경우 자회사도 모회사와 동일하게 계정을 세분화하는 작업을 해야 합니다.

모회사		자회사	
COA	계정과목	COA	계정과목
6501	여비교통비-국내출장-항공요금	F5010	여비교통비
6502	여비교통비-국내출장-기타		
6511	여비교통비-해외출장-항공요금		
6512	여비교통비-해외출장-기타		

4. 모회사는 단일의 계정을 사용하나 자회사는 세분화된 경우: 모회사의 단일의 계정으로 mapping을 하면 되므로 이슈 없음.

제18장

연결이연법인세

연결이연법인세의 종류

종속회사의 유형에 따라 연결이연법인세는 아래와 같이 나뉩니다.

구분	투자제거차액 이연법인세	자회사 순자산 증가 이연법인세
자회사 직접 설립	해당 없음 (자회사 직접 설립의 경우 투자제거차액이 발생하지 않음)	아래 M&A로 취득하는 경우와 동일하게 이연법인세 계산 및 회계처리함
M&A로 취득	자회사 주식 취득대가(공정가액)와 자회사 재무제표 장부가액의 차이(투자제거차액)를 원인별(계정별)로 배분(PPA)할 때 해당 차액별로 법인세효과를 계산하여 연결이연법인세를 추가로 회계처리(제18장 참조)	자회사 취득(직접 설립, M&A) 후 자회사의 순자산 증가(당기순이익 등)는 연결재무제표 순자산을 증가시키므로 자회사 순자산 증가분에 대한 법인세효과를 계산하여 연결재무제표에 추가로 이연법인세를 회계처리함

투자제거차액에 대한 이연법인세는 대부분의 고급회계 교재에서 설명하고 있습니다. 그러나 자회사 순자산 증가 이연법인세는 국내 어느 고급회계 교재에서도 설명하고 있지 않습니다. 수험 목적으로는 출제 범위 밖이라고 하더라도 회사 실무에서 연결재무제표를 작성하고 회계감사를 받을 때는 연결이연법인세 금액이 너무나 크고 중요하므로 반드시 알아야 하는 내용입니다.

2023년 말 주요 상장사 연결이연법인세 현황 (단위: 십억 원)

회사명	주석번호	항목	금액
삼성전자	주석 25. 다	종속기업, 관계기업 및 공동기업	4,903
현대자동차	주석 34.	종속기업, 관계기업 및 공동기업	1,898
네이버	주석 28. 바	종속기업 및 관계기업투자	883

모회사가 자회사에 투자한 이후 부의 변화

아버지㈜는 2022년 말에 아들㈜를 설립하고 자본금 100(지분율 100%)을 불입하였습니다. 아버지㈜는 코스피 상장사로서 KIFRS를 적용하고 있습니다.

연도별 자회사(아들㈜) 순이익 현황

연도	2023년	2024년	2025년
당기순이익	50	200	300

원가법 회계처리

구분	과목	금액	과목	금액
취득 시	종속기업투자	100	현금	100
2023년 말	회계처리 없음			
2024년 말	회계처리 없음			
2025년 말	회계처리 없음			

지분법 회계처리(법인세율: 20%)

구분	과목	금액	과목	금액
취득 시	종속기업투자	100	현금	100
2023년 말	종속기업투자	50	지분법이익(*1)	50
	법인세비용	10	이연법인세(*2)	10
2024년 말	종속기업투자	200	지분법이익	200
	법인세비용	40	이연법인세	40
2025년 말	종속기업투자	300	지분법이익	300
	법인세비용	60	이연법인세	60

(*1) 지분법이익: 종속회사 당기순이익 50 * 모회사 지분율 100% = 50

(*2) 지분법이익: 자회사 당기순이익 발생 시 회계상으로는 발생 연도의 지분법이익이므로 이익에 법인세율을 곱한 법인세효과만큼도 발생 연도의 법인세비용임. 그러나 세무상으로는 이익 발생 연도가 아니라 배당금을 수령하는 연도의 이익이므로 법인세효과를 납부하는 시기는 당기가 아니라 미래임. 따라서 법인세효과는 미지급법인세(당기법인세)가 아니라 이연법인세(미래법인세)로 회계처리함.

재무상태표(B/S)

원가법 회계처리 시

과목	2023	2024	2025	과목	2023	2024	2025
주식	100	100	100	이연법인세	0	0	0
				이익잉여금	0	0	0

지분법 회계처리 시

과목	2023	2024	2025	과목	2023	2024	2025
주식	150	350	650	이연법인세	10	50	110
				이익잉여금	40	200	440

아버지㈜가 아들㈜에 투자한 투자성과(아들의 당기순이익)의 재무제표 반영

구분	아버지㈜ B/S(원가법)	아버지㈜ B/S(지분법)
자회사 당기순이익	아버지는 자신의 별도(개별) 재무제표에서 아들(자회사)의 주식을 취득원가법으로 평가합니다. 따라서 설립 시 취득원가로 기록한 후 자회사의 당기순이익이 발생해도 아무런 회계처리를 하지 않습니다. 따라서 아버지의 재무제표는 아들의 당기순이익으로 인해 아무런 변화가 없습니다.	아들의 당기순이익 증가를 지분법이익으로 하여 아버지㈜의 별도 재무제표의 자본 부분에 이익잉여금 증가로 매년 누적 합산됩니다. 지분법이익으로 인해 미래 납부할 법인세(이연법인세)를 차감한 후 순액 기준으로 증가합니다.
법인세비용	아버지 개별재무제표에 자회사 당기순이익을 반영하지 않으므로 법인세비용 회계처리도 없습니다.	개별재무제표에 아들의 당기순이익이 반영되므로 당기순이익에 대해 아버지가 미래에 납부할 법인세(이연법인세)를 계산하여 법인세비용으로 반영하여야 합니다.

개별재무제표와 연결재무제표에 반영되는 법인세의 종류

구분	법인세 종류
자회사 재무제표	자회사 자신의 소득에 대한 당기법인세와 이연법인세가 재무제표에 반영됨.
모회사 개별재무제표	모회사 자신의 소득에 대한 당기법인세와 이연법인세가 재무제표에 반영됨. 자회사 투자주식에 대해서는 원가법을 사용하므로 자회사 순자산 증가에 대해 모회사 개별재무제표에 아무런 회계처리를 하지 않으며, 따라서 자회사 순자산 증가분에 대한 법인세비용 회계처리도 없음.
모회사 연결재무제표	모회사와 자회사는 모두 자신의 재무제표에는 자신만의 소득에 대한 당기법인세 및 이연법인세가 반영되어 있음. 따라서 모회사 재무제표와 자회사 재무제표를 합산(연결)을 해도 연결재무제표에는 자신들만의 법인세들의 단순합산이 나타남. 모회사 재무제표 + 자회사 재무제표 합산(연결)을 통해 자회사의 당기순이익(및 기타 순자산 증가)이 연결재무제표에 반영됨. 자회사 당기순이익(순자산 증가분)을 미래에 모회사에 배당하거나 모회사가 자회사 주식을 처분하게 되면 모회사에 소득이 발생하게 되어 법인세를 납부할 것이므로 이러한 미래법인세(이연법인세)를 계산하여 연결재무제표에 추가하는 회계처리를 해야 함(개별재무제표에서 반영한 적이 없으므로).

"모회사가 자회사 재무제표를 합하여 자회사 순자산 증가를 연결재무제표에 반영 = 모회사가 자회사를 지분법으로 처리하는 것, 모회사가 연결재무제표에서 연결이연법인세 회계처리를 추가하는 것 = 모회사가 지분법회계처리 시 이연법인세 회계처리하는 것"이라고 이해하시면 되겠습니다.

연결이연법인세의 계산 로직 (KIFRS 내용)

모회사가 자회사 지분을 취득하게 되는 경우 모회사가 자회사 지분으로부터 소득이 발생하면 미래에 법인세를 납부할 것입니다. 따라서 미래법인세를 계산하기 위해서는 미래에 자회사 지분으로부터 어떻게 소득이 발생할 것인가를 판단하여 유형별로 법인세를 계산합니다. 소득이 발생하는 유형은 크게 2가지입니다. 자회사로부터 배당받는 경우와 자회사 지분을 처분하는 경우입니다.

한편, 자회사 지분을 취득한 이후 자회사 순자산의 변화도 크게 2가지입니다. 자회사가 영업실적이 좋아서 순자산이 증가했거나, 그 반대로 순자산이 감소한 경우입니다.

구분	자회사 순자산 증가 (자회사 순자산 〉 지분 취득원가)	자회사 순자산 감소 (자회사 순자산 〈 지분 취득원가)
자회사로부터 배당을 받는 경우	자회사가 당기순이익이 발생하여 순자산이 증가한 경우, 당기순이익에 대해 배당을 받을 수 있으며, 배당을 받으면 법인세를 납부하게 됩니다. 따라서 자회사가 당기순이익을 보고하면 연결재무제표에서는 당기순이익 * 모회사 배당법인세율 = 이연법인세부채(비용)로 회계처리합니다.	자회사가 당기순손실인 경우 배당 재원인 이익잉여금이 없으므로 배당을 받을 수 없습니다. 따라서 자회사 순자산이 감소한 경우에는 배당에 대한 이연법인세를 계산하지 않습니다.
자회사 지분을 처분하는 경우	자회사 순자산이 증가하였으므로 지분을 처분하는 경우 처분이익이 발생할 것입니다. 따라서 기말시점의 처분이익 예상액(취득 이후 증가한 순자산 = 기말 순자산 - 취득원가) * 모회사 처분법인세율 = 이연법인세부채(비용)로 회계처리합니다.	자회사 순자산이 감소하였으므로 지분을 처분하는 경우 처분손실이 발생할 것입니다. 따라서 기말시점의 처분손실 예상액(취득 이후 감소한 순자산 = 기말 순자산 - 취득원가) * 모회사 처분법인세율 = 이연법인세자산(이익)으로 회계처리합니다.

KIFRS에 대한 금감원 질의 회신 등에서는 모회사가 자회사(종속기업)를 취득하는 경우 지분율이 50%를 초과하는 등 지배력을 행사하여 자회사와 전략적인 사업관계를 계속하여 유지할 목적(지분을 계속하여 보유할 목적)으로 취득한다고 보는 것이 타당하며, 예측가능한 미래에 지분을 처분할 의도는 없는 것으로 보는 것이 타당하다는 의견입니다.

따라서 표의 "자회사 지분을 처분하는 경우"는 KIFRS에서는 해당 사항이 없습니다(이연법인세를 계산하지 않습니다).

또한 순자산이 감소하는 경우 배당으로는 실현되지 않으므로, 연결재무제표 작성 시 자회사 순자산 변동에 대해 연결이연법인세를 추가로 회계처리하는 경우는 "배당으로만 실현 가정 & 자회사 지분 취득 이후 자회사 순자산 증가"입니다.

연결이연법인세 계산 시 법인세율

자회사 순자산 증가가 배당으로 실현되는 경우 연결이연법인세를 계산하므로 모회사가 배당받을 때 적용되는 법인세율을 적용하여야 합니다.

구분	법인세율
일반적인 경우	모회사 과세표준 구간에 따라 10%, 20%, 22%, 25%
국내 자회사로부터 배당받는 경우	자회사에 대한 지분율에 따라 자회사로부터 받은 배당금의 100%, 50%, 30%를 법인세 과세 제외(익금불산입)
해외 자회사로부터 배당받는 경우	자회사로부터 받은 배당금에 대해 95% 익금불산입 적용

연결이연법인세 1단계:
자회사 순자산 증가 계산

자회사의 자본의 모든 자본계정에 대해 취득 이후 당기 말까지 증가한 금액을 계산합니다.

자회사를 직접 설립하는 경우

설립 시 자회사의 재무제표 자본 항목은 설립자본금(주발초 포함)만 있을 것입니다. 따라서 직접 설립하는 경우에는 기말 현재 자회사의 자본계정별 잔액 전체가 설립 후 증가한 금액이 됩니다. (설립자본금 제외)

M&A로 취득하는 경우

타 회사로부터 종속회사를 인수하는 경우, 취득 시 자본의 여러 계정에 잔액이 있을 것입니다. 따라서 아래와 같이 각 계정별로 당기 말 잔액과 취득 시 잔액을 비교하여 취득 이후 증가한 금액을 계산합니다.

계정	취득 시 잔액	당기 말(2023년)	증가액
자본금	213,668,187	213,668,187	0
주식발행초과금	3,321,334	3,321,334	0
자기주식처분이익	688,516	713,431	24,915
자기주식	-1,700,592	-1,968,385	(267,793)
기타포괄-공정가치 측정 금융자산평가이익	415,427	406,895	(8,532)
기타포괄-현금흐름위험회피 파생상품평가이익	92,797	22,154	(70,643)
이익준비금	744,836	744,836	0
미처분이익잉여금	552,287	648,138	95,851
당기순이익	0	645,526	645,526
기타포괄-해외사업환산손익	123,456	234,567	111,111
자본 총계	217,906,248	218,436,683	530,435

연결이연법인세 2단계: 자회사 순자산 증가 중 배당 가능 계정 판단

앞의 "연결이연법인세의 계산 로직(KIFRS내용)"에서 연결이연법인세는 자회사 주식의 처분으로는 실현되지 않고 오로지 자회사 배당으로만 발생된다고 설명드렸습니다. 자회사의 모든 자본계정에 대해 취득 이후 당기 말까지 증가한 금액에 대해 계정의 성격상 배당이 가능한지를 판단합니다.

계정	증가액	배당 가능?	판단 근거
자본금	0	×	
주식발행초과금	0	×	
자기주식처분이익	24,915	×	
자기주식	(267,793)	×	
기타포괄-공정가치 측정 금융자산평가이익	(8,532)	○	처분 시 이익잉여금으로 분류
기타포괄-현금흐름위험회피 파생상품평가이익	(70,643)	○	만기에 이익잉여금으로 분류
이익준비금	0	×	
미처분이익잉여금	95,851	○	
당기순이익	645,526	○	
기타포괄-해외사업환산손익	111,111	○	대부분 이익잉여금 환산에서 발생
자본 총계	530,435		

연결이연법인세 3단계: 적용할 법인세율

자회사가 모회사에 배당을 했을 때 모회사가 배당금 수입에 대해 법인세를 납부하면 법인세를 이중으로 과세하는 것이 됩니다. 자회사가 당기순이익에 대해 이미 법인세를 한 번 납부했는데, 이를 재원으로 배당했을 때 모회사가 또 법인세를 내므로 동일한 소득에 대해 자회사와 모회사가 각각 납부하기 때문입니다. 따라서 모회사가 받은 자회사의 배당금에 대해 일정한 비율만큼은 법인세를 과세하지 않습니다(익금불산입). 2023년 이전까지는 이중과세를 해결하는 방법으로 국내 자회사 배당금에 대해서는 익금불산입제도를, 해외 자회사 배당금에 대해서는 외국납부세액공제를 적용했으나, 2023년부터 세법이 개정되어 해외종속회사 배당에 대해서도 익금불산입을 적용하고 있습니다. 다만 익금불산입 비율은 각각 다릅니다.

수입배당금 익금불산입 비율

(1) 국내 자회사로부터 배당받는 경우

모회사 지분율	50% 이상	30%~50% 미만	30% 미만
익금불산입 비율	100%	80%	30%

(2) 해외 자회사로부터 배당받는 경우: 95%

A 회사: 국내 자회사, 지분율 40%, 비상장

계정	증가액	법인세율	익금불산입	순법인세율
기타포괄-공정가치 측정 금융자산평가이익	(8,532)	23.1%	80%	4.62%
기타포괄-현금흐름위험회피 파생상품평가이익	(70,643)	23.1%	80%	4.62%
미처분이익잉여금	95,851	23.1%	80%	4.62%
당기순이익	645,526	23.1%	80%	4.62%
기타포괄-해외사업환산손익	111,111	23.1%	80%	4.62%
총계				

B 회사: 독일 자회사, 지분율: 70%, 독일법인세율 15%

계정	증가액	한국법인세율	익금불산입율	순법인세율
기타포괄-공정가치 측정 금융자산평가이익	(8,532)	23.1%	95%	1.155%
기타포괄-현금흐름위험회피 파생상품평가이익	(70,643)	23.1%	95%	1.155%
미처분이익잉여금	95,851	23.1%	95%	1.155%
당기순이익	645,526	23.1%	95%	1.155%
기타포괄-해외사업환산손익	111,111	23.1%	95%	1.155%
총계				

연결이연법인세 4단계: 연결이연법인세 당기 말 잔액 계산

A 회사: 국내 자회사, 지분율 40%, 비상장

계정	증가액	순법인세율	이연법인세부채(자산)
기타포괄-공정가치 측정 금융자산평가이익	(8,532)	4.62%	(394)
기타포괄-현금흐름위험회피 파생상품평가이익	(70,643)	4.62%	(3,264)
미처분이익잉여금	95,851	4.62%	4,428
당기순이익	645,526	4.62%	29,823
기타포괄-해외사업환산손익	111,111	4.62%	5,133
총계			35,727

B 회사: 독일 자회사, 지분율 70%, 독일법인세율 15%

계정	증가액	순법인세율	이연법인세부채(자산)
기타포괄-공정가치 측정 금융자산평가이익	(8,532)	1.155%	(99)
기타포괄-현금흐름위험회피 파생상품평가이익	(70,643)	1.155%	(816)
미처분이익잉여금	95,851	1.155%	1,107
당기순이익	645,526	1.155%	7,456
기타포괄-해외사업환산손익	111,111	1.155%	1,283
총계			8,932

연결이연법인세 5단계:
연결이연법인세 법인세비용 회계처리

A 회사: 이연법인세부채(자산)

계정	이연법인세부채 (당기 말)	이연법인세부채 (전기 말)	증가액
미처분이익잉여금	4,428	3,000	1,428
당기순이익	29,823	1,428	28,395
이익잉여금 소계	34,252	4,428	29,823
기타포괄-공정가치 측정 금융자산평가이익	-394	-200	-194
기타포괄-현금흐름위험회피 파생상품평가이익	-3,264	-2,000	-1,264
기타포괄-해외사업환산손익	5,133	4,000	1,133
기타포괄 소계	1,475	1,800	-325
총계	35,727	6,228	29,499

A 회사: 이연법인세 회계처리

과목	금액	과목	금액
이익잉여금	4,428	이연법인세부채	34,252
법인세비용	29,823		
기타포괄손익	1,475	이연법인세부채	1,475

B 회사: 이연법인세부채(자산)

계정	이연법인세부채 (당기 말)	이연법인세부채 (전기 말)	증가액
미처분이익잉여금	1,107	300	807
당기순이익	7,456	807	6,649
이익잉여금 소계	8,563	1,107	7,456
기타포괄-공정가치 측정 금융자산평가이익	-99	120	-219
기타포괄-현금흐름위험회피 파생상품평가이익	-816	500	-1,316
기타포괄-해외사업환산손익	1,283	700	583
기타포괄 소계	369	1,320	-951
총계	8,932	2,427	6,505

B 회사: 이연법인세 회계처리

과목	금액	과목	금액
이익잉여금	1,107	이연법인세부채	8,563
법인세비용	7,456		
기타포괄손익	3,69	이연법인세부채	369

연결이연법인세 회계처리는 이연법인세자산(부채)의 전기 말 잔액과 당기 말 잔액의 차액(당기 중 변동액)을 회계처리하는 것이 아니라 이연법인세자산(부채)의 당기 말 잔액 전액을 기준으로 회계처리합니다. 〈제18장 연결재무제표작성: M&A로 타 회사 인수 시 연결〉의 "제3절 인수 다음 해(2년 차) 기말 결산 시 연결재무제표 작성"에서 설명드린 바와 같이 전기에 연결재무제표를 작성했다고 하더라도 다음 해에 발생한 거래로 인해 증가한 부분에 대해서만 추가로 연결재무제표를 작성하는 것은 불가능합니다. 따라서 다음 해에는 다시 백지상태에서 연결재무제표를 처음부터 다시 작성합니다. 즉, 연결조정분개도 전기에 입력한 부분이 있다고 하더라도 다음 해에는 처음부터 당기 말까지 누적적으로 다시 입력을 해야 하며, 연결이연법인세 분개도 마찬가지입니다.

제19장

재무제표 분석적 검토

재무제표 분석적 검토

기말결산 과정이 모두 완료되고 재무제표가 작성되면 재무제표에 대해 분석적 검토를 수행합니다. 분석적 검토를 수행하는 목적과 방법은 다양하며, 외부회계 감사 대상 회사에서 수행하는 필수적인 분석적 검토 절차를 소개해 드립니다.

- 분석적 검토 목적: 결산 오류 발견, 관리 회계 목적 - 최적 안전재고 수준 및 최적 설비투자 수준 관리, 기말정기이사회 실적 보고 목적
- 분석적 검토 방법: 전기 대비 당기 증가(감소) 원인 분석(볼륨효과, 가격효과, 환율효과), 회전율 분석(매출채권, 재고자산, 매입채무 회전율), 주요 재무비율 분석(부채비율, 유동비율, 이자보상배율 등)

각 계정별 분석적 검토 보고서 작성 방법 - 4단계

분석적 검토 보고서 작성 방법은 아래와 같이 4단계로 작성해야 완벽한 보고서가 완성됩니다. 그러나 거의 대부분의 경우 보고서 작성자가 아래 3단계와 4단계 보고서를 작성해 본 경험이 없어서 이러한 방법을 생각을 생각해 내지 못하고 그냥 2단계까지만 작성하고 보고하는 경우가 많습니다. 이럴 경우 분석적 검토 보고서의 작성 목적(4단계를 다 작성했을 경우 얻을 수 있는 보고서의 가치)을 달성할 수 없습니다.

1단계: 전기 대비 당기 증감 분석

2단계: 각 계정별 회전율 분석

3단계: 분석적 검토의 결합(회전율 분석 + 충당금설정율 분석 등 기타 분석)

4단계: 목표 설정(표준법인, 업계평균) 및 회사 현재 상황과 비교하여 개선 분야 파악 및 달성 목표 설정

다음 페이지에서는 각 계정별로 위의 분석적 검토 4단계를 적용하여 보고서를 작성하는 방법을 자세히 설명해 드립니다.

제1절
재고자산 분석적 검토

1단계: 전기 대비 증가(감소) 분석

재고자산 계정별 잔액의 전기말 잔액 대비 당기말 잔액의 증가(감소)를 단순 비교하는 방법입니다.

계정	당기말	전기말	증가(감소)	증가율
원재료	72,016	54,814	17,202	31%
재공품	15,357	14,589	768	5%
제품	57,158	49,295	7,863	16%
저장품	3,061	1,531	1,530	100%
미착재고	36,785	28,107	8,678	31%
합계	184,377	148,336	36,041	24%

전기말 잔액 대비 당기말 잔액 증감 원인 분석은 생산관리 등 유관부서에 그 원인을 질문하여 답변을 분석적 검토 보고서에 기재합니다. 이때 주의하여야 할 것은 신입사원이나 분석적 검토를 처음 하는 초보자의 경우 재고자산의 증가(감소) 원인을 제품의 수요(주문) 및 생산, 판매 등의 증가(감소)를 발생시킨 원인을 파악하는 것이 아니라, 특정 계정의 숫자의 증가(감소) 그 자체를 원인이라고 피상적으로 기재하는 경우가 종종 있는데, 계정별 잔액의 증가(감소) 자체는 증가(감소)의 진정한 원인이 될 수 없다는 점을 유의하여야 합니다. 예를 들어, 재고자산이 전기 대비 당기에 증가한 이유는 원재료와 미착품이 증가하였기 때문이라고 기재하는 것은 재고자산의 증감 원인을 재고자산을 구성하는 세부계정 잔액의 증감으로만 설명하고 있으므로 올바른 분석이 아닙니다. 전 세계적인 반도체 칩의 수요 급증에 따라 원재료(칩)의 확보가 어려워 안전재고 확보를 위해 원재료(칩)의 주문을 평소의 3개월분에서 1년분만큼으로 증가시켜서 원재료가 증가했다 등의 형태로 원인 분석을 하고 분석적 보고서에 기재해야 올바른 분석입니다.

전기 대비 증감분석의 한계

전기 대비 증감 자체가 오류는 아니며, 특정 형태의 오류 가능성이 존재한다는 증거도 제공하지 못합니다. 따라서 의미 있는 분석을 위해서 재고자산 회전율 분석과 결합하여 분석적 검토를 하는 것이 올바릅니다.

2단계: 재고자산 회전율 분석

기초재고와 기말재고를 이용하여 연평균 재고 수준을 구한 후 매출원가를 평균 재고자산으로 나누어 재고자산 회전율을 계산한 후 연도별 추세를 비교하는 방법입니다.

계정	2023년	2024년	2025년	증가율
재고자산	121,016	148,335	184,377	24%
평균 재고자산		134,676	166,356	23%
매출원가		1,548,774	2,029,543	31%
재고자산 회전율		11.5	12.2	6%

회전율이 안정적이어야 하는 이유

회사는 최적의 안전재고 수준을 자체적으로 설정하고 이를 유지하기 위해 노력합니다. 회사의 제품에 대한 수요(주문)가 증가하여 매출이 증가하면 증가하는 매출을 맞추기 위해 제품보유 수준을 증가시키므로 재고자산 금액이 증가하게 됩니다. 그러나 재고자산만 증가하는 것이 아니라 매출(매출원가)도 증가하므로 재고자산 회전율(매출원가/재고자산)은 일정한 수준을 유지합니다. 반대로 회사의 제품에 대한 수요가 감소하는 경우 과잉재고를 보유하는 것을 방지하기 위해 재고자산 수준을 감소시킵니다. 이에 따라 재고자산 회전율은 일정하게 유지됩니다. 따라서 재고자산 잔액의 증가 또는 감소 그 자체만으로 오류나 위험이 있다고 판단할 수는 없으며 재고자산 회전율이 증가했는지 감소했는지가 중요합니다.

재고자산 회전율 증가(감소) 시사점

(1) 재고자산 회전율이 감소하는 경우: 재고자산 수요(매출)에 비해 재고자산 보유 수준이 점점 증가하는 것을 의미합니다. 재고자산 수요(매출)가 하향 추세인지 파악하여 하향 추세인 경우 과잉재고 보유에 따른 진부화 위험이 있으므로 재고자산 수준을 감소시켜야 합니다.

(2) 재고자산 회전율이 증가하는 경우: 재고자산 보유 수준보다 재고자산 수요(매출)가 증가하고 있는 상황입니다. 회전율 상승은 좋은 시그널이지만 회전율의 과도한 상승은 안전재고 부족으로 수요(주문)에 대응하는 데 실패할 수 있는 리스크가 있다는 의미이므로 정상적인 회전율로 복귀하도록 재고수준을 증가시켜야 합니다.

3단계: 분석적 검토의 결합

재고자산 회전율과 재고평가충당금 설정율 추세 검토의 결합 - 회사 회계팀이나 회계감사인이 재무제표에 대해 분석적 검토를 하는 경우 대부분이 전기 대비 증감 분석이나 재고자산 회전율 분석만으로 그치는 경우가 많습니다. 재고자산 회전율 분석에 재고자산 평가충당금 설정율 추세 분석을 추가하면 보고서 작성자의 주장이 한층 더 탄탄해지고 돋보이게 됩니다.

계정	2023년	2024년	2025년	증가율
재고자산	121,016	138,335	144,377	
평균 재고자산		129,676	141,356	
매출원가		1,548,774	1,329,543	
재고자산 회전율		11.9	9.4	(−)21%
재고자산 평가충당금		2,342	1,703	
충당금 설정율		1.69%	1.18%	(−)30%

위의 사례의 경우 재고자산 회전율이 대폭 낮아졌습니다. 회전율이 낮아진 경우 그 원인이 무엇인지 파악하는 것으로만 그쳐서는 안 됩니다. 회전율이 낮아졌다는 것은 slow moving 또는 non moving 재고자산이 발생했다는 것이므로 재고자산 aging에 따라 재고자산 평가충당금을 설정하고 있는 회사의 경우 평가충당금 설정비율이 증가해야 합니다. 회사의 재고자산 평가충당금 설정율의 추세를 파악하여 증가했다면 회사의 결산이 적정하게 이루어졌을 가능성이 크지만 위의 사례에서처럼 회전율은 낮아졌는데 충당금 설정율이 증가하지 않고 오히려 낮아졌다면 이는 재고평가충당금 설정에 오류가 발생했을 가능성이 있으므로 추가적인 검토 절차가 필요합니다.

4단계: 목표 설정(표준법인, 업계평균) 및 회사 현재 상황과 비교하여 개선 분야 파악 및 달성 목표 설정

종속회사를 많이 보유하고 있는 그룹사의 모회사의 경우 자회사들의 재고자산 회전율을 검토하여 최적 안전재고 수준을 초과하여 과잉재고를 보유하고 있는 종속회사가 있는지 파악하고 그룹 평균 수준의 안전재고 수준으로 관리하도록 지침을 줄 수 있습니다.

4-1단계: 적정재고수준 및 과잉재고보유법인 파악

(단위: 백만 원)

법인	매출원가	재고자산	회전율	평가충당금	충당금 설정율
A	3,371,720	181,410	18.6	(2,402)	1.3%
B	358,784	23,815	15.1	(2,206)	9.3%
C	180,880	13,789	13.1	(326)	2.4%
D	122,912	10,400	11.8	(225)	2.2%
E	117,140	10,746	10.9	(157)	1.5%
F	390,012	39,676	9.8	(775)	2.0%
G	280,608	31,996	8.8	(240)	0.7%
H	121,704	15,352	7.9	(191)	1.2%
I	249,684	34,146	7.3	(6)	0.0%
J	173,428	24,978	6.9	(1,019)	4.1%
K	629,816	110,762	5.7	(1,769)	1.6%
L	545,272	98,608	5.5	(700)	0.7%
M	411,292	99,623	4.1	(2,657)	2.7%

위의 표를 보면 각 종속회사를 재고자산 회전율이 높은 순에서 낮은 순으로 배열하고 있습니다. 회사는 업종별 특성과 회사 자체의 리드타임 등을 고려하여 몇 개월분의 안전재고 수준을 보유할지를 자체 정책으로 설정하고 관리합니다. 만약 위의 그룹의 안전재고 정책이 45일분이 적정 안전재고 수준이라고 한다면 재고자산 회전율은 8회 이상이어야 합니다(연간 매출원가 365일/안전재고 45일 = 재고자산 회전율 8회). 회전율이 8회 미만인 종속회사들(회색 음영)은 45일분 이상의 안전재고를 보유하고 있으므로 과다재고를 보유하고 있는 것입니다. 따라서 그룹 본사에서는 해당 종속회사에 안전재고 수준을 45일분 이하로 줄이라고 지침을 줌으로써 (1) 과잉재고 생산에 따른 생산원가 낭비(생산직 근로자의 각종 수당 등) 절감, (2) 과잉재고 보유에 따른 진부화 위험(재고자산 평가충당금) 방지, (3) 재고 관리비용 증가 방지, (4) 과잉재고 생산에 투입되는 자금에 대한 기회비용(이자비용) 절감 등의 효과를 달성할 수 있습니다.

추가적으로 재고자산 회전율이 낮은 법인은 재고자산 평가충당금 설정율이 그룹 계열사들의 평균 수준보다 높은지를 검토하여 평가충당금 수준의 적정성을 검토하여야 합니다. 위의 표에서 재고자산 회전율이 8 이하인 법인들은 회전율이 낮으므로 재고자산 평가충당금 설정율은 그룹 전체 평균보다는 상대적으로 높은 것이 합리적이라고 판단됩니다. 그러나 I 법인과 L 법인은 충당금 설정율이 1% 미만이므로 충당금이 회사 정책을 준수하지 않고 과소하게 설정되었을 리스크가 존재합니다.

4-2단계: 재고과다 법인 원인 파악 및 목표 설정

종속회사들 중 회전율이 8 미만인 법인들의 경우 그룹설정 안전재고 수준(45일분)을 초과하여 과잉재고를 보유하고 있는 법인들이므로 그룹 평균 수준의 안전재고수준으로 감소시키라고 지침을 줄 수 있습니다. 재고과다 법인의 원인을 파악하려면 그룹 내 종속회사들 중 평균 이상의 양호한 법인과 재고과다 법인을 비교하면 원인을 쉽게 파악할 수 있습니다. 예를 들어 회전율 8 미만 법인 중 K 법인이 재고자산이 과다한 원인을 파악하기 위해 그룹 내 회전율 최상위인 A 법인과 비교합니다.

(단위: 백만 원)

법인	미착재고	원재료	재공품	제품	합계	매출원가
A	36,785	72,016	15,357	57,158	181,410	3,371,720
	1.1%	2.1%	0.5%	1.7%	5.4%	
	4일분	8일분	2일분	6일분	20일분	
K	6,464	79,607	15,960	8,730	110,762	629,816
	4일분	46일분	9일분	5일분	64일분	

1단계: 각 법인별 재고자산의 세부구성 내역별 안전재고 일수 계산
A법인과 K법인의 재고자산 세부내역을 생산흐름 순서(미착재고, 원재료, 재공품, 제품)로 배열합니다. 그리고 각 구성항목의 금액을 연간 매출원가로 나누어 나온 비율에 365일을 곱하여 각 구성항목이 시간 기준으로 안전재고 일수가 얼마인지를 계산합니다.

A 법인 매출원가 3,371,720 / 재고자산 총계 181,410 = 5.4% * 365일 = 20일

즉, A법인은 재고자산 총계 기준으로 20일분의 안전재고를 보유하고 있습니다.
미착재고, 원재료, 재공품, 제품 각각에 대해서도 동일한 계산식으로 안전재고 일수 계산하면 4일분, 8일분, 2일분, 6일분이 나옵니다. 제품으로만 따지면 A 법인은 6일분의 제품을 보유하고 있는 것입니다(매일 제품을 생산하므로 판매되는 만큼 생산을 한다고 가정하면 1년 내내 6일분의 안전재고를 보유하므로 안전합니다).
K 법인에 대해서도 A 법인에 대해 계산했던 절차와 동일한 절차를 적용하여 재고자산 세부계정 내역별로 안전재고 일수를 계산합니다.

K 법인 매출원가 629,816 / 재고자산 총계 110,762 = 17.6% * 365일 = 64일

즉, K 법인은 재고자산 총계 기준으로 64일분의 안전재고를 보유하고 있습니다.
미착재고, 원재료, 재공품, 제품 각각에 대해서도 동일한 계산식으로 안전재고 일수 계산하면 4일분, 46일분, 9일분, 5일분이 나옵니다. 제품으로만 따지면 K 법인은 5일분의 제품을 보유하고 있는 것입니다.
재고과다 법인인 K 법인의 목표 재고 수준 설정 및 재고감소 목표 금액을 계산하기 위해 아래와 같이 A 법인과 K 법인의 재고 현황 비교표를 작성합니다.

법인	매출원가	총재고	회전율	원재료 (As-is)	원재료 (To-be)	원재료 감소목표
A	3,371,720	181,410	18.6	72,016		
		20일분		8일분		
K	629,816	110,762	5.7	79,607	13,804	65,803
		64일분		46일분	8일분	

A 법인은 K 법인에 비해 매출원가가 5배로 크지만 총 재고자산 수준은 1.6배 수준이어서 안전재고 일수는 각각 20일분, 64일분으로 나오고 회전율은 각각 18.6과 5.7로 나옵니다. K 법인이 과잉재고를 보유하고 있는 가장 큰 원인은 원재료에 있습니다. A 법인은 8일분을 보유하고 있는 데 반해 K 법인은 46일분을 보유하고 있어서 안전재고 일수(days) 기준으로 무려 6배 큰 원재료 수준을 유지하고 있는 것입니다. 따라서 K 법인의 원재료 수준을 46일분에서 8일분으로 감소시키는 것을 목표로 삼는 경우 목표 수준은 8일/365일 * 매출원가 629,816 = 13,804이며, 원재료 목표 감소액은 79,607 - 13,804 = 65,803백만 원입니다.

4-2단계까지 작성하여 경영진에게 보고를 하면 여러분의 분석적 검토 보고서는 다른 보고서와는 차원이 다른 보고서가 되며, 경영진으로부터 인정을 받을 것입니다.

제2절
결산 오류 발견 분석적 검토

1. 미착재고

회계감사 시 가장 흔하게 발견되는 사항이 운송 중인 재고자산이 입고되었으나 원재료 등 재고자산으로 적시에 계정대체 되지 않고 계속하여 미착재고로 남아 있는 것입니다. 이러한 오류의 경우 동일한 회사에 대한 (당기를 포함한) 과거 3년간 시계열자료를 비교분석 하면 오류가 존재할 위험이 높은지를 발견할 수 있습니다.

계정	2023년	2024년	2025년
원재료	52,016	54,814	55,696
재공품	13,627	14,589	15,357
제품	45,062	49,295	51,158
저장품	1,061	1,531	2,061
미착재고	16,726	31,107	59,785
총계	128,492	151,336	184,057
미착재고/총계 비율	13%	21%	32%

위의 표에서 보이는 것처럼 미착재고가 전체 재고자산에서 차지하는 비율이 계속하여 크게 상승한다면 이는 도착하였으나 원재료 등 본계정으로 대체되지 않은 미착재고가 존재한다는 징후입니다. 미착재고 리스트를 작성하고 통상적인 도착기간보다 오래된 항목에 대해 실제로 입고가 되지 않았는지 확인하는 절차를 취해야 합니다.

미착재고 계정재분류 누락 오류는 단순히 운송 중인 재고자산을 원재료 등으로 계정재분류하는 오류에 그치지 않고 매출원가를 증가시켜 회사 손익을 악화시키는 감사발견사항이 될 가능성이 매우 높습니다. 재고자산은 그 특성상 매월 1회 이상 회전되는(재고자산이 판매되어 매출원가가 되는) 경우가 일반적입니다. 상장회사의 경우 매월 결산을 하는데 결산 시 미착재고의 계정대체를 누락하는 경우 그 재고는 다음 달에 판매되어 매출원가가 되어야 하는 데도 불구하고 장부상으로는 미착재고로 남아 있게 됩니다. 따라서 감사 시 발견되면 미착재고 감소와 매출원가 증가로 이어져서 영업이익을 감소시키는 감사발견사항이 됩니다.

2. 건설 중인 자산

건설 중인 자산이 제작이 완료되어 생산활동에 사용되기 시작하였으나 유형자산 본계정으로 대체되지 않고 누락되는 오류도 회계감사 시 빈번하게 발견되는 사항입니다. 건설 중인 자산은 비록 계정명이 건설이지만 회사에서는 토지, 건물의 건설보다는 주로 기계장치를 해외에서 수입하는 경우 미착재고(운송중인재고)처럼 건설 중인 자산으로 회계처리를 합니다. 이러한 오류의 경우 동일한 회사에 대한 (당기를 포함한) 과거 3년간 시계열자료를 비교분석 하면 오류가 존재할 위험이 높은지를 발견할 수 있습니다.

현대자동차 유형자산 요약(건설 중인 자산만 숫자 변경)

(단위: 십억 원)

계정	2023년	2024년	2025년
토지	12,180	12,490	12,675
건물	7,130	7,384	7,022
기계장치	6,583	6,392	6,437
기타 유형자산	5,990	6,277	5,492
건설 중인 자산	4,270	6,377	12,907
총계	36,153	38,920	44,533
건설 중인 자산/총계 비율	12%	16%	29%

회사가 신규사업에 진출하는 등의 이벤트가 있지 않은 이상 매년 전체 유형자산에서 각 유형자산이 차지하는 비중은 급격한 변동이 발생하지는 않습니다. 따라서 건설 중인 자산의 경우에도 위의 표에서 보이는 것처럼 2023년과 2024년은 비슷한 비율을 보이고 있습니다. 그런데 2025년에는 그 비율이 2024년의 거의 두 배 가까이 급증하는 것으로 나타났습니다. 이는 제작이 완료(및 생산에 사용)되었으나 기계장치 등 본계정으로 대체되지 않은 건설 중인 자산이 존재할 수도 있는 징후입니다. 건설 중인 자산 리스트를 작성하고 통상적인 제작기간보다 오래된 항목에 대해 아직도 제작 완료가 되지 않았는지 확인하는 절차를 취해야 합니다.

건설 중인 자산 본계정 대체 누락 오류는 단순히 건설 중인 자산을 기계장치 등으로 계정재분류하지 않은 오류에 그치지 않습니다. 제작이 완료된 후에는 사용 시작 시점부터 내용연수 동안 감가상각을 하고, 감가상각비 중 제품 제조와 관련된 부분은 재고자산원가로 처리된 후 판매 시 매출원가로 처리되므로 다양한 계정에 복잡하게 영향을 미치는 오류가 됩니다. 따라서 매월 말 결산 시 생산기술부서는 건설 중인 자산 리스트에 대해 제작완료(생산라인 입고 및 생산 사용) 여부를 확인하는 내부통제절차를 구축하여야 합니다.

3. 운반비

상장대법인의 경우 매 분기별로 실적을 공시하므로 분기실적을 좋게 하려는 유인이 있습니다. 매 분기 마지막 달에는 비용을 발생주의로 하지 않고 세금계산서 수령분만 회계처리한 후 발생주의로 회계처리되었어야 하는 부분을 그다음 달 세금계산서 수령 시 회계처리하는 경우가 종종 있습니다. 이러한 오류를 발견하기 위해서는 (동일한 회사의) 월별 손익계산서를 분석하여야 합니다.

운반비 월별 추세 분석적 검토

계정	1월	2월	3월	4월	5월	6월
매출액	900	900	1,000	900	900	1,000
운반비	35	30	25	35	30	25
운반비/매출액 비율	3.9%	3.3%	2.5%	3.9%	3.3%	2.5%

운반비의 경우 매월 매출액에 비례하여 발생하는 것이 일반적입니다. 그런데 매분기 실적을 좋게 하기 위해서 매분기 마지막 달의 운반비 중 발생주의 부분을 그다음 분기로 이월하면 매분기 마지막 달의 운반비 금액 및 비율은 감소하고 그다음 달(매분기 첫 달)의 운반비 금액 및 비율은 증가하게 됩니다. 해외 종속회사별로 월별 손익계산서를 분석하여 이러한 추세를 보이는 종속회사에 대해서는 의구심을 가지고 원인을 파악하여야 합니다.

4. 연결그룹 내부거래 재고자산 미실현이익

연결그룹 내에서는 생산공정의 역할을 분담하여 모회사가 핵심공정에 해당되는 부분의 반제품을 제조하여 해외 자회사에 매출하고 자회사가 추가가공을 거쳐 완성품을 제조하여 판매하는 경우가 매우 많습니다. 모회사는 자회사에 매출을 할 때 제품제조원가(매출원가)에 일정한 이익(매출총이익)을 가산하여 매출하는 것이 일반적인데 연결재무제표를 작성할 때는 내부거래된 재고자산 중 기말현재 외부에 아직 판매되지 않은 재고자산에 대해서는 판매법인의 내부거래 매출총이익을 제거하여야 합니다(제16장 연결재무제표 작성: 자회사 직접 설립 시 연결 참조). 따라서 연결대상 회사들의 B/S상 기말재고자산 중 내부거래재고자산이 차지하는 비중이 정확히 계산되어야 내부거래 미실현이익이 정확하게 제거됩니다. 모회사 연결회계팀이 자회사별로 내부거래 재고자산 제출자료의 적정성을 분석적 검토를 통해 검토하는 절차는 다음과 같습니다.

계정	1분기	2분기	3분기
매출원가 총액(I/S)	100	110	120
내부거래 매입액(I/S)	50	60	65
내부거래 매입액/매출원가(A)	50%	54.5%	54%
재고자산 총액(B/S)	35	40	45
내부거래 재고자산(B/S)	18	21	30
내부거래 재고/총재고자산(B)	51%	52.5%	75%

종속회사별로 매출원가 총액에서 내부거래 매입액이 차지하는 비중(A)을 분기별로 계산합니다. 또한 해당 종속회사의 재고자산 총액에서 내부거래 재고자산이 차지하는 비중(B)을 계산합니다. 각 종속회사별 내부거래 재고자산 잔액은 매월 연결결산 시 종속회사들이 모회사 연결결산을 위해 제출하는 자료 중 하나입니다. 위의 두 비율은 비슷해야 하는 것이 합리적입니다. 그런데 위의 표에 나타난 것처럼 A의 비율과 B의 비율이 1분기와 2분기에는 거의 비슷한데 3분기에는 A에 큰 변동이 없는 데도 불구하고 B는 매우 크게 상승하였습니다. 이러한 경우 자회사가 제출한 B의 자료에 오류가 발생했을 가능성이 높습니다. 내부거래 재고자산 미실현이익의 제거는 재고자산과 매출원가에 영향을 미치므로 매우 중요합니다. 연결결산 시 매 분기별로 위의 비율을 파악하고 비경상적 추세를 보이는 자회사에 대해서는 원인을 파악하는 내부통제절차를 구축하고 운영하여야 합니다.

제20장

이익배당한도

이익배당한도 계산 구조

과목	제54기 말
자본	
1. 자본금	1,488,993
2. 자본잉여금	4,034,765
3. 기타자본항목	(1,968,385)
자기주식	(1,968,385)
4. 기타포괄손익누계액	25,369
기타포괄손익-공정가치 측정 금융자산 평가이익	406,895
기타포괄손익-공정가치 측정 금융자산 평가손실	(366,381)
현금흐름위험회피 파생상품평가이익	22,154
현금흐름위험회피 파생상품평가손실	(37,299)
5. 이익잉여금	49,094,270
이익준비금	744,836
임의적립금	47,701,296
미처분이익잉여금	648,138
자본 총계	52,675,012

이익배당한도	금액
자본 총계	52,675,012
차 감(상법 462조):	
자본금	1,488,993
자본잉여금	4,034,765
이익준비금	744,836
미실현이익(상법시행령):	
기타포괄손익-공정가치 측정 금융자산 평가이익	406,895
외화환산이익	34,066
현금흐름위험회피 파생상품평가이익	22,154
현금흐름위험회피 파생상품평가손실	(37,299)
이연법인세자산	1,055,717
유형자산재평가이익	1,852,871
차감 후 잔액	43,072,014
당기 적립할 이익준비금	3,915,638
이익배당한도	39,156,376

이익배당한도 = 이익잉여금 총액에서 이익준비금 10% 빼고 나머지 전부?

본 실무회계 책의 1장부터 16장까지는 기말 결산 시 회사의 모든 거래를 회계처리하고 재무제표를 작성하는 데 필요한 내용을 공부했습니다. 기말 결산이 끝나면 3월에 주주총회가 개최됩니다. 주주총회 결의 사항 중 현금배당이 단골로 등장하므로 배당과 관련된 자료를 작성하여 경영진에게 보고를 하여야 합니다. 배당한도 금액 계산도 그중 하나인데요.

매년 주주총회에서 발생하는 사항임에도 불구하고 중급회계 교재에서는 이익배당한도 계산에 대한 내용이 없습니다.

그러다 보니 CFO님이 맹 팀장을 불러 "맹 팀장, 우리 회사 이익배당한도가 얼마나 나오지?"라고 물으면 **"이익잉여금에서 이익준비금 10% 남겨 놓고 하면 되는 것 아닌가요?"**라고 아무 생각 없이 말하는 사람도 있습니다.

이익배당한도는 그렇게 단순하지는 않습니다. 상법과 시행령 및 법무부 질의 회신에서 규정하고 있는 내용을 살펴보겠습니다.

상법 제462조 이익의 배당

① 회사는 대차대조표의 순자산액으로부터 다음의 금액을 공제한 액을 한도로 하여 이익배당을 할 수 있다.

1. 자본금의 액
2. 그 결산기까지 적립된 자본준비금과 이익준비금의 합계액
3. 그 결산기에 적립하여야 할 이익준비금의 액
4. 대통령령으로 정하는 미실현이익

상법 시행령 미실현이익

회계원칙(일반적으로 공정하고 타당한 회계관행)에 따른 자산 및 부채에 대한 평가로 인하여 증가한 대차대조표상의 순자산가액으로서, 미실현손실과 상계하지 아니한 금액.

상법 및 상법 시행령 이익배당한도 규정에서 이해해야 할 것 2가지 중 첫 번째는 이익잉여금을 전액 배당하는 것이 아니라 **자본계정 중 음수인 항목을 차감한 잔액에 대해서만 배당을 허용**한다는 개념입니다.

상법 제362조 규정을 보면 이익배당한도는 대차대조표의 자본 총계에서 자본금, 자본잉여금, 이익준비금 등을 차감하여 구한다고 규정하고 있습니다. 즉, 출발점이 이익잉여금 총액이 아니고 자본 총계입니다.
출발점이 자본 총계이면, 주식할인발행차금, 자기주식처분손실 등 음수인 계정들의 금액만큼 자본 총계가 이미 줄어든 금액이 출발점이 됩니다. 이익잉여금이 있어도 자본의 음수만큼 차감한 후의 금액만을 배당할 수 있다는 의미입니다. 자본충실의 원칙입니다.

이익배당에서 이해해야 할 것 두 번째는 **미실현이익**은 비록 자본을 증가시켰으나, 실현된 것이 아니므로 **이익배당한도 계산 시 차감한다**는 것입니다.

그런데 상법 시행령에서는 미실현이익 정의만 알려 주고 있어서 실무자들이 각자 판단해야 하는 문제가 발생합니다.
다행히 금감원 보도자료와 법무부 질의 회신 등에서 사례들을 열거하고 있으므로 이를 활용하면 됩니다.

금감원 보도자료와 법무부 질의 회신에 따르면 미실현이익에는 지분법평가이익, 유형자산재평가이익, 유가증권평가이익, 외화환산이익, 파생상품평가이익 및 이연법인세자산이 해당하므로 이들을 이익배당한도 계산 시 차감해야 합니다.

주의할 것은 상법 시행령에서 미실현이익은 차감하지만, 미실현손실은 이익배당한도를 증가시켜 주지는 말라고 규정하고 있다는 것입니다. 다만 파생상품평가손실은 상계해도 된다고 허용하고 있습니다. 이익배당한도를 증가시킬 수 있다는 것이죠.

본 교재에서 여러분께 드리는 팁 한가지는 이익잉여금이 올해분에만 해당하는 당기순이익만을 가리키는 것이 아니라 누적 금액이므로, 미실현이익도 당기발생분만을 차감하는 것이 아니라 누적 금액을 차감해야 하는데, 기말 B/S상 자산(부채)의 평가금액에서 최초 취득가액을 차감하면 그 금액이 누적액이므로 쉽게 구할 수 있습니다.
또한 미실현이익은 손익항목, 즉 이익잉여금에 포함된 금액뿐만이 아니라, 기타포괄손익누계액에 포함된 금액도 차감합니다.
왜냐하면 상법 시행령의 미실현이익이란 회계원칙에 따라 회계처리를 한 결과 자산 및 부채의 평가로 인하여 증가한 순자산액이므로 순자산액이 이익잉여금인지 기타자본 항목인지를 차별하지 않기 때문입니다.
또한 모든 순자산증가는 법인세효과가 있으므로 이를 차감한 세후 순자산증가금액을 미실현이익으로 해야 합니다.
이렇게 이익배당한도를 구하고 나면 그 금액을 전액 배당할 수는 없고 배당액의 10%를 이익준비금으로 적립해야 하므로 이익배당한도금액을 1.1로 나눈 금액만큼만 한도가 됩니다.

현대자동차 사례
이익배당한도 계산

과목	제54기 말
자본	
1. 자본금	1,488,993
2. 자본잉여금	4,034,765
3. 기타자본항목	(1,968,385)
자기주식	(1,968,385)
4. 기타포괄손익누계액	25,369
기타포괄손익-공정가치 측정 금융자산 평가이익	406,895
기타포괄손익-공정가치 측정 금융자산 평가손실	(366,381)
현금흐름위험회피 파생상품평가이익	22,154
현금흐름위험회피 파생상품평가손실	(37,299)
5. 이익잉여금	49,094,270
이익준비금	744,836
임의적립금	47,701,296
미처분이익잉여금	648,138
자본 총계	52,675,012

이익배당한도	금액
자본 총계	52,675,012
차 감(상법 462조):	
자본금	1,488,993
자본잉여금	4,034,765
이익준비금	744,836
미실현이익(상법시행령):	
기타포괄손익-공정가치 측정 금융자산 평가이익	406,895
외화환산이익	34,066
현금흐름위험회피 파생상품평가이익	22,154
현금흐름위험회피 파생상품평가손실	(37,299)
이연법인세자산	1,055,717
유형자산재평가이익	1,852,871
차감 후 잔액	43,072,014
당기 적립할 이익준비금	3,915,638
이익배당한도	39,156,376

1. 이익배당한도 = 이익잉여금 총액 49,042,270 - 이익준비금 744,836 - 당기적립할 이익준비금((49,042,270 - 744,836) * 10%)으로 계산하지 않습니다.

2. 이익배당한도의 출발점이 자본 총계이므로 자본 항목 중 음수인 항목인 자기주식 (-)1,968,385 만큼 자본 총계가 이미 낮아진 상태여서 이익배당한도도 이익잉여금에서 그만큼 자동적으로 차감된 상태로 출발합니다.

3. 상법 시행령 미실현이익: 회계원칙(일반적으로 공정하고 타당한 회계관행)에 따른 자산 및 부채에 대한 평가로 인하여 증가한 대차대조표상의 순자산가액을 이익배당한도 계산 시 차감합니다.

순자산가액 증가액에는 당기순이익(이익잉여금)만을 의미하는 것이 아니고 기타포괄손익도 포함된다는 점에 유의해야 합니다(기타포괄손익-공정가치 측정 금융자산 평가이익, 현금흐름위험회피 파생상품평가이익 등도 포함).

4. 유형자산재평가이익: 현대자동차 주석 23의 각주에서 "이익잉여금 중 1,852,871백만 원은 과거 자산재평가법에 의한 자산재평가에서 발생한 재평가 차익으로, 자본전입 또는 결손보전을 위해서만 사용될 수 있습니다"라고 기술하고 있습니다. 우리나라는 과거 1998년 IMF 외환위기 때 유형자산의 재평가차액을 자본잉여금으로 회계처리했습니다. 2011년에 한국이 KIFRS를 상장사에 전면 도입할 때 IFRS의 최초채택 규정에 근거하여 모든 자산과 모든 부채를 기업회계기준이 아닌 IFRS로 측정한 후 자산에서 부채를 차감한 금액을 이익잉여금으로 처리했습니다. 이에 따라 자본잉여금이었던 자산재평가 차액이 이익잉여금으로 계정 재분류된 것입니다.

   따라서 동 금액은 지금은 비록 이익잉여금의 이름을 가지고 있지만, 예전에는 자본잉여금이었고 이익배당으로는 사용될 수 없었던 항목이었습니다. 이에 대해 이익배당으로 사용될 수 있는지는 2가지 의견이 있습니다. 너무 오래전 일이기에 계속하여 관리하기에는 한계가 있으므로 더 이상 관리하지 않아도 된다는 의견이 첫 번째 의견입니다. 즉, 배당이 가능하다는 의견입니다. 두 번째는 과거 자산재평가법을 준용하여 배당을 할 수 없다는 의견입니다. 원래 자본잉여금이었고, 처분되어 실현이익이 된 것이 아니기 때문입니다. 현대자동차 주석의 내용이 두번째 의견을 따르고 있는 것으로 보입니다.

선생님!
개인적으로 감동받아 메일로 감사 인사드리고 싶네요.
고퀄리티의 명확한 설명과 상세한 안내 자료로 빠른 이해시켜 주셔서 넘 감사드립니다. 그간 혼자 배우려고 중급회계 등 학원을 잠시 다녀 보기도 했지만, 사실 실무적으로는 별로 도움이 되지 않았거든요.
현재 상장사의 자회사 회계팀장이지만, 아이 키우며 경력 단절이 커 사수 없이 눈치코치로 일하면서 혼자 터득해 내야 하는 현실에 여러 번 이 길을 포기해야 하나 생각이 많았습니다. 능력 없이 붙어 있는 팀장의 현실에 양심의 가책도 매우 느끼고요. 작년에 IFRS 기준 결산하는 회사에 입사 후 부랴부랴 선생님 강의를 찾게 된 것이 제겐 큰 행운인 것 같습니다.

저 말고도 선생님의 강의는 다른 모든 실무진에게 정말 큰 희망인 것 같고요. 회사에서 일하면서 시간 내며 자기 계발 하는 것이 쉽지 않은데 정말 짧은 시간 내에 많은 것을 알차게 배운 것 같습니다. 진심 감사드려요~! 진심 신의 강의인 거 같아요! 개인적으로 전문 교육기관을 통한 심화 과정도 계속 생겨 추가 강의 더 듣고 싶네요.

오늘도 잠시도 쉬지 않고 열강을 해 주셔서 진심 감사드리고, 행복하고 의미 있는 새해 되시길 바랍니다.

감사합니다.

선생님 안녕하세요. 7월 강의를 들었던 OOO입니다.
10년 이상 비상장에서 근무 후 상장사 이직 후 깜깜했던 상황에서 한 줄기 희망의 빛이었습니다.
그 누구도 왜 그렇게 회계처리 하는 것인가에 대해 속 시원한 답을 주지 못했었는데요.
이론을 실무에 적용함에 있어서 명쾌한 설명과 막힘없는 논리를 가르쳐 주셔서 7~8월 2달 동안 반기감사를 받는 동안 정말 많은 도움을 받았습니다.

감사의 마음을 전하고 싶어서 계속 생각을 하고 있었는데 너무 정신없이 회사 생활을 하다 보니 이제야 메일을 발송드립니다.

제가 7월 달에 해외 출장으로 이연법인세 강의를 못 들어서 차주에 있는 강의를 수강할 수 있는지 문의드립니다.
9월에 강의가 있으면 전체 강의를 한 번 더 들어야겠다고 생각했었는데요. 일정이 여의치 않아서 이연법인세 강의만 듣고 10월이나 11월에 다시 수강을 해야겠습니다.
한 가지 고민은 강의를 회사의 팀원들과 공유를 해야 하는지 말아야 하는지 좀 고민이 됩니다.
선생님이 쓰신 책의 부제처럼 사실 저만 몰래 알고 싶은 교과서 밖 실무 지식이라서요. ^^
항상 건강하시고요. 유럽으로 가시는 출장 일정도 몸 건강히 잘 다녀오시길 기원드리겠습니다.
그럼 수고하세요. 감사합니다.

안녕하세요, 팀장님.
6월 4주 동안 강의 하시느라 정말 고생 많으셨습니다.
'○○○'으로 수료증을 요청드리며, 작은 사연을 함께 전달드리면서 감사함을 표하려고 합니다.

저는 입사하자마자 선배 두 분의 퇴사와 1년 만의 직속 사수의 퇴사로 인해 2년 반 동안 새로운 업무를 계속해서 해내야 했습니다.
그동안은 정말 야근의 연속 + 와꾸 맞추기에만 허덕였던 것 같습니다.
직무 경력은 빠르게 쌓였지만 진짜 실력이 늘고 있다는 느낌은 아니었습니다.

그런데 이번 팀장님의 강의를 들으면서 이런 부분이 거의 대부분 해소가 됐습니다.
특히, 이연법인세와 연결 강의를 들으며 속으로 '대박!!!!!!!!!!!!!!' 하면서 계속 내적 환호를 질렀습니다.
오늘은 어제 들은 강의를 바탕으로 당장 연결 파일을 수정해, 그동안 찜찜하던 부분을 해결했습니다. ㅜ.ㅜ (울컥)

감사합니다, 팀장님.
무더운 여름에 건강 유의하시고, 또 다양한 강의 기다리고 있겠습니다.
(원가회계나 관리회계 강의 정말 듣고 싶습니다!!!)

안녕하세요, 회계사님.
6월 특강 너무너무 잘 들었습니다!
알려주신 내용 전부 제가 고민하던 내용들이어서…!
그동안 사용하고 있던 명세서들을… 설명해 주신 내용 반영하여 싹 바꿨더니 너무 좋습니다!
자회사 현표도 다시 만들고, 내부거래와 연결조정 다 전부 반영해 버렸어요….

혹시 다른 강의는 안하시는지… 원가 또는 금융자산 회계처리 실무… 같은 것은 안 여시나요…? ㅎㅎ
다른 강의 여신다면 또 뵙고 싶습니다!

감사하다는 말씀 전달드리며!

수료증 부탁드립니다. (제 이름은 ○○○입니다!)
감사합니다!!!

안녕하세요. 강의 너무 잘 듣고 있습니다.
특히 현금흐름표 내용은 이해가 잘 되지 않았는데 알기 쉽게 설명해 주셔서 너무 좋았습니다.
이론적으로만 배웠을 때는 결괏값만 구하는 방법만 이해했는데, 색다른 시각으로 실무적으로 설명해 주시고 또 원리를 이해할 수 있게 설명해 주신 것 같았습니다.
일요일마다 강의 준비하시느라 고생 많으십니다. 남은 강의도 잘 부탁드리겠습니다.

안녕하세요! 나 팀장님.

그간 3주차 수업을 들으면서 정말 많은 도움을 받아 회사의 회계감사 세무 조정까지 잘 마무리했습니다.
그간 너무 배우고 싶었던 이연법인세와 현금흐름표를 집중해서 들었는데 3시간이라는 수업 시간으로 빠르게 파악해서 제가 회사 내 이연법인세까지 맡아서 작업하게 될 줄은 꿈에도 생각 못 했습니다.
개념 정리부터 실무적용까지 너무 이해하기 쉽게 설명해 주신 나 팀장님 덕분입니다.
감사하다는 말로는 부족하게 너무 감사드려요!

한 단계 레벨 업 할 수 있는 기회였어서 저에게 너무 좋은 경험이었습니다.
오래오래 건강하게 특강해 주세요!!

그리고 수료증도 PDF로 한 부 부탁드리겠습니다.
마지막 수업도 잘 부탁드리며, 추운 날씨에 건강 조심하세요!
감사합니다.

안녕하십니까, 회계사님.

오늘부로 1월 실무회계 강의가 끝났는데 그동안 고생 많으셨습니다.
회계사님 덕분에 실무회계 지식을 많이 습득할 수 있어 뜻깊은 시간이었습니다.

제 소개를 간략히 하자면 저는 비전공자 출신에 회계 경력이 이제 겨우 2년 반밖에 되지 않은 선임 직급의 회계팀 직원입니다. 회계사님을 알게 된 건 유튜브를 통해서였습니다. 당시 회사 내부 사정상 23년도 현금흐름표와 연결회계를 사수 없이 맡게 되었고 실무회계 지식을 얻고자 유튜브 등 여러 사이트를 검색하던 중 회계사님 채널을 알게 된 것입니다.

아시다시피 현직 회계사의 조언을 얻으려면 회계법인에 일정 비용을 지불해야 하고, 강연을 들으려면 큰 비용을 지불해야 하기에 회계사님 유튜브가 정말로 가뭄에 단비와 같은 존재였습니다. 물론 지금도 마찬가지입니다. ^^ (실무하다가 유튜브 보기를 반복하고 있습니다.)

그렇게 유튜브를 계속 보다가 회계사님께서 오프라인 강의도 하신다는 걸 알고 꼭 신청해야겠다고 생각했었습니다. 유튜브로 미처 다 전달하지 못한 부분까지 배울 수 있을 것 같았기 때문입니다. 하지만 저와 같은 사람이 많았던지 강의가 금방 마감되어 12월 강의를 놓치고 이번 1월에 청강하게 되었습니다.

이번 현장강의를 들으면서 왜 제가 실무에서 계속 헤맸는지 알 수 있었고, 또 그것에 대한 해답을 찾을 수 있어 정말 좋았습니다. 저는 그동안 제가 IFRS에 대한 지식이 부족해서 그런 줄 알고 중급회계, 고급회계 책을 계속 봐왔는데 뭔가 방향이 잘못된 것만 같은 느낌이 계속 들었습니다. 이론적 지식은 쌓이는데 막상 실무에 투입이 되면 막막한 건 똑같았기 때문입니다.

회계사님 말대로 단순히 강의를 '듣기'만 하는 것이 아니라 치열한 고민이 동반되어야 비로소 진정한 내 것의 지식이 된다는 말에 깊이 공감합니다. 실무를 수행하면서 ppt와 책을 복습하여 강의 내용을 체득할 수 있도록 노력하겠습니다.

끝으로 강의와 서적 곳곳에서 회계사님의 고민의 흔적을 엿볼 수 있었습니다. 특히 끝없이 발전하시고자 하는 마인드가 굉장히 인상적이었고 진정한 회계인이란 회계사님을 두고 하는 말이 아닐까 하는 생각이 들었습니다.

제 개인적으로는 평일에는 직장인으로, 토요일은 탄핵집회에, 일요일에는 강의에 참석하느라 참 정신없는 1월이었습니다. 아마 회계사님도 바쁜 와중에 강의를 진행하시느라 고생 많으셨을 것 같습니다. 다가오는 2025년 새해 복 많이 받으시고, 건강과 평안이 가득하시기를 바랍니다.

안녕하세요, 회계사님.
마지막 교육 꼭 참석하고 싶었는데 일요일에 시댁에 가게 되었어요. 감사한 마음 전하고 싶어 이렇게 메일 드리게 됐습니다.

일반기업 회계기준만 10년간 해온 제가 작년에 IFRS로 결산하는 회사를 입사하게 되어 처음 중간감사 24년 기말감사 끝냈습니다. 제가 이연법인세며 현금흐름표 경험이 없었는데 회계사님 강의를 통해 중간감사도 부족하지만 준비했고, 이번 강의를 통해 이연법인세와 현금흐름표는 자신감이 좀 붙었습니다. 덕분입니다! 물론 이번 이연법인세 계산은 세무조정에 부족함이 있어 수정분개가 생기긴 했지만 강의 덕분에 제가 90프로 정도는 업무를 이해하게 되었습니다.
IFRS를 처음 겪는 제가 지금 회사에서 회계세무 업무를 혼자하고 있는데요. 이렇게 비빌 언덕도 없는 저에게 한 줄기 빛 같았습니다. 회계사님 책과 유튜브 강의로 도움을 많이 받아 주말마다 강의도 듣게 되었는데 마지막 강의를 못 듣게 되어 너무 아쉽습니다. 감사하다는 얘기를 꼭 전하고 싶어서 이렇게 메일드립니다. 정말 감사합니다. 너무도 유익한 강의였습니다.
새해 복 많이 받으시고 즐거운 설 연휴 되세요. ^^

안녕하세요, 회계사님.
금번 실무회계 강의를 수강하며 많은 인사이트와 실무 감각을 얻게 해주셔서 진심으로 감사합니다.
강의 내용에 대한 후기를 아래와 같이 정리하여 공유드리며, 향후 강의 발전에 작은 보탬이 되기를 바라는 마음으로 몇 가지 건의도 적어봅니다.

유익했던 점
회계 이론에 대한 명확한 설명과 더불어, 실무에 어떻게 적용해야 하는지를 구체적으로 알려주셔서 실질적인 도움이 되었습니다.
각 챕터마다 IFRS 회계와 일반 회계에 대해 비교 설명해 주셔서 차이를 명확히 이해할 수 있었습니다.
약속된 시간을 넘겨서까지 강의해 주신 덕분에 더 많은 내용을 배울 수 있었고, 팀장님의 열정을 느낄 수 있었습니다.
예상보다 유머러스하신 강의 덕분에 지루함 없이 집중할 수 있었고, 따로 커

피가 필요 없을 만큼 몰입감이 높았습니다.

개인적 한계

수강생의 회계 배경 지식을 다소 높은 수준으로 가정하고 진행되어, 기본적인 회계 지식이 부족한 경우 수업을 따라가기 어려운 부분이 있었습니다.
강의 속도가 빠른 편이라, 한 번 흐름을 놓치면 이후 내용을 이해하는 데 어려움을 겪는 경우도 있었습니다.
IFRS 회계를 처음 접하는 수강생에게는 한 번의 수강만으로 완전히 이해하기 어려울 수 있으며, 반복 학습이 전제되어야 효과를 볼 수 있을 것 같습니다.

바라는 점

강의의 깊이를 더욱 살리기 위해 일부 주제(특히 연결회계)의 강의 시간을 조금 더 늘려 주시면 좋겠습니다.
예를 들어, 현재는 연결회계 작성 시 모회사 → 자회사 방향의 거래만 다루셨는데, 자회사 → 모회사 또는 쌍방향 거래(모회사 ↔ 자회사)에 대한 설명도 포함된다면 실제 상황에 더 유연하게 적용할 수 있을 것 같습니다.
기업 경영은 다양한 변수가 있는 만큼, 조금 더 폭넓은 사례를 다뤄주시면 실무자 입장에서 더욱 유익할 것 같습니다.

강의에 진심을 다해 주신 점 깊이 감사합니다.
조만간 복습 강의를 신청할 것 같은 예감입니다….

배움의 즐거움을 다시 한번 깨닫게 해주셔서 감사합니다.
늘 건강하세요~